崇德弘道　善政美俗

本书的出版得到浙江敦和基金会种子基金项目的支持

特此感谢！

王道理想与批判精神

第 1 辑

公共儒学

唐文明 | 主编

上海人民出版社

目　录

编前语　唐文明　/1

主题研讨

"孔子为王"与公羊学的主体批判理论　朱　雷　/1

东汉经学家的历史意识
　　　——以何休、郑玄为中心的讨论　高瑞杰　/23

孟子王道思想发微
　　　——以朱子的阐释为中心　莫天成　/46

朱子论治道与治法
　　　——以朱子几篇封事为中心的讨论　王亚中　/81

专题论文

刑德循环论
　　　——《尚书·吕刑》"惟敬五刑,以成三德"绎解　汪　雄　/112

公道与法度化:近世治体论中的立国思维　任　锋　/126

重要的榫卯:焦竑及其法哲学　屠　凯　/160

时务论坛

慎终追远：现代中国的一个童话　吴　飞／176
中国传统身体观与当代堕胎难题　王　珏／194

异域新知

麦金太尔论宽容　汤雁斐／215

主题书评

残忍之为首恶
　　——读施克莱的《平常的恶》　洪　涛／273

会议纪要

重估晚清思想：书写中国现代思想史的另一种可能
　　——"晚清思想中的中西新旧之争"学术研讨会总结发言／288

旧文重读

论王霸劄子　程　颐／310
倡设女学堂启　梁启超／312

附录

清华大学道德与宗教研究院成立弁言　唐文明／314

编前语

唐文明

一

　　1902年,流亡日本的梁启超在他主编的《新民丛报》上发表《保教非所以尊孔论》,自陈"我操我矛以伐我",其实是公开与其师康有为的孔教论唱反调。在该文中,梁启超说,"西人所谓宗教者,专指迷信宗仰而言",认为宗教有悖于人群进化之公理,并基于这种认识反对以宗教来界定儒教。1927年,执教清华大学国学研究院的梁启超为学生讲授《儒家哲学》,虽然课名使用了"儒家哲学",但他在第一章就明确指出,"儒家哲学"的名称并不恰当,最好用"儒家道术"的名称。如果将这两件事放在一起且认定梁启超在1902年到1927年之间对儒教与儒学的根本理解并未发生实质性的变化,那么,我们就会得到关于儒教与儒学之性质的梁启超命题:儒教非宗教,儒学非哲学。这个命题很容易让人联想到欧阳竟无1923年关于"佛法非宗教非哲学"的著名讲演,乃至参照欧阳竟无的讲法将梁启超命题改写为"儒术非宗教非哲学"可能更具概括力。欧阳竟无与梁启超都提到,宗教、哲学等概念来自西方,当人们将之用来刻画东方传统时,难免会产生"圆凿而方枘,龃龉而难入"的问题。如果说提出儒教是否宗教、儒学是否哲学等类似问题正意味着中国现代人文科学在知识生产上的独特方式的话,那么,站在当下的位置,我们恰恰需要反思这种话语生产的独特机制。

关联于中国的现代性方案与启蒙谋划,20 世纪学院派的主流思路当然是以人文科学来接引中国的传统学问。即使从较狭义的角度看,传统儒学中也包含不少可称之为哲学的内容。因此,以哲学的方式来重新整理古代的儒家思想传统就成了 20 世纪学院派的主流做法,且一百年的历史也能够证明,这一做法的重要意义不容忽视。然而,传统儒学中也有大量不太能够以哲学来范围的内容,于是只好按照新的学科分类体系或者将之划归其他学科或者干脆置之不理了。儒学是一种哲学体系的坚定信念,不仅表现在 1930 年代冯友兰、金岳霖等人关于"哲学在中国"还是"中国的哲学"的讨论中,而且在 1990 年代关于"中国哲学的合法性问题"的争论中也为大多数呈现出极强反思意识的学者所明确持守。他们采取的一个新策略是通过拓宽"哲学"的概念重新界定"中国哲学",至于 60 年前梁启超对"儒家哲学"的独特反思与独特理解则继续被完全漠视。[1]

且来细看梁启超对"儒家哲学"的反思与理解:

儒家哲学,范围广博。概括说起来,其用功所在,可以《论语》"修己安人"一语括之。其学问最高目的,可以《庄子》"内圣外王"一语括之。做修己的功夫,做到极处,就是内圣;做安人的功夫,做到极处,就是外王。至于条理次第,以《大学》上说得最简明。《大学》所谓"格物致知诚意正心修身",就是修己及内圣的功夫;所谓"齐家治国平天下",就是安人及外王的功夫。

……标题"儒家哲学"四字,很容易发生误会。单用西方治哲学的

---

[1]　关于中国哲学的合法性问题的讨论,可参见唐文明:《近忧:文化政治与中国的未来》,华东师范大学出版社 2010 年版。

方法,研究儒家,研究不到儒家的博大精深处。最好的名义,仍以
"道学"二字为宜。……要想较为明显一点,不妨加上一个"术"字,
即《庄子·天下篇》所说"古之道术有在于是者"的"道术"二字。道
字本来可以包括术,但再分细一点,也不妨事。道是讲道之本身,
术是讲如何做去,才能圆满。儒家哲学,一面讲道,一面讲术;一面
教人应该做什么事,一面教人如何做去。[1]

在梁启超看来,最好将儒学刻画为修己安人之学或内圣外王之学,而这
绝不是来自西方的"哲学"二字可以涵盖的,所以最好不用"哲学"之名。
无需赘言,梁启超对于儒学性质的理解与刻画,更符合传统儒学的本来
面目,而与这种更重视实践旨趣的儒学相对应的,则是一个可以承担社
会教化功能的信仰体系。

　　以信仰来界定儒教,有更充分的理由,也可能比以宗教来界定儒教
更少争议。以西方意义上狭义的宗教而言,儒教的确有很多异类的东
西,特别是过去的儒教传统似乎倾向于不去发展独立的教化制度,而总
是谋求通过特殊的社会、政治制度发挥其功能。但从儒教有相对固定
的经典并在历史展开过程中形成了经典解释、经典教育的传统以及向
来有其超越性的理想和改变人心、转化现世的功能等方面来看,忽略儒
教的超越性指向及其教化功能,显然不是对儒教传统的一个恰当概括。
其实,要避免因概念的特殊出身而引发的大量无谓之争,我们大可以遵
循欧阳竟无的思路去推论。欧阳竟无认为佛教不是狭义的宗教,但对
信从者来说是一种信仰,在社会层面则是一种教化。就个人信仰与社
会教化这两点而言,儒教也是一样。

　　信仰首先是人的一种经验,更直接地说是人对于超越者尊信崇仰

[1]　梁启超:《儒家哲学》(周传儒笔记),见《饮冰室合集》第十二册,中华书局1989年版,专集
　　之一百三,第2—3页、第5页。

的极限经验。儒教经典中的圣王观念,具有鲜明的超越性指向,最终汇聚于至圣素王孔子一身。儒教信仰就奠基于对至圣素王孔子及其经典的尊崇。换言之,尊孔与尊经,作为一体的两面,构成儒教信仰的基石。作为现代人的我们现在普遍重视理性与经验,以及在一定程度上基于我们的理性与经验重新审视过的传统,但是,或许尚未被明确揭示出来的是,对于被儒教文化深深浸染的我们而言,如果没有对呈现了圣王之迹的儒教经典的尊崇,理性将会在一些根本问题上无所适从,经验与传统也将无法真正被理解。相应地,对于从属于儒教信仰或儒门教化的儒学,恰当的理解就是内圣外王之学,诚如梁启超所言,或者说是希圣希天之学,如若突出其中的超越性指向的话。

梁启超1902年的反孔教论述表明他对于宗教的认知过多地受到了启蒙主义思潮的蒙蔽,质言之,即使我们同意儒教非宗教的观点,也不必连带宗教有悖于人群进化此类启蒙主义的思想负担,遑论仅以宗教为"迷信宗仰"的粗陋看法。而在梁启超1927年关于"儒家道术"的理解中,虽然缺乏尊孔与尊经的超越意识,但他毕竟已经明确指出,应当紧扣社会教化的功能来看待儒教的传统,并以此来构想新的儒学。至于一百多年来的中国哲学研究进路及在相关讨论中对于梁启超观点的漠视,则需要解释其中的历史缘由,揭示背后的权力机制。

发生在现代人文科学领域中的有关儒教是否宗教、儒学是否哲学的争论背后有两个重大的现实关切。一个是全盘性的,涉及启蒙主义的现代性谋划。在前现代社会,宗教是将社会生活的各个部门整合起来的一种精神力量。在这个意义上,诚如哈贝马斯所言,所谓现代性问题,就是在宗教衰落之后寻求新的替代物的问题。[1]然而,我们应当看到,经过一波又一波来自后现代和古典视角的双重批判,现代性早已体无完肤,启蒙谋划也早已破产。即使是哈贝马斯本人,虽然并未放弃其

---

[1] 参见哈贝马斯:《现代性的哲学话语》,曹卫东译,译林出版社2005年版。

原先的现代性信念,但也在晚近的时候开始重新讨论宗教的公共性问题了。就是说,不仅宗教将在现代性的进程中逐渐消亡的观点应当被放弃,而且基于现代性观念向宗教提出的很多适应性要求也需要重新反思。在这种境况下再来问儒教是否宗教、儒学是否哲学,至少其意义已经发生了巨大的变化,如果不是错失了问题的根本的话。

另一个重大的现实关切是特殊领域的,涉及儒教是否还能在现实的社会生活中发挥其教化功能这一重大问题。其实,只要此类实践动机在儒学研究中持续存在,儒教的问题迟早会被提出,无论在儒学是否哲学的问题上持何种看法。就改革开放四十年来的中国社会变迁而言,如果我们的观察足够仔细,不难发现,儒教议题的提出,其实是民间、官方和学界共同推波助澜的结果,而儒教信仰者的出现则是一个关键性的标志。

在从制度方面论述儒教遭遇古今之变的文献中,最有影响的观点无疑是余英时在《现代儒学的困境》这篇短文中提出的儒学游魂说。既然传统儒教总是谋求在社会、政治制度中发挥其功能,那么,这些具有前现代特征的社会、政治制度的彻底崩溃也就意味着儒教的彻底崩溃:

> 近百余年来,中国的传统制度在一个个地崩溃,而每一个制度的崩溃即意味着儒学在现实社会中失去一个立足点。等到传统社会全面解体,儒学和现实社会之间的联系便也完全断绝了。[1]

只要具备思想史的眼光,就不难意识到,余英时这篇短文的主要内容其实可以恰当地概括为:胡适与康有为的对峙。实际上,为了说明与儒教有关的旧制度的全面崩坏,余英时多次引用了康有为,甚至认为"康有

---

[1]　余英时:《现代儒学论》,上海人民出版社1998年版,第232页。

为当年想仿效基督教而建立孔教会也不无所见",虽然他仍断言"这是不可能的事"。和新文化运动期间很多同情儒学的学者一样,余英时将制度化儒学的死亡看作是"儒学新生命的开始"。运思到这里时,他提到了胡适的一个看法:"三十年代胡适在芝加哥讲'儒教的历史',曾说:'儒教已死,儒教万岁。我现在也可以是儒教徒了。'这个想法恐怕今天不少同情儒学的人还会加以赞许。"〔1〕

　　非常清晰的是,余英时的游魂说不只是一个历史判断,也包含着指向未来的价值判断:儒学不应当重新考虑任何制度化的形式,既然现代社会的种种制度不需要基于儒学来建构,而像基督教那样独立的教化制度对于儒学来说也不可行。如果儒学不应也不能放弃其超越性指向和社会教化的功能追求,那么,游魂说中所包含的价值判断就等于宣布儒学在现代社会已经彻底死亡,且不再可能有新生命。因此,如果要问余英时他所谓的"儒学新生命的开始"究竟意味着什么,我相信他无法给出一个清晰的答案。

　　胡适的看法曾被张申府等人概括为"打倒孔家店,救出孔夫子"。如果"打倒孔家店"必然意味着将孔子拉下圣坛而"还原"为一个普通人,那么,这样救出的一定不是真孔子。面对新文化运动以来一直甚嚣尘上的"去圣乃为真孔子"的现代谬论,儒教信仰者仅仅凭藉其信仰经验就能够针锋相对地说,去圣必非真孔子。如果通过"打倒孔家店"能够救出作为圣人的真孔子,从我们的实际生活经验来说倒是有其历史意义。让孔子无店可住,意味着再次揭示出孔子在这个世界上原本就无家可归的"丧家犬"处境。如是,只要我们不愿接受时代对孔子的彻底流放,如何安置孔子的问题就会重新提到日程上来。因此,在新文化运动已经过去了一百年后的今天,我们终于能够意识到,胡适在三十年代宣布"儒教已死"恰恰反衬出康有为以及后来的马一浮尝试建立独立

---

〔1〕　余英时:《现代儒学论》,上海人民出版社 1998 年版,第 233 页。

的教化制度来回应现代性这一思路的必要性与重要性。[1]

二

乍看之下，提出公共儒学的概念，只是要在儒学研究中划出一个特别的领域加以探讨。这个理解当然不错，但若背后隐藏的信念是将儒学看作一种纯然奠基于人类理性之上的人文主义传统，则必将错失我们提出这个概念的根本意图。也可能有人会认为，既然儒学向来就是讨论公共性问题的，那么，公共儒学的概念，难免有叠床架屋之嫌。的确，忽略古今之变所带来的公共领域的结构变迁，儒学的社会性，或者说广义的公共性，向来是得到承认的，但若就此无视儒学的超越性指向而一头扎入对公共性问题的人文科学与社会科学讨论，则必将错失儒学看待公共性问题的精神基础。

毋宁说，公共儒学这一概念的提出，正是基于经典与时代之间那种可能永远存在的张力，而从我们对儒学的历史认知来看，想要突出的恰恰是儒学的超越性指向。基于儒学所呈现的独特的信仰体系与精神旨趣，对当今人类社会中的公共性问题展开深入探讨，就是公共儒学的根本宗旨。公共儒学首先是儒教信仰者的一种社会存在方式，因而应当以儒教信仰者的精神团体的存在为前提。结合儒教的历史，我们将书院理解为儒教信仰者的精神团体。于是，书院的存在就是公共儒学得以开展的肉身基础，也是公共儒学的核心议题之一。

作为儒教信仰者的精神结合，书院是一项独立的教化制度。书院的全部活动就是传习孔子的经典、发扬儒教信仰，因此可以说，书院因孔子而成立，也为孔子而成立。在现代儒学史上，马一浮在创办复性书

---

[1]　关于康有为的孔教构想，可参见唐文明：《敷教在宽：康有为孔教思想申论》，中国人民大学出版社 2012 年版。

院时明确意识到,他心目中的书院不同于现代的大学,也不同于古代社会结构中的书院。依我之见,这个看上去崭新的书院理念其实就指向儒教信仰者的精神团体,而古代社会结构中的书院仍然有此面向,尽管有时显得很微弱。[1]

作为一种社会存在,书院已然具有一定的公共性,但更大的公共性无疑还在整个社会。对于儒教信仰者来说,书院首先是一个研习经典、修养心性、朝向自我提升的精神家园,同时也是一个立儒行之志、发功德之愿、导向社会服务的起动中心。在此必须谈到儒教信仰者应有的社会责任。儒教信仰者应当具有双重的责任意识。首先,作为公民,儒教信仰者应当具有良好的公民意识。与公民意识相对应的是公民责任(civil responsibilities),不仅包括来自法定的公民义务(civil obligations),而且还包括可能超出法定义务范围的社会教养(civility)。[2] 其次,也是我特别想要指出的,除了公民意识,儒教信仰者还应当具有一种超越时代的逸民意识。儒教信仰者之为逸民,不同于我们惯常所言的逸民。惯常所言的逸民,只关联于一朝一代,儒教信仰者之为逸民,超越任何朝代,儒教信仰者只愿为圣王之民,只愿为尧、舜、禹、汤、文、武、周、孔之民。既然儒教信仰以孔子为圣王之集大成者,即至圣素王,那么,将这个看法修正以后所得到的更为精确的表述就是,儒教信仰者只愿为孔子之民。

只愿为孔子之民这一超越的逸民意识,首先意味着针对现实世界所存在的问题与缺陷,儒教信仰者应当具备一种基于超越性指向的批判眼光。但在此我想要强调的,是与这种超越的逸民意识相对应的责任意识,即来自天命的责任(heavenly responsibilities)。《论语》有言:

[1] 参见马一浮:《寒江雁影录》,吴光主编:《马一浮全集》,第四册,浙江古籍出版社 2013 年版。
[2] 既然社会教养离不开文化积淀,那么,社会教养必然涉及公民的文化认同与文化担当。详见后文。

"士不可以不弘毅,任重而道远。"这种以天下为己任的士君子精神,植根于经典,生长于大地,在历史上开过无数的花,结过无数的果。虽然儒教在现代面临巨大挑战,难免于又一种花果飘零的境地,但是,我们有足够的理由相信,只要具备合适的社会条件,经典的种子仍会再次发芽生长、再次开花结果。

经典与时代之间的张力,规定了逸民意识与公民意识之间的张力。如果有人回溯历史,指出逸民意识与公民意识应当统一,那么,我们应当马上告诉他,两种意识的分裂实乃理势之必然,也恰恰反映了我们的实际处境,且在某些无法改变的条件之下,分裂并非全然是坏事。当原始的统一早已失去,将分裂揭示出来就至关重要,而历史业已表明,掩盖分裂所导致的结果可能更糟。

对于儒教信仰者来说,双重身份意味着带着超越性的关切内在于这个世界。逸民身份是超越的、根本的,公民身份是内在的、现实的。既超越又内在的双重身份落实于责任意识,就表现为以天命责任涵摄、深化公民责任。天命责任与公民责任之间可能存在张力,但在政治基本清明的前提下二者不会有根本性的冲突,这自然是因为,儒教信仰不仅承认政治的合理性,且充分重视政治的意义。天命责任意味着儒教信仰者将自己的社会责任奠基于更深层次的信仰之上,因而比公民责任更为深沉。至于逸民身份是否会倾轧公民身份此类问题,只要不是站在专制政府的立场上提出,也当认真对待。质言之,逸民身份与公民身份之间的张力在现实生活中可能造成道德上的两难,对此,除了原则性的必要澄清之外,还得诉诸具体的判断。

承认政治的合理性同时意味着承认政治的局限性。既然政治与教化的分裂乃理势之必然,那么,对儒教信仰者来说,在承认政治的权柄应当归于政府的同时,必须强调教化的权柄应当归于孔子。在此决不能将政府的权威凌驾于孔子之上。基于这种理解,儒教信仰者应当支持任何合法的政府,但也应当有能力在必要的时候对现实的政府提出公开批评。出于信仰的热忱与理性的审慎，儒教信仰者相信社会层面精神生活的复兴与国家层面政治制度的建设至少同等重要，因而必将思考和行动的重心放在社会层面，而对政治采取一种迂回的关切方式，即，以书院塑造社会，以社会影响政治。

既然作为儒教信仰者精神团体的书院是儒教信仰落实于社会生活的基本制度，那么，对于儒教信仰的复兴来说，书院的建设就是当务之急。如果每个儒教信仰者都是经典所发的新芽，那么，书院就是培育这些新芽精神成长的园田。而公共儒学，也是书院建设的一个重要课题，既涉及书院在精神层面的内在成长，也涉及书院在社会层面的外部发展。儒教信仰的复兴，离不开对当下人类社会所存在问题的高度关切，而公共儒学，就聚焦于儒教信仰与当代社会问题的相关性，力图发展出一种基于儒学义理谈论公共问题的深刻方式，一方面成就书院对待公共问题的倾向与态度，另一方面也通过公共话语的力量尽可能地影响社会。

儒教信仰的超越性指向决定了公共儒学的首要议题是社会批判。社会批判其实是儒教本来就有的深厚传统，这一点无论从儒教经典还是儒教历史都可以清晰地看到。以经典而言，儒教所崇尚的三代圣王都是具有批判精神的革命者，汤、武革桀、纣之命，对桀、纣恶政的批判见诸《尚书》之《汤诰》《牧誓》等，而《周易》则有革卦，象传即以"顺乎天而应乎人"评价"汤武革命"。身处礼坏乐崩、霸道盛行的春秋时代，孔子"祖述尧舜，宪章文武"，具有更强烈的批判精神。《论语》所记载具有鲜明批判意识的孔子言论可谓比比皆是，如"八佾舞于庭，是可忍也，孰不可忍也""始作俑者，其无后乎"等大胆而严厉的责备。至于《春秋》，则可以说是最能体现孔子批判精神的一部经典，以至于如孟子所说，"孔子成《春秋》而乱臣贼子惧"。

以历史而言，孔子之后的儒教人士都继承了儒教本有的批判精神。身处世道浇漓的战国时代，"言必称尧舜"的孟子将儒教的批判精神发挥得淋漓尽致，而以"法后王"为宗旨的荀子也是基于对社会现实的深刻批判提出自己的政教主张。汉代是经学被纳入政治制度从而发挥更大功能的时代，而无论是今文经学还是古文经学，都基于对经典的尊重保持了起码的批判性维度。[1]宋代儒学是在社会变迁和佛老冲击下逐渐形成的，可以看到，理学家们基于义利、王霸之辩而展开的社会批判其锋芒更为锐利，乃至于有"尧舜之道未尝一日得行于天地之间"的高标之论。明末清初的顾炎武、黄宗羲、王夫之，无不继承宋明儒学的批判传统，对社会现实问题提出尖锐、有力的批判。

　　至于我们身处其中的现代社会，依然存在着种种问题，有些方面可能比古代社会更为严重。对现代社会进行病理学诊断，是西方那些具有强烈批判精神的思想家所特别关切的，可以说贯穿了西方现代化历程中的每一阶段。相比之下，可能主要由于处境上的差异，现代以来服膺儒门的学者虽然大都意识到社会批判的重要性和必要性，但并未能够做到依据经典很好地展开社会批判的实践。其中一个很大的原因在于，他们接受了现代性特有的历史观念，从而将经典的地位放置在时代之下。于是，经典必然被重新解释，以屈就时代的要求，而经典中的超越性指向则可能被完全清除，以迎合时代的经验。就是说，当经典仅仅作为历史传留之物而被要求全盘性地乃至无条件地服务于时代，经典与时代的关系就被彻底颠覆，超越与内在之间的张力结构就被彻底反转。

　　更为严重的是，在西方，这种一般以世俗化来指谓的内在主义反转是发生在具有超越性指向的基督教的外部，而在中国，这种内在主义反转则是发生在具有超越性指向的儒教的内部。[2]因此，要恢复儒教的

---

[1]　今文经学无疑比古文经学具有更强烈的批判性，这一点可参见蒙文通：《儒家政治思想之发展》或《孔子与今文学》，载《蒙文通全集》（一）《儒学甄微》，蒙默主编，巴蜀书社2015年版。

[2]　新儒家的"内在超越论"实际上仍是这种内在主义反转的产物，参见唐文明：《隐秘的颠覆：牟宗三、康德与原始儒家》，三联书店2012年版。

社会批判传统,首先必须重新确认经典的意义,必须重新将经典的地位置于时代之上,以扭转这种内在主义反转所带来的严重后果。既然经典之所以为经典,恰恰在于其能够超越每个时代,在于其能够向每个时代提出挑战,那么,考虑到客观的理势,正确地处理经典与时代之关系的做法就应当是一种双向运动:一方面就时代阐释经典,另一方面又以经典拷问时代。

实际上,对于儒教知识分子而言,社会批判就是直面时代的经典阐释。并非全然出于信仰,儒教知识分子必然重视社会的共同文化。或者仍从儒教知识分子的公民身份说起。公民身份必然涉及社会的共同文化,即使社会的共同文化并非单一,且在多元文化之间存在各种各样的张力。公民应有文化担当,这一点决定了儒教知识分子的社会批判必然是一种内部批判。所谓内部批判,就是基于社会共同的生活信念和共同的文化传统而展开的批判。这种批判要求首先从共同体内部对社会生活进行阐释,然后在这种内部阐释的基础上再进行批判。[1]当然,这里首先需要打消的是启蒙时代知识分子企图自己成为立法者的历史性幻觉和理性主义虚妄。[2]

有人可能会问,儒教知识分子的逸民身份是否会更倾向于支持一种超脱的、而非内部的批判呢?在此我们必须指出,逸民身份恰恰与我们试图描述的内部批判根本一致,因为逸民身份恰恰来自文化的委身,并非来自一个超脱的立场或姿态。逸民身份中的超脱性,来自社会现实与文化理想之间的鸿沟,恰恰来自文化而非超脱于文化,换言之,其所超脱的是现实,而非文化。

既然社会批判是理应具有文化担当的公民对公共生活状况的反

〔1〕 参见迈克尔·沃尔泽:《阐释与社会批判》,任辉献、段鸣玉译,江苏人民出版社 2010年版。

〔2〕 参见齐格蒙特·鲍曼:《立法者与阐释者:论现代性、后现代性与知识分子》,洪涛译,上海人民出版社 2000 年版。

思,那么,批判就应当是社会共同文化的真实表达,而批判的目的就应当是理解并改善社会的共同生活。很显然,这一点将儒教知识分子的社会批判与分布在左右两翼的自由主义和马克思主义知识分子的社会批判区别开来了。自由主义者的个人权利诉求和马克思主义者的阶级平等诉求都能支持一种社会批判的实践,但是,双方对于社会共同的生活信念和共同的文化传统都不甚措意,都倾向于将何谓美好生活的问题放逐在公共讨论之外。相应地,在某些特殊的政治情境中,委身于权力和委身于资本都是想要从事社会批判的儒教知识分子可能面临的障碍。

毋庸置疑,儒教经典中的人伦观念在现代中国人的美好生活理想中仍然具有重要意义。这就决定了儒教知识分子的社会批判必然以人伦的规范性重构为根本旨趣。人伦的规范性重构一方面直面现代性的挑战继续捍卫人伦的价值,另一方面也将儒教经典中的人伦观念置于平等的人格尊严这个现代性的基本原则面前使之接受现代性的洗礼与考验。[1]实际上,不难想到,无论是原子式的个人主义,还是宰制性的等级主义,都将是儒教知识分子社会批判的重点方向。因此说,儒教知识分子的社会批判,与来自左右两翼的社会批判即使在某些具体问题和具体方面有可能重叠,甚至在某一段具体的道路上有可能"同途",但最终必然是"殊归"的。这自然是因为,儒教知识分子的社会批判,最终必然指向一个以仁义为核心价值的伦理社会,而非一个自由的或平等的乌托邦。

---

〔1〕 我在《彝伦攸敍:中西古今张力中的儒家思想》(中国社会科学出版社 2019 年版)中详细处理了这个问题。

"孔子为王"与公羊学的主体批判理论

朱 雷[*]

公羊学认为,孔子之圣德已堪为继周而起之新王,故天示以祥瑞,以麟来为孔子受命之征。孔子也知道自己已经受命为新王,故起而行天子之权,作《春秋》以当新王之法。在今文学理论中,孔子为王是不争的事实,而且在对孔子为王的描述与论证中,实际也就提出了"为王"的条件,亦即对王者的要求。孔子之所以为新王,是因为孔子之圣德在客观上满足了天意所要求的王者的条件,主观上符合王者的自我批判所要求的德性。孔子在《春秋》中贬天子、退诸侯、讨大夫,所要贯彻的也是对政治元首的批判,继起的王者应当把这种批判转变为一种自我批判,以使自己满足为王的要求。因此,公羊学在对孔子为王的论述中同时表达了对王者的要求,也就是表达了一种对现实中的王者(有王位而无圣德者)的批判。这种对行使统治权的主体,亦即对政治元首的批判,本文简称为主体批判。公羊学的主体批判是公羊学批判精神中首要的一方面,也是常为人所忽视的一面。

---

* 朱雷,中国社会科学院哲学研究所博士后。

　　近代学术史自廖平以礼制平分今古文学以来，对制度的重视可谓是近代经学的一大特征。现在学术界甚至渐渐形成了以经学为制度儒学、以理学为心性儒学两相对峙的势态。今文经学重视制度批判和建构，这一点毋庸置疑。但如果以制度问题为今文学首出的要点，而忽略今文学对人性及圣性的理解和设想，忽视今文学进行制度批判的方式（孔子改制），就会使制度成为空壳而丧失其精神实质。今文学的制度建构建立在对圣人德性的设想之上，今文学的制度批判也应该以主体批判为前提。本文先讨论今文学尤其是公羊学在对"孔子为王"的表述与论证中所表达的主体批判理论，最后一节以蒙文通为例，简单分析那种忽视了主体批判的制度批判理论所存在的问题。

　　康有为在《孔子改制考》卷八《孔子为制法之王考》中，归纳了先秦及两汉人言孔子为王的几种主要说法，包括孔子为新王、素王、文王、圣王、先王、后王等。[1]其中与公羊学论证"孔子为王"关系最密切，也最为重要的两个说法是孔子为素王和孔子为文王。下文先讨论今文学对王的一般理解，然后围绕孔子为素王和为文王这两个说法，来探究公羊学的主体批判理论。

一、今文学对"王"的一般理解

　　今文学中"王"的含义主要有两项，一是以天下归往言王，这是从字音角度发挥的训释；一是以通天地人三才言王，这是从字形角度发挥的训释。《说文》兼载对"王"的这两种解释：

> 王，天下所归往也。董仲舒曰："古之造文者三画而连其中谓之王。三者，天地人也，而参通之者，王也。"孔子曰："一贯三为王"。[2]

---

〔1〕《康有为全集》第3集，中国人民大学出版社2007年版，第102—108页。
〔2〕许慎：《说文解字》，中华书局1963年版，第9页。

　　许慎虽为古文学家，但《说文》对王字的解释全用今文说。以归往言王为今文家相传旧义，如《尚书大传》云："王者，往也，为天下所归往"，《韩诗外传》卷五云："王者，往也，天下往之谓之王"，《春秋繁露》也说："王者，民之所往"，纬书中如此解释者亦甚多。[1]以参通天地人言王，亦是今文学义。除许慎所引董仲舒的话之外，《春秋繁露·王道通三》还载董仲舒说："古之造文者，三画而连其中谓之王。三画者，天地与人也，而连其中者，通其道也。取天地与人之中以为贯而参通之，非王者孰能当是。"[2]可见，以归往言王和以参通天地人言王，是今文学理论里王者德性最重要的两种内涵。

　　这两种说法初看起来没有什么难以理解的地方，而且颇为空泛。它除了对王者的功业和德性有一种想象式的颂扬之外，并没有提出什么切实的规定。有论者就此发挥说："天下归往之义是指人心向背问题，用今天的话来说是指民意问题。凡是天下的民心都归向的人才能称为王。""公羊家把王字定义为天下归往，就是要说明王者必须以德服人，为民谋利，必须表达生民的愿望和要求。""参通天地人，则是从内圣的角度来说明为王的条件。在公羊家看来，王者不仅要在治世的外在功业上做到天下归往，为民谋利，还要在自己的内在生命上参天地之化育，打通天地人的隔阂。这可以理解为是一种广义的外王，即完善宇宙，助生万物的外王。"这样的发挥自然也不错。它在原义那种空泛的基调上进行了想象式的拔高。但如果切实了解今文经学的理论和语境，会明白那种表面上看起来空泛的说法，实有其真切具体的规定。

---

[1]　《尚书大传》语见《风俗通》卷一引，董仲舒语见《春秋繁露·灭国上》。今文学其他类似的说法还有：《穀梁传》庄三年："其曰王者，民之所归往也"，《白虎通·号》的"王者，往也，天下所归往"。见于纬书的说法有：《乾凿度》的"王者，天下所归往"，《文耀钩》的"王者，往也。神所向往，人所乐归"，《元命苞》"王者，往也。神之所输向，人之所乐归"。参见陈立：《白虎通疏证》，中华书局1994年版，第45页。

[2]　按，最后一句《艺文类聚》作："取天地与人之才而参之，非王者其孰能当是。"刘师培《春秋繁露斠补》云："《类聚》引中作才，是也。"参见钟肇鹏主编：《春秋繁露校释》(校补本)，河北人民出版社2005年版，第732—733页。

"归往"可能并不涉及民意问题，毕竟民意只是"效验"，而这里的重点是对王者的规定。"参通天地人"可能也不只是玄虚的"打通天地人的隔阂"或"完善宇宙"即可解释的，而是一种在工夫乃至制度方面具体的设想。深入今文学语境，归往和参通天地人，都指向一种对王者切实而具体的要求。

"归往"在今文学中的切实措施是"悦近来远"，即孔子回答叶公问政时说的"近者悦，远者来"。这里的"近"，不只是附近或邻近之义，在公羊学中，自己的国家也可称为"近"——如"治自近始"意谓当从自己的国家开始治理。因此孔子这话的意思是，能把自己的国家治理好，邻近的民众被其恩泽而悦乐，远方的民众听说了自然愿来归服。天下归往这种悦近来远的具体含义，特别为孟子所乐道。孟子善言《春秋》，当为公羊先师之一[1]，所以他所设想的有王者起而天下归往的情况，就是孔子所说的悦近来远的实例。孟子格外称道"文王以百里"，是说文王之地仅有百里，但能让诸侯臣服，是因为他施行仁政，使人民悦乐，故而天下皆服其德而欲归往。又说："师文王，大国五年，小国七年，必为政于天下矣。"（《离娄上》）为政于天下和天下归附的意义是一样的。文王的仁政举措，孟子举例说："文王之囿，方七十里，刍荛者往焉，雉兔者往焉，与民同之。"（《梁惠王下》）所以人民还觉得文王的土地太小了，也就是皆愿为其治下之子民。又说："昔者文王之治岐也，耕者九一，仕者世禄，关市讥而不征，泽梁无禁，罪人不孥。老而无妻曰鳏，老而无夫曰寡，老而无子曰独，幼而无父曰孤。此四者，天下之穷民而无告者。文王发政施仁，必先斯四者。"（《梁惠王下》）文王"治近"既如此之善，故天

---

[1]　参见蒋庆：《公羊学引论》，海峡出版发行集团、福建教育出版社 2014 年版，第 65 页以下"孟子与公羊学"一小节。又曾亦、郭晓东：《春秋公羊史》，华东师范大学出版社 2017 年版，第 24 页以下"孟子善言《春秋》"一小节。又按，关于孟子与公羊学的关系，研究者一般都颇为重视刘师培《群经大义相通论》中《公羊孟子相通考》一篇文章，实则此文只是寻章摘句进行比附，挑出几句话谓其意思相通。公羊学和孟子学固然相通，但此相通是大义与精神之相通，不在彼所引几句话而已。

下之民皆服其德,愿为其子民。今文学认为文王已经称王改制,文王就是"王者为天下所归往"的典型。

对于孔子"近者悦,远者来"这句话,刘逢禄《论语述何》说:"《春秋》大一统,必自近者始,此其义也。"认为"悦近来远"反映了公羊学"治自近始"的治理原则,这确是卓见。的确,公羊学把孔子所说的"悦近来远"和其他一些观念,如"子帅以正,孰敢不正""躬自厚而薄责于人"等联系起来,共同嵌合进一个更大的治理理念之中,即"三世说"。这里无法展开对"三世说"的具体分析〔1〕,只能提出结论说,"三世说"所设想的治理理念和今文学以归往言王义的关系在于:公羊学通过"三世说"表达的基础治世程序是"内其国而外诸夏,内诸夏而外夷狄",内其国就是"治自近始",意思是治理天下当以治理本国为开端,如果自己的国家都没治理好,就要去治理华夏诸国乃至天下,这是违反正义的要求的。更进一步,王者之自治其国也要依据自正而正人的程序来进行,王者要先能修身自正,才能治一国,也才能进一步悦近来远,使天下人民皆愿归服。董仲舒在《天人三策》中表达这种理念说:"为人君者,正心以正朝廷,正朝廷以正百官,正百官以正万民,正万民以正四方。"(《汉书·董仲舒传》)或者,用孔子一个更简洁的说法来概括这种理念就是:"一日克己复礼,天下归仁。"正因为在公羊学的设想中,治理天下,亦即德泽天下而天下往归,需要这种王者自正其身而治一国/治一国而治诸夏/治诸夏而治夷狄的三世治理进程,所以公羊家言王者为天下所归往,不是一个空泛的提法,也不是一种从效验方面对王者德性的描述,而是对王者德性的一个要求,即要求王者要能自正其身而治一国。《大学》中与此相关的说法是:"欲治其国者,先齐其家;欲齐其家者,先修其身。"通过以上的讨论可知,今文学的归往说实则是对为王者的德性—工夫要求。

---

〔1〕 具体的讨论可以参见我写的《正治的追寻:从公羊到四书》一文,未发表。

再来看参通天地人说。上引董仲舒在《春秋繁露·王道通三》篇中解释王字的字形含义说:"古之造文者,三画而连其中谓之王。三画者,天地与人也,而连其中者,通其道也。取天地与人之中以为贯而参通之,非王者孰能当是。"[1]而《王道通三》接下来的内容,则是在讲解王者贯通天地人的原理和"技术"是什么。在董仲舒哲学中,王者参通天地人的实际含义是王者承顺天意而出其政令,而关键在于王者之自正其身。王是天地人之间的纽带或者说"通道",王能做到自正其身,使自己这个"通道"保持"畅通",才能正确顺承天意而将之反映于治民的制度措施之中。如果王不能自正其身而是任意妄为,王就不是天意的反映者、疏通者,而是天人之间的阻碍。因此,王道通三对为王者的要求,用董仲舒的话来说就是"人理副天道",王道通三的理念落实在实际中,就是一套关涉王者的修身工夫论。《王道通三》的大部分篇章都是在阐明这套工夫论。兹述其要旨如下。

工夫论的主旨:承天以施政令——"王者惟天之施,因其时而成之,法其命而循诸人,法其数而以起事,治其道而以出法,治其志而归之于仁。"

工夫论的基础:天人相副——"天常以爱利为意,以养长为事,春秋冬夏皆其用也。王者亦常以爱利天下为意,以安乐一世为事,好恶喜怒而备用也;然人主之好恶喜怒,乃天之春夏秋冬也,其具暖清寒暑而以变化成功也。"

工夫论的技术:以王副天而正其情——"明王正喜以当春,正怒以当秋,正乐以当夏,正哀以当冬,上下法此,以取天之道。""人主之好恶喜怒,乃天之暖清寒暑也,不可不审其处而出也,当暑而寒,当寒而暑,

---

[1] 引文据《艺文类聚》十一所引有改动,参见钟肇鹏主编:《春秋繁露校释》(校补本),第732—733页。

必为恶岁矣;人主当喜而怒,当怒而喜,必为乱世矣。"

　　结论:王者参天的含义在于"人主之好恶喜怒必当义乃出"——"是故人主之大守在于谨藏而禁内,使好恶喜怒必当义乃出,若暖清寒暑之必当其时乃发也。人主掌此而无失,使好恶喜怒未尝差也,如春秋冬夏之未尝过也,可谓参天矣。"

　　可见,今文学中的参通天地人之义,有着切实的指向,即王者要承顺天意以出政令,因而要求王者修身以正其性情。《王道通三》这一段的说法基本相当于《中庸》所说"致中和"的工夫。另外,董仲舒还认为天道是扶阳抑阴的,统治者法天而行,要相应地"任德不任刑"。总体上看,今文学"参通天地人"说与"归往"说都要求为王的人要自修其德,施仁政于民,最终悦近来远,天下归服,二者的指向是一致的,即指向王者之自正。

　　通过以上的讨论可知,今文学以归往言王和以参通天地人言王,不是什么玄虚不实之论,其切实的含义,都应该被理解为是指向政治元首的主体批判。今文学的主体批判不仅表达于对王者的一般规定,而且表达在对孔子为王的描述与论证中。

二、孔子为素王与素王革命论

　　今文家认为孔子确为继周而起之新王,麟来为孔子受命之符瑞。但孔子虽具王德,却无王位,为使天意不落空,故作《春秋》以当新王。孔子既有王德,又在《春秋》中行使天子之权,立新王之法,但终究没有现实中的王位,故称孔子为素王。素者,空也,意谓孔子空有王德而无王位,故称为空王。

　　孔子为素王乃汉人之通见,今文学当然力主这一观点,古文家亦不能违反。如贾逵《春秋序》说:"孔子览史记,就是非之说,立素王之法。"郑玄《六艺论》云:"孔子既西狩获麟,自号素王,为后世受命之君,制明王之法。"〔1〕汉人其他书中亦如此记载，如《淮南子·主术训》谓孔子"专行孝道以成素王，事亦鲜矣"。《中论·贵验》云："仲尼为匹夫，而称素王。"《论衡·超奇篇》云："孔子作《春秋》，以示王意，然则孔子之《春秋》，素王之业也。"《定贤篇》又说："孔子不王，素王之业在于《春秋》。"汉人称孔子为素王之例还有不少，兹不详录。〔2〕汉人又有素臣、素相、素功之说，皆因孔子素王之论而发，亦不录。〔3〕

　　虽然孔子为素王乃汉人共许之义，但许可到什么程度，就很难说了。前文说过，素王就其字面意思来讲，只是说孔子有德无位，这一点不难为诸家所承认。但今文家以孔子为素王，其更深的含义，是认为孔子的确是继周而起的新王，上天已经通过麟来的符瑞表明了周王朝已经失去当王的资格，孔子为改姓易代的新王。亦即说，今文学以孔子为素王，是认为孔子已经根据天意对周代实行了革命，自命为代周而起的新王了。只是因为在现实中，孔子没有一块封地可以如"汤以七十里，文王以百里"那般兴起，也没有天子像尧舜禅让那般直接禅位于孔子〔4〕，所以孔子只能是素王。"素王"是说孔子没有现实中的王位，但就孔子身份的性质而言，就必须承认他已经是王。孔子为素王的这种含义，恐怕就不能为古文家所许可了。

　　今文学以孔子为素王，是对前代实行了革命的新王，不承认这一点，就不是真的素王，无论是否使用了"素王"这个词。今文学的素王论与革命论的这种根本联系，蒙文通在《孔子和今文学》一文中说得十分精辟：

〔1〕　贾逵、郑玄说皆见孔颖达《左传正义》引，见《春秋左传正义》，北京大学出版社1999年版，第25页。

〔2〕　可参见康有为《孔子改制考》卷八《孔子为制法之王考》一篇所辑素王例证，见《康有为全集》第3集，第103页以下。

〔3〕　可参见曾亦、郭晓东：《春秋公羊学史》，华东师范大学出版社2017年版，第330页。

〔4〕　孟子就说："匹夫而有天下者，德必若舜、禹，而又有天子荐之者，故仲尼不有天下。"见《万章上》。

"素王"说是必须以"革命"论作为根据的。《说苑·君道》引孔子说："周道不亡,《春秋》不作,《春秋》作而后君子知周道之亡。"这正是说《春秋》是继周为王,继周为王正是公羊家素王说的根据。但若不革去周命,《春秋》何能继周为王。"素王"说若不把"革命"论作为前提,当然就不免被认为是"非常异议可怪"之论了。

《齐诗》讲"革命",《公羊》讲"素王"。但两者是不能分割的、不能孤立起来讲论的。很显然,如果没有"革命"来"易姓改代",圣人如何能受命而王。故只讲"素王"而不讲"革命",称王便失掉根据。反过来,如果没有"素王"的"一王大法","革命"便将无所归宿,故只讲"革命"而不讲"素王","革命"便失掉行动的目标。[1]

公羊学就是既主张革去周命,也讲素王受命,这个意思表达在以下这个说法中:"新周,故宋,以《春秋》当新王。"董仲舒与何休都盛言此义。如《春秋繁露·三代改制质文》一篇说:"《春秋》应天作新王之事,时正黑统,王鲁,尚黑,绌夏,亲周,故宋。"还说:"《春秋》作新王之事,变周之制,当正黑统,而殷周为王者之后,绌夏,改号禹谓之帝,录其后以小国,故曰绌夏存周,以《春秋》当新王。"大体意思是:孔子顺应天意为新王,作《春秋》以当新王之法,继周之赤统而为黑统。孔子既然代替周代为新王,则殷周为二王之后,故封周代之后为公,谓之"新周",商代之后成为两个公中资格较老的那一个,谓之"故宋",夏之后代则绌为小国,不再封为公爵。何休大旨亦相同。可见,公羊家讲"以《春秋》当新王",一定是以"新周故宋"为前提的,也就是以对周代实行革命为前提,否则就无所谓"新王"。公羊学的通三统说,把素王论和革命论的要义结合在了一起。

今文学的素王说,既是在说孔子有德无位,此义为诸家所共许,更

---

〔1〕 蒙文通:《孔子和今文学》,见《蒙文通全集》(一),巴蜀书社 2015 年版,第 327—328 页。

是要说孔子是革命而起的新王,此义则只有今文家能坚持。孔子革周代之命而为新王,反映出"天命靡常,惟德是辅"的观念。董仲舒就说:"天子命无常,唯命是德庆,故《春秋》应天作新王之事"云云。但周人所谓"天命靡常",指的是一个王朝以暴力革命的方式取代另一个王朝,在王朝内部,实行的还是嫡长继承制,某个君主只要不罪大恶极,是没有理由革去天命的。而今文学的素王说,则是认为匹夫可以直接兴起为天子,且最理想的方式不是通过暴力革命,而是由前代天子寻访天下有圣德的人,把王位直接传给他,即禅让制。不仅如此,前代天子的后人即使不算太差,大体上合格,那也不能继位,还是该让位给真正有王德之人。此即眭弘称引董仲舒的话说"虽有继体守文之君,不害圣人之受命"(《汉书·眭弘传》[1]),意思是继位为天子的人,哪怕大体上能维持国体典章,若有圣人受命而王,还是该让出王位。可见,以孔子为素王,还有一层隐含的意思,即反对小康世"大人世及以为礼"的嫡长继承制,而主张实行大同世"天下为公,选贤与能"的选举—禅让制。就此而言,今文家的素王说,涵义就更加激进,其批判矛头指向的是家天下王朝中每一个继位为天子的人。蒙文通曾批评今文学的禅让理想说:"虽然今文学都承认汤武征诛是革命,但在今文学中还找不出武装革命的思想,他们所理想的革命方法只不过是以'素王'为目标的'禅让'。很显然,这充分暴露了今文学家的知识分子的软弱性,他们不满于现实政治,希望来一次革命,但他们又在暴力革命面前退缩了,而希望用和平的方式来达到革命的目的,于是便大力倡导禅让。无疑地,这只能是一种幻想。"[2]这或许是蒙文通在20世纪60年代革命史观的支配下不得不说的一些话,但也只是一种表面的观察。蒙文通没有注意到,武装革命论实际上承认了家天下的合理性,认为继体守文之君也有成为天子的

---

〔1〕 又《三国志·魏书》卷二裴松之注引许芝上汉献帝的疏中,引《春秋大传》云:"周公何以不之鲁? 盖以为虽有继体守文之君,不害圣人受命而王。"

〔2〕 蒙文通:《孔子和今文学》,《蒙文通全集》(一),巴蜀书社2015年版,第337页。

资格,只是在一个王朝穷凶极恶到极点时,才该用武力取代。而素王革命论否定嫡长继承制,认为每一位君主都应该由选举产生,这实际上就既批判了家天下每一个君主,甚至也批判了武装革命论本身。因为武装革命论落实于现实,只能演变为"惟武德论",谁依仗武力夺取天下,谁就是王,这无非是儒家素来贬低的"霸道"而已。素王革命论则强调君主之"文德",以为这才是王者的真正德性。这也就是为何眭弘、盖宽饶在汉昭帝、汉宣帝时就要求君主退位[1],因为素王革命论是不承认继体守文之君的合法性的。这就是素王革命论实际上更为激进也更具理想性的原因所在。通过素王革命论,公羊学将修身的必要性逼迫至每一个君主,任何一个现实中的君主若没有达到为王的要求,都应该被取代。

三、孔子为文王与文德的意义

《春秋》开篇第一条经文就说:"元年春,王正月。"《公羊传》云:"王者孰谓?谓文王也。"此文王又孰谓?公羊家大体有两说:一以为指周文王姬昌,何休主此说;一以为文王指孔子,晋王愆期始发此论,近人康有为等力主此说。文王是指周文王还是孔子,只是这一问题的表面,更深层面的问题是,文王的象征意义要如何理解。以周文王或孔子为《传》中的文王,其象征意义是不同的。下面就简单分析这两种说法,并提出我的观点。

---

[1]《汉书·眭弘传》载:"孝昭元凤三年,孟(引按:眭弘字孟)说曰:'先师董仲舒有言,虽有继体守文之君,不害圣人之受命。汉家尧后,有传国之运。汉帝宜差天下求索贤人,禅以帝位,而退自封百里,如殷周二王后,以承顺天命。'孟使友人内官长赐上此书。时昭帝幼,大将军霍光秉政,恶之,下其书廷尉。奏赐、孟妄设妖言惑众,大逆不道,皆伏诛。"又《汉书·盖宽饶传》载:"宽饶奏封事引韩氏《易传》言:'五帝官天下,三王家天下,家以传子,官以传贤,若四时之运,功成者去,不得其人则不居其位。'书奏,时执金吾议,以为宽饶指意欲求禅,大逆不道,遂下宽饶吏。宽饶引佩刀自刭北阙下,众莫不怜之。"

隐元年何休《解诂》云：

> 文王，周始受命之王，天之所命，故上系天端。方陈受命制正月，故
> 假以为王法。

意思是说，《公羊传》所称的文王就是周文王，但在公羊学的语境中，周文王也只是一个代号，一个假称，实际指向的是每一个新朝代的始受命王，为了表明始受命王有改制的任务，所以假托周文王之受命改制、重定正月来寄托此义。根据何休的注解，《传》之文王指周文王，象征意义是寄寓了新王受命改制之法。

何休的注解实际上认为周文王已受命称王，而且已经不遵从殷历，而是制定并施行周历了。这自然不能为古文家所承认。如杜预就认为此处的王指周之时王即平王。孔颖达在《尚书·泰誓》篇的"正义"中还批评今文学以文王为受命王的观点说："天无二日，土无二主，岂得殷周尚在，而称文王哉？若文王身自称王，已改正朔，则是功业成矣，武王何得云：'大勋未集'，欲卒父业也？"并批驳公羊家以文王为周文王的讲法，说：

> 《公羊传》曰："王者孰谓？谓文王。"其意以正为文王所改。《公羊
> 传》汉初俗儒之言，不足以取正也。《春秋》之王，自是当时之王，非
> 改正之王。晋世有王愆期者，知其不可，注《公羊》，以为《春秋》制
> 文王指孔子耳，非周昌也。《文王世子》称武王对文王云："西方有
> 九国焉，君王其终抚诸。"呼文王为王，是后人追为之辞，其言未必
> 可信，亦非实也。[1]

---

[1]《尚书正义》，上海古籍出版社 2007 年版，第 399 页。

这一段话为人所瞩目的自然是其中所引王愆期注《公羊传》以文王为孔子的观点。但根据《书疏》的讲法，王愆期之所以要将《传》之文王指认为孔子，是因为他也认为周文王受命而王、已改正布政的讲法不可信，所以才不从何休的解释，而以文王为孔子。康有为对王愆期此注大加赞赏，说："王愆期谓文王者，孔子也，最得其本"，"盖有传授也"。[1]但也不是所有公羊家都认可此说，如陈立就批评王愆期以文王为孔子的说法会被古文家拿去当作周文王未受命改制的证据。陈立说："纬说以孔子为文王，谓孔子作《春秋》，制法文王，俟后世耳，非谓孔子为文王耳。王氏误解，转为孔颖达辈取口实也。"[2]其实，倒不必因王愆期此注被孔颖达拿去作口实而忌讳孔子为文王说。孔颖达谓王愆期不认可正月为周文王所改故以孔子当《传》之文王，这只是孔颖达的推测之辞。就其所引王氏原注来看，此说的根据实在于"《春秋》制"。所谓"《春秋》制"，是说孔子作《春秋》所制定的不同于周制的新王之法。王愆期"以为《春秋》制文王指孔子耳"，意思应该是：就《春秋》一经而言，其中的制度都是孔子为新王所制，孔子相当于《春秋》的始受命王，即文王。这一看法的确是纯正的今文学义，因此王愆期"孔子为文王"之说是成立的。对于王氏此注，今人蒋庆更有发挥说："依春秋制，《春秋》制正月之王托为文王而非真文王，此处文王实是指孔子，因孔子改制立法创大一统之制，作《春秋》当新王颁行新正朔。故《春秋》之王当是孔子，《春秋》之正朔当是孔子之正朔。孔子告颜子行夏之时，即是孔子制正月以为后王法。"[3]这一解说确是王愆期的原义，可见孔颖达之借用实是罔顾原义，陈立之避忌乃误解王氏也。

　　而"孔子为文王"之"文"又是什么意涵，近人则更有发挥。康有

<hr/>

〔1〕　康有为：《孔子改制考》，见《康有为全集》第 3 集，中国人民大学出版社 2007 年版，第 105 页。

〔2〕　陈立：《公羊义疏》，中华书局 2017 年版，第 23 页。"孔颖达辈取口实"，指的就是上引《尚书·泰誓》篇的孔疏。

〔3〕　蒋庆：《公羊学引论》，福建教育出版社 2014 年版，第 109 页。

为说:"孔子质统为素王,文统则为文王。孔子道致太平,实为文王。"[1]又说:"文王盖谓文明之王","孔子以人世宜由草昧而日进于文明,故孔子日以进化为义,以文明为主。"[2]这是以礼乐文明为文。熊十力说:"'王者孰谓,谓文王也。'此云文王,实非主谓周昌,乃假以明含育天下万世之仁道。"[3]此乃以仁道为文。然二说终嫌过泛。阮芝生说:"(《传》之)文王实非周昌,而是假文王以为文德之王。此犹'修文德以来之'之文德,能修文德,则悦近来远,远人自来归往之而为王,不必指定为某一王也。"[4]此说虽不认为文王就是实指孔子,但以"文德之王"释文王,且引《论语》"修文德以来之"阐释其义,则甚为正确,与我意见一致。下面简述儒家言"文德"之意涵。

在儒学经典中,泛言之"文德"指君子应当具备的一般道德,如《易·小畜》之《象传》所谓"君子以懿文德"。但文德更为常见的用法是指一种特殊意义的德性,其特殊性在于以下三方面:(1)"文德"是一种能使天下或其他邦国归往的道德力量,它出现的语境往往是"悦近来远"或"远人来服"。文德不是纯粹个体式或内在性的道德,它指向的是政治元首的德性。(2)与"文德"构成对比的是武力。依靠武力也可以征服他国,但恃力不恃德的征服无法令人"中心悦而诚服"。文德是孟子所谓的"以德服人"之德,乃王道,而"以力服人"则是霸道。(3)"文德"出现的语境常常是君主想要依恃武力进行征讨,在这里,"力"的指向是直线向外的;但提出"文德"则是要君主"自修其德",其指向是回转

---

[1] 康有为:《孔子改制考》,见《康有为全集》第3集,中国人民大学出版社2007年版,第105页。

[2] 康有为:《春秋笔削大义微言考》,见《康有为全集》第6集,中国人民大学出版社2007年版,第11页。

[3] 熊十力:《读经示要》,见《熊十力全集》第3册,湖北教育出版社2001年版,第1012页。

[4] 阮芝生:《从公羊学论〈春秋〉的性质》,华夏出版社2013年版,第70—71页。

向内的,是一种内省、自正的德性。此可类比于《中庸》引孔子曰:"射有似乎君子,失诸正鹄,反求诸其身",把"射"的直线向外的力道转变为反求诸己的修养功夫,这就是文德。"文德"的特殊意义可以在以下几个例子中见出。

(一)《尚书·大禹谟》

> 帝曰:"咨,禹!惟时有苗弗率,汝徂征。"禹乃会群后,誓于师。……三旬,苗民逆命。益赞于禹曰:"惟德动天,无远弗届。满招损,谦受益,时乃天道。帝初于历山,往于田,日号泣于旻天,于父母,负罪引慝。祗载见瞽瞍,夔夔斋栗,瞽亦允若。至诚感神,矧兹有苗?"禹拜昌言,曰:"俞!"班师振旅。帝乃诞敷文德,舞干羽于两阶。七旬,有苗格。

此叙舜帝命令大禹以武力征伐远方尚未归顺的有苗部落,而三旬不能降服。禹听从益的谏言班师回朝,舜帝大布文德,舞文舞于朝廷,七旬后有苗归顺。

(二)《论语·季氏》

> 子曰:"丘也闻,有国有家者,不患寡而患不均,不患贫而患不安。盖均无贫,和无寡,安无倾。夫如是,故远人不服,则修文德以来之。既来之,则安之。今由与求也,相夫子,远人不服而不能来也。邦分崩离析而不能守也,而谋动干戈于邦内。吾恐季孙之忧不在颛臾,而在萧墙之内也。"

此为孔子责备冉有和子路之言。"文德"的作用在于能使远人归服,而不必依仗武力。冉有和子路不能使季康子自修其德而要依仗武力吞并颛臾,违反"文德"之要求。

（三）《春秋繁露·竹林》

> 《春秋》之所恶者，不任德而任力，驱民而残贼之。其所好者，设而
> 勿用，仁义以服之也。《诗》云："弛其文德，洽此四国"，《春秋》之所
> 善也。夫德不足以亲近，而文不足以来远，而断断以战伐为之者，
> 此固《春秋》之所甚疾已，皆非义也。

按，《竹林》所引诗句见《诗·大雅·江汉》。"文德"，孔疏释为"经纬天地之文德"，甚空泛。董仲舒则以"任德不任力"、"仁义以服之"、"亲近以来远"诸义释文德，并指出《春秋》恶战伐，君主当以仁义服人，此皆符合文德之义。可见，儒者言"文德"不是一种空泛的德性，而是有其特殊而明确的意涵，如前文所归纳的三点。

如果今文家言"孔子为文王"之文王，可理解为"文德之王"，而儒家言"文德"之确义实义又当如上所述，则以孔子为文德之王仍具有一种主体批判的意味，并且，文德的批判意义与今文学言王者的一般意义完全一致。文德不是一种封闭于主体之内的道德，而是如《大禹谟》所说"惟德动天，无远弗届"，孔子所说"远人不服，修文德以来之"那般，指的是政治元首能使天下人民心悦诚服的道德向心力和凝聚力。此与今文学言"王者，往也"的含义是一致的，能使天下归往的王就是文德之王。孟子称道"文王以百里"而能兴起为王，文王治岐使民心归附，也都是在赞扬文王的"文德"。前面已经说过，以归往言王表达了孔子所说"躬自厚而薄责于人"、自正而正人的理念，是对王者的德性—工夫要求，同样地，文德相对于武力，也是一种内向的、自省式的精神。如果民心未能归顺，或有不服从管理者，君主不当穷兵黩武或强制镇压，而当反求诸己，反思自己的德行有否亏欠，或施政有否不当。文德的内向自省精神与归往说蕴含的"躬自厚"、"自正"的精神是一致的。

文德的内向自省精神亦与本文前述的以参通天地人言王的意涵

中,强调王者要顺天意以出治,自正而正人的理念,也是一致的。如果将"文德之王"带回到《春秋》经文的脉络,并结合公羊学的解释去理解,其与今文学以一贯三为王的涵义若合符节。公羊学认为,《春秋》经文"元年春王正月"的排列顺序有其深意。对于其中"春—王—正月"顺序的意义,董仲舒在《天人三策》中说:"《春秋》之文,求王道之端,得之于正。正次王,王次春。春者,天之所为也;正者,王之所为也。其意曰,上承天之所为,而下以正其所为,正王道之端云尔。"在《春秋繁露·竹林》篇中,董仲舒还更明确地说:"《春秋》之序辞也,置王于春正之间,非曰上奉天施而下正人,然后可以为王也云尔?"何休承董子之义,释"春—王—正月"说:"《春秋》以天之端,正王之政;以王之政,正诸侯之即位。"这就是公羊家所理解的王者参通天地人之实义。其中,王者是最重要的枢纽,是确保天地人三才畅通无碍的关键。"以天之端,正王之政",终究只是虚说,毕竟天之端不可见,如果人心本已不正,它所揣测的天意也只是私意而已,所以以天正王,表面看是屈君尊天,实际是要求王者自正。"春—王"的自正意涵,就是文德内省修己的精神,此是文德之王上承天意、自修其德的一面。另一面,"王—正月"要求王者自正而正人,此相当于文德悦近来远、天下归往、皆奉王正的一面。"春—王—正月"就是今文学王道通三之义,这种含义和文德之王上承天意以自正,下施仁政而来远的意义相同。《公羊传》以经中的"王"为"文王",如果把文王理解为文德之王,则与公羊学对这句经文的整体理解丝丝入扣,若合符节。经过以上讨论可见,以孔子为文德之王,实际上将今文学以天下归往和参通天地人为王这两方面的内涵,连同其中的主体批判意涵,一并包括在内。

公羊学的孔子素王论,将修身并满足为王条件这件事的必要性,逼迫至现实中每一个政治元首的身上,使任何王者都面临自己是否有为王的资格、自己的统治是否合法这个问题的挑战。公羊学的孔子文王论,以文德观念将归往和贯通天地人的要求一并包括在内。由此可以笼统地说,新王建立的制度就是能反映天下归往并贯通天地人要求的制度。这种精神如何反映于制度并具体规定制度建构的措施,无法在本文中详谈了。但对于公羊学主体批判理论的初步厘清已经表明,制度批判的精神源头应该在主体批判中理解。主体批判理论对圣王德性的规定,塑造了制度的精神。如果对今文学"孔子改制"中的孔子德性,尚欠缺具体的理解,他所改新制的意义,就难免"幽冥而莫知其原"。

四、单纯制度批判及其问题

对于公羊学的革命理论或曰批判理论,人们一般会认为其重点在于制度批判——对前代政治制度的批判和改造。从廖平以礼制分别今古文学,康有为以孔子改制作为今文学的核心精神,这样一种观点似乎已经根深蒂固了。今文学固然重视制度批判,但如果以制度批判为首出的、第一性的理论,忽视它与主体批判及今文学人性论的关系,那就会造成片面的理解。片面的制度批判理论实际上是无法回答这个问题的,即:寄托于新王制度中的"新义"究竟是什么。它要么回到三正循环的形式理论中去说明——这几乎已经沦为古文学五德终始说式的历史循环论了——要么就是拿某种现代性论说来"填充"制度的意义。这种忽视了主体批判的、片面化的制度批判,一个颇为典型的代表,是廖平的弟子蒙文通。下面仅就蒙文通《孔子和今文学》一文,简要分析单纯制度批判理论中隐藏的问题。

发表于1961年的《孔子和今文学》这篇长文,是蒙文通作于20世纪30年代的《儒家政治思想之发展》的语体改写本。两文虽大致内容相同,但《孔子和今文学》对孔子新制所蕴含的理想与精神的阐述,皆为《儒家政治思想之发展》一文所没有,可以看作是在新中国成立后,蒙文通所填充进制度之中的新义。1961年蒙文通还有一篇发言稿《孔子思想中进步面的探讨》,与《孔子和今文学》内容基本相同,可资互证。

蒙文通提出,讲经学不仅要讲思想和理论,也要重视制度。"只有理论而没有制度,理论就是空谈;只有制度而没有理论,制度就会失掉意义。"[1]所谓理论与制度,具体内容是:"今文学思想,应当以《齐诗》、《京易》、《公羊春秋》的'革命'、'素王'学说为其中心,礼家制度为其辅翼。"[2]然而,"自武帝、宣帝立今文学各家的博士官以后,学术统率在政权下面,今文学中一部分比较尖锐的思想——如革命、禅让等理论,就不敢公开讲论了,从而使今文学思想渐趋枯萎。博士们虽谨守师法讲述所托于古的礼制——理想的制度,对于这些礼制的精神实质已逐渐沦于'幽冥而莫知其原'的状态"。[3]今文学的制度设想遂成为一堆空壳,而今文学也逐渐灭绝。及至清中叶——

庄存与、刘逢禄、宋翔凤、龚自珍、魏源等研究《公羊春秋》,打出"今文"旗号,专讲《公羊》的"微言大义",但又不能辅以礼制,因此更招致了学者的怀疑。陈寿祺、陈乔枞、陈立和后来的皮锡瑞等人专讲西汉今文学,已略略知道从礼制上来分析,但还不知道研究礼制的意义,还没有统绪,问题就在于忽视了"《春秋》大义"。只有井研廖季平先生能并重《春秋》、礼制,把庄、刘和二陈两派汇于一途。他作《今古学考》,明确提出以礼制判今、古文学的方法,以《周官》为古文学礼制的纲领,以《王制》为今文学礼制的纲领,认为古文学是从周是旧制,今文学是改制是理想,而后今、古文学如泾渭分流,秩然不紊。他说:"《春秋》因时救弊,春秋有志之士,皆欲改周之文,如今之言治者莫不欲改弦更张。《王制》所言,皆素王新制,改周从质。周末积弊多,继周当改,故寓其事于《王制》。"是在以礼制分今、古文学的基础上,又用《春秋》家的政治思想来说明今文学制度

---

[1]《蒙文通全集》第1册,巴蜀书社2015年版,第360页。
[2] 同上书,第322页。
[3] 同上书,第361页。

的意义。这就使已湮没了千几百年的有理论有制度的今文学思想全貌得到发掘出来的可能。[1]

若仅就蒙文通所引廖平语来看,大意只是说孔子改制的理由在于"改周之文,从殷之质",实在看不出所谓"今文学制度的意义"在什么地方。抛开蒙文通所论,若就廖平经学的全貌来看,他所能给出的孔子新制的意义,只能说是发明大统(全球)治法或发明天学等,这不仅已不属于今文学范畴,而且对于制度的意义(诸如大统制度究竟根据什么原则制定)也语焉不详,或是得诉诸其他的思想资源(如道家或神仙家的理论)来回答。真正的"有理论有制度的今文学思想全貌"还得待蒙文通来完成。那蒙文通所理解的今文学思想的理论核心是什么呢?

蒙文通所认为的今文学的理论核心,可以概括为"人民平等"。他首先分析孔子思想中重视"人民利益"这一点。《论语·宪问》载:子贡曰:"管仲非仁者与? 桓公杀公子纠,不能死,又相之。"这是以君臣之义责备管仲。孔子却回答:"管仲相桓公,霸诸侯,一匡天下,民到于今受其赐。微管仲,吾其被发左衽矣。"蒙文通评论道:"这是从人民利益、民族利益来称赞管仲,对君臣之义一层,只字不提。"[2]又如《论语·阳货》载:公山弗扰以费畔,召,子欲往。佛肸以中牟畔,召,子欲往。蒙文通评论说:"这是人们对孔子关于君臣之义在思想上想不通的。其实,这就是弔民革命的思想。"[3]蒙文通还引曹魏时许芝上献帝疏中说到的"周公反政,尸子以为孔子非之,以为周公其不圣乎,以天下让,不为兆民也。"评论说:"为兆民这一思想就是要往费、往中牟的主脑,这是孔子思想的根本,是孔子学说的最高准则。孔子把让天下当成小事,把为兆民认为是大事,这是何等精透的识见。今文学正是从这一原则扩充

---

[1]　蒙文通:《孔子和今文学》,见《蒙文通全集》第1册,巴蜀书社2015年版,第362页。

[2]　同上书,第319页。

[3]　同上书,第320页。

出去的。"〔1〕在《孔子思想中进步面的探讨》中,蒙文通还说:"这种重视人民利益而轻视君臣大义,无论汉唐宋明的哪家注释,都不能理解这一点。只有今天在马克思列宁主义思想的指导下,才能说明这一点。"〔2〕蒙文通认为孔子思想的核心要点在于重视人民利益,而这种精神体现于制度设计中,就表现为"平等"的理念。在考察了今文学设想的井田、辟雍、封禅、巡狩、明堂等制度后,蒙文通总结道:"今文学的理想是一个万民一律平等的思想,井田制度是在经济基础上的平等,全国普遍建立学校是在受教育和作官吏机会上的平等,封禅是在出任国家首脑上的权利的平等,大射巡狩是在封国爵土上的平等,明堂议政是在议论政治上的平等。在这一律平等的基础上,而后再以才德的高下来判分其地位。"可见,蒙文通认为今文学制度的理论核心就在于"人民平等"。

不能说儒家思想中不包含有"为兆民"及"平等"的因素,但同样不能否认的是,蒙文通所称道的"人民"或"平等",是经由现代政治运动的洗礼而得到规定的、现代性语境中的"人民"和"平等",不能说这就是古典儒学对于人及其相互之间生存关系的理解和理想,因而也就不能说今文学的制度精神就是如此。近代今文经学的理论重点在于制度批判和建构,但这种以制度为首出的构想,始终不能由今文学自身提炼出本源的人性—圣性理论,因而对于圣王改制而建立的新制度,也就缺乏一种精神性的切实理解。如蒙文通这般以现代观念来充当今文制度的精神实质,所造成的问题是,既然完全依照现代理念建立的现代制度能更好地体现诸如"人民"或"平等"的理念,那今文经制度在现代制度面前亦只是一种陈迹而没有什么参证的价值了,或者只堪作为缘饰现代制度之儒术。实际上,今文制度背后恰恰有不同于现代价值的理念,才使它有被研究的价值。

---

〔1〕 蒙文通:《孔子和今文学》,《蒙文通全集》第 1 册,巴蜀书社 2015 年版,第 320 页。
〔2〕 蒙文通:《孔子思想中进步面的探讨》,《蒙文通全集》第 1 册,巴蜀书社 2015 年版,第 20 页。

公羊学在对"孔子为王"的论证中所表达的主体批判理论,应该成为研究今文学制度时需要考虑的因素。从圣王的主体人格出发观察制度,使制度上系于圣人人格而成为有源之水,会避免将制度嫁接于某种现代观念而丧失本义的问题。本文目前所论只是浅尝辄止,要回答孔子新制的精神实质是什么这个问题,还有待于进一步的探索。本文对公羊学主体批判理论的挖掘,既显示了公羊学对政治元首尖锐、激进的批判精神,也表明进一步探究公羊学的制度批判,要重视制度与人性的复杂互动。

东汉经学家的历史意识

——以何休、郑玄为中心的讨论[*]

高瑞杰[**]

在经学时代，经师自然相信，圣人所传之道与经典所承经义，皆可上溯于天道，故大儒经师所作经典推阐，皆与其历史意识的深切体悟密不可分。何休与郑玄作为汉末经学之殿军，其经典与圣人宗主各有不同，而相应的历史意识，亦值得认真审视。

一、改制论与三世说

何休三世说源于《春秋》内部亲疏、远近、内外辞例之差异，又建基于儒家人伦亲疏关系之推拓，从而衍生三世"渐进"之义。此由圣人笔削书法呈现，并非实然的事实陈述，而是应然的王道施化进程。但在《春秋》内部体系中，亦着实能反映出时间上的渐进意涵。需注意，孔子作《春秋》为改制之法，是三世说之核心。在此前提下，王道实现需将复古与渐进义相结合，既有对先代圣王政教之尊崇，又含有新王改制之认

  * 本文系国家社科基金重大课题"《仪礼》复原，与当代日常礼仪重建研究"（项目编号：14ZDB009）的阶段性成果。
 ** 高瑞杰，上海师范大学哲学系博士后。

可,可谓意涵丰富。

首先,何休以人伦亲疏远近为标准将《春秋》划分三世,将人伦原则作为三世演进之理据,并由此由近及远,推己而及人,将"异内外"之旨亦纳于其中,通过书法辞例实现王道之一统。《春秋·隐公元年》:"冬,公子益师卒。"《公羊传》:"所见异辞,所闻异辞,所传闻异辞。"何休解诂:

> 所见者,谓昭、定、哀,己与父时事也;所闻者,谓文、宣、成、襄,王父时事也;所传闻者,谓隐、桓、庄、闵、僖,高祖曾祖时事也。异辞者,见恩有厚薄,义有深浅,时恩衰义缺,将以理人伦,序人类,因制治乱之法。……于所传闻之世,见治起于衰乱之中,用心尚麤觕,故内其国而外诸夏,先详内而后治外,录大略小,内小恶书,外小恶不书,大国有大夫,小国略称人,内离会书,外离会不书是也。于所闻之世,见治升平,内诸夏而外夷狄,书外离会,小国有大夫,宣十一年"秋,晋侯会狄于攒函",襄二十三年"邾娄劓我来奔"是也。至所见之世,著治大平,夷狄进至于爵,天下远近小大若一,用心尤深而详,故崇仁义,讥二名,晋魏曼多、仲孙何忌是也。所以三世者,礼为父母三年,为祖父母期,为曾祖父母齐衰三月,立爱自亲始,故《春秋》据哀录隐,上治祖祢。

何休受先师董仲舒启发,将《春秋》划分为三世:以昭定哀三公为所见世、文宣成襄四公为所闻世、隐桓庄闵僖五公为所传闻世[1],此以书写者(即孔子)为原点,据丧服服制由近及远逐渐降杀之礼则,将《春秋》十二公距己亲疏远近之差分为三世,并通过书法详略、褒贬、显微之异辞

---

[1] 何休此判分盖本自董说及《春秋纬》,参见何休解诂、徐彦疏:《春秋公羊传注疏》卷一,阮元校刻《十三经注疏》本(附校勘记),中华书局 2009 年版,第 4764 页,下栏。不过另需指出,将三世说赋予人伦意涵,为何休独造之见。段熙仲即言:"何君十二公之分三世,与董君合。惟以高祖以降说三世,为董所未及。"氏撰:《春秋公羊学讲疏》,南京师范大学出版社 2002 年版,第 482 页。

呈现出王道由麤粗至详备之"渐进"进程,构思理路极其缜密。《礼记·中庸》云:"亲亲之杀,尊贤之等,礼所生也。"明礼所设之等差,皆因天性人情而起。儒教丧服礼制设计尤其兼具时间维度与空间维度,将人伦之情理推拓殆尽[1],何休以此为三世说之理据,不仅使其说获得伦理理据,将社会历史之推进转化为王道教化之展开;而且使得"异内外"之空间维度亦成为三世说的题中之义。"异内外"在三世说体系下的表现为:由"略夷狄"至"别夷夏",进而"通夷夏",夷狄进至于爵,最终实现王道教化之一统。需指出,学者多言三世说与"异内外"之统一性,前者实可兼摄后者[2],然而严格意义上言,"异内外"由内而外的推拓过程当从三世说由远及近的渐进路径衍生,而与三世说以书写者角度由近及远的生成过程不同。

《公羊传》桓公二年复发"三世异辞"说,孔广森云"复发《传》者,与'益师'义异。彼为详略例:近辞详,远辞略;此为讳例:近辞微,远辞显,各有所施也"[3],可见《春秋》根据三世亲疏、远近、轻重之等差,便可施以褒贬、详略、显微之书法,据此而实现《春秋》"文致太平"之目的。《春秋》始于拨乱,终于反正,亦是在三世说的历史书写中得以实现:于所传闻世,何休强调"周道始坏,绝于惠、隐之际","治起于衰乱之中",内其国而外诸夏,书法略而粗;至所闻世,便"廪廪近升平",内诸夏而外夷狄;至所见世,著治太平,天下小大若一,书法详而备,文质兼胜。由此,三世说更具体系性与完备性,王道教化的价值维度亦由此确立,历史渐进义亦可充分展开。其表现形式即通过书法辞例将王道教化"上升"与

---

〔1〕　吴飞:《五服图与中国古代的亲属制度》,《中国社会科学》2014年第12期。

〔2〕　可参见黄朴民:《文致太平——何休与公羊学发微》,岳麓书社2013年版,第165—166页;张汝伦:《以阐释为创造:中国传统释义学的一个特点——以何休为例》,《复旦学报》2013年第4期。

〔3〕　孔广森:《春秋公羊经传通义》卷二,上海古籍出版社2014年版,第293页。陈立亦言:"近者亲,远者疏,亲者恩深,疏者恩杀。厚薄之故,轻重之义,善恶之著,褒讥之加,微显之文,皆生此矣。"氏撰:《公羊义疏》卷十一,中华书局2017年版,第396页。

"溥博"之过程呈现出来。

其次,三世说将文质论纳入其中,通过书法辞例呈现出文质兼备之渐进进程。此又可分两层意涵:以文明演进角度而言,《春秋》承周之文弊而起,其所分三世,初以亲亲之质以救之,后逐渐精细而详备,自隐至哀呈现由质而渐文、由乱而渐治之状态。以书写者角度而言,由远及近,恩义渐重,其书写愈详,亦因避时之患,故书有罪之事,远者可杀其恩、痛其祸,近者则需"微其辞"。《公羊传》定公元年:"定、哀多微辞。主人习其读而问其传,则未知己之有罪焉尔。"何休解诂:"此假设而言之,主人谓定、哀也。设使定、哀习其经而读之,问其传解诂,则不知己之有罪于是。此孔子畏时君,上以讳尊隆恩,下以辟害容身,慎之至也。"是所见世之褒贬书法形式需通过"微辞"来表达,且此法主要施及于君父。若《春秋》定公元年"霣霜杀菽"之异警戒定公"不念父黜逐之耻反为淫祀"[1];哀公十三年"公会晋侯及吴子于黄池"不书诸侯,以微辞讥其不尊天子而事夷狄[2],此或讥"失亲亲",或讥"失尊尊",可知太平世所欲实现者,实为文质兼备之状态。若此,其三世说将文质三统论纳入其中,且"通三统"为一统,即王道教化之一统,使其说兼具渐进与一统义。

第三,何休三世渐进说之核心实为新王改制义。公羊家坚持孔子作《春秋》为改制之法以贻后世,故多言《春秋》制。此制有两重分殊,在三统说层面言《春秋》制,侧重新王仪式性变易,是三统相复体系的组成部分。如《春秋·隐公元年》:"秋,七月,天王使宰咺来归惠公、仲子之赗。"《公羊传》云"丧事有赗。赗者盖以马,以乘马束帛",又言"车马曰

〔1〕　何休解诂、徐彦疏:《春秋公羊传注疏》卷二十五,阮校刻《十三经注疏》本(附校勘记),中华书局 2009 年版。第 5074 页,上栏。

〔2〕　《公羊传》:"吴何以称子?吴主会也。吴主会,则曷为先言晋侯?不与夷狄之主中国也。其言及吴子何?会两伯之辞也。不与夷狄之主中国,则曷为以会两伯之辞言之?重吴也。曷为重吴?吴在是,则天下诸侯莫敢不至也。"何休解诂:"不书诸侯者,为微辞,使若天下尽会之,而鲁侯蒙俗会之者,恶愈也。齐桓兼举远明近,此但举大者,非尊天子故不得褒也。"何休解诂、徐彦疏:《春秋公羊传注疏》卷二十八,中华书局 2009 年版,第 5111 页,上栏。

赗,货财曰赙,衣被曰禭",何休以前者为周制,后者为《春秋》制〔1〕,将《春秋》制与三代制相对应,表明《春秋》礼制之殊异。〔2〕在三世说层面言《春秋》制,强调《春秋》三世内部礼有渐进,有权宜正变之分,形成一封闭而自洽之礼仪系统,与仪式象征层面礼制变易有别。如《春秋·隐公三年》:"三月,庚戌,天王崩。"《公羊传》云:"天子曰崩,诸侯曰薨,大夫曰卒,士曰不禄。"此亦见于《礼记·曲礼下》〔3〕,当为先王之礼。《春秋·隐公三年》:"八月,庚辰,宋公和卒。"何休解诂:

> 不言薨者,《春秋》王鲁,死当有王文。圣人之为文辞孙顺,不可言崩,故贬外言卒,所以褒内也。

《春秋》托王于鲁,故鲁君当据王礼言"崩",但此时尚处衰乱之时,王道未备,周王仍在上,瑞应亦未至,因此圣人逊辞称鲁君"薨",又贬外诸侯皆称"卒",如此亦明鲁君非一般诸侯,仍有"王鲁"之意。〔4〕至《春秋·哀公十四年》:"春,西狩获麟。"于时当太平世,受命符应已至,周不复兴,故变周正而行夏之时,亦为《春秋》制。又《春秋·定公六年》:"冬,季孙斯、仲孙忌帅师围运。"《公羊传》以为此明《春秋》"讥二名",何休解诂:"一字为名,令难言而易讳,所以长臣子之敬,不逼下也。《春秋》定、哀之间,文致太平,欲见王者治定,无所复为讥,唯有二名,故讥之,此《春秋》之制也。"是此时太平世拨乱已毕,王道大成,只能讥责于微细,

---

〔1〕　前者何休解诂"此道周制也",后者何休解诂"此者《春秋》制也",何休解诂、徐彦疏:《春秋公羊传注疏》卷一,中华书局2009年版,第4771页,下栏。
〔2〕　又如《春秋》文公五年"口实"礼,成公十七年"郊日"礼等,皆为《春秋》制。
〔3〕　《礼记·曲礼下》云:"天子死曰崩,诸侯曰薨,大夫曰卒,士曰不禄,庶人曰死。"《白虎通·崩薨篇》亦同此说。陈立:《白虎通疏证》卷十一,中华书局1994年版,第532—535页。
〔4〕　或以为此实为《春秋》书法"托王于鲁"权宜之计,不可视为《春秋》新王制,然此说实将书写者意图与叙事真实性混为一谈。事实上,在《春秋》作为新王法体系内,其由衰乱而渐至太平,本就与"寻常王朝"受命改制路径不同,故将此视为《春秋》制,亦无妨。

故此"二名非礼"亦为《春秋》新制,但仅处于太平世状态下方可落实。

需注意,公羊家既重《春秋》改制义,以为孔子作《春秋》为后王立法,故当"贤于尧舜";又言"君子乐道尧舜",以"法先王"为尚,有诸多复古面向。[1]在此过程中,先王法与《春秋》制、古与今之位阶差异,实需作出决断。仔细梳理,可知何休对"古"及"先王法"之理解,可分三个层次:

第一,"古"仅作为与"今"相对的一个参照系,并无价值判断。如《春秋·隐公五年》:"春,公观鱼于棠。"何休解诂:"古者以金重一斤,若今万钱矣。"此"古者"礼制与时礼相对,藉以说明礼制差异,并无显著的价值判断。

第二,三世说所欲渐进至王道太平之理想状态,实即是复归古圣明王之王道治世,此亦为今文家通义。李建军以为何休三世说当以复古为手段,以达治道目的[2],似将复古义过于工具化。事实上,汉代经今文学家所言复古,并不拘泥于实然之客观历史呈现,而是一套作为现实政治典范之应然理想价值体系[3],是王道教化理想的敞开状态。何休所推崇古道,亦有此一面向,其所论"古者"义多采《尚书大传》、《礼记·王制》、《白虎通》、《穀梁传》等今文经典,其内在理据常本于天道,具有恒常性。[4]亦多体现为一种价值理念,与"理""礼"相合。

第三,在《春秋》改制义指导下,"古礼"亦可作为典范而成为"新王之

〔1〕　如《公羊传》僖公二十年云"门有古常",以门象征"古制常法",以讥国君新作之举;又《公羊传》宣公十五年云"上变古易常",讥宣公变易古之田制而初税亩。《春秋繁露·楚庄王篇》亦言:"《春秋》之于世事也,善复古,讥易常,欲其法先王也。"亦可见其"复古"之面向。

〔2〕　李建军:《进化与复古的双重变奏:何休"三世说"辨析》,《管子学刊》2007年第1期。

〔3〕　陈壁生:《郑玄的"法"与"道"》,《中国哲学史》2019年第1期。亦可参见王江武、高瑞杰:《何休的"三世"说探析》,《湘潭大学学报》2019年第1期。

〔4〕　如《公羊传》桓公元年:"田多邑少称田,邑多田少称邑。"何休解诂:"分别之者,古有分土无分民,明当察民多少,课功德。"此与《白虎通·五行篇》所论同,其言:"有分土无分民,何法? 法四时各有分,而所生者道也。"知今文家所持此制本之于天道。陈立:《白虎通疏证》卷四,第197页。又如《春秋》隐公五年,冬,宋人伐郑,围长葛。六年,冬,宋人取长葛。何休解诂:"古者师出不逾时,今宋更年取邑,久暴师苦众居外,故书以疾之。"此论《公》《穀》皆同,宋人连年伐郑,终取其长葛,疲民之甚,故以"师不逾时"以责之。《白虎通·三军篇》云:"古者师出不逾时者,为怨思也。天道一时生,一时养。人者,天之贵物也,逾时则内有怨女,外有旷夫。"此亦以天道明人事,从而赋予"古礼"以形上依据。

法"的逻辑起点,《春秋》新制在其基础上得以改进与推拓。事实上,所谓价值层面的王道教化,往往因落实于具体的政治历史场域中而形成实际"王迹"[1],即先王之制,此种先王之制或有恒常之义,或有随时迁变之需,孔子作《春秋》为明王之法,对先王"古道"有因有革,亦合情理。[2]《春秋》所申新制大致有:大一统制、夏时制、嫡长子继承制、亲迎制、三田制、三年丧制、三等爵制、七等官制、郊制等等。凡此诸制与"古礼"有诸多差异,亦可明圣人制作非为治一代之法,而欲垂法百世之意。且在三世说中,圣人不仅点明王道教化的最终理想形态,而且亦呈现王道教化渐进完备之动态进程,确有超拔"百代圣王"之处。如《礼记·曾子问》:"子夏问曰:三年之丧卒哭,金革之事无辟也者,礼与? 初有司与? 孔子曰:夏后氏三年之丧,既殡而致事,殷人既葬而致事。《记》曰:君子不夺人之亲,亦不可夺亲也。此之谓乎?"郑玄注:"致事,还其职位于君。周卒哭而致事。"孔子以为夏、商、周三王渐次以既殡、既葬、卒哭为致事节点,其致事时间递次延长,皆由孝子思亲的程度愈加深入引起,从中亦呈现出先王礼之渐进义。若将此处所载视为"先王法",亦可与《春秋》制作一对比:

> 《公羊传·宣公元年》:"闵子要绖而服事。既而曰:'若此乎,古之道不即人心?'退而致仕。孔子盖善之也。"
>
> 何休注:"礼,已练,男子除乎首,妇人除乎带。……致仕,还禄位于君。"

《礼记·杂记下》言:"三年之丧,祥而从政。"练与小祥同,皆为十三月,是礼以练祭后从政为正。但《公羊传》记闵子于既练之后又"退而致

---

[1]　如《春秋》僖公十五年,楚人败徐于娄林。何休解诂:"谓之徐者,为灭杞,不知尊先圣法度,恶重,故狄之也。"《春秋》以新王、周、商为三统,杞已被黜退,但其依然为先圣之后,当尊重之,而徐灭杞,其恶甚重,故《春秋》贬徐为"夷狄",可见尊重先圣之意,此亦与历史事实相合,可见此种价值理念层面之"古"与实际历史层面之"古"抑或有重叠。

[2]　参见拙作:《试析〈礼记〉"自某始"与〈公羊〉"托始"之义——兼论贤圣改制义》,载洪涛主编《复旦政治哲学评论》第 11 辑,上海人民出版社 2019 年版。

仕",并得到孔子赞许。也就是说,孔子所赞成致仕节点,远过于周人"卒哭而致事",其顺从孝子事亲之心,恕道与孝道相互成全,并得以充分施展。亦可推知,由先王法至《春秋》制,实有渐进趋势。

明此《春秋》改制义,复观王鲁"法文王"之旨,亦有深意。《春秋》开篇"正五始",《公羊传》云:"王者孰谓? 谓文王也。曷为先言王而后言正月? 王正月也。"何休解诂:"文王,周始受命之王。天之所命,故上系天端。方陈受命制正月,故假以为王法。"此处将"王正月"之王释为"周文王",虽为"法古",亦当与孔子作《春秋》统而观之,徐彦疏:

> 问曰:《春秋》之道今有三王之法,所以通天三统,是以《春秋说》云"王者孰谓,谓文王也。疑三代谓不专谓文王"[1],而《传》专云文王,不取三代何? 答曰:大势《春秋》之道实兼三王。是以《元命包》上文总而疑之,而此传专云"谓文王"者,以见孔子作新王之法,当周之世,理应权假文王之法,故偏道之矣。故彼宋氏注云"虽大略据三代,其要主于文王者"是也。[2]

可知《春秋》虽通三统,但不法三王而法文王,明孔子实立一王之法,故以文王法为权假。[3]概言之,在何休王道历史谱系中,三王法皆具其时代性与局限性,唯《春秋》所寓孔子之法,垂法万世,才具恒定之义。

又前论何休以为太平世"二名非礼"为《春秋》制,所谓"二名"与古礼关系,徐彦言:"孔子作《春秋》欲改古礼为后王之法,是以讥其二名,

---

[1] "不专谓"原作"谓疑",阮元校:"按:当云'疑三代不专谓文王',则可读。"据改。阮元校刻:《十三经注疏·春秋公羊传注疏》卷一《校勘记》,中华书局2009年版,第4778页,下栏。

[2] 何休解诂、徐彦疏:《春秋公羊传注疏》卷一,中华书局2009年版,第4766页。

[3] 王愆期云:"《春秋》制,文王指孔子耳,非周昌也。《文王世子》称武王对文王云:西方有九国焉,君王其终抚诸。呼文王为王,是后人追为之辞。"转引自伪孔传,孔颖达:《尚书正义》卷十,阮元校刻:《十三经注疏》(附校勘记),中华书局2009年版,第381页,下栏。以此而言,王愆期揭橥"法文王"背后有孔子"权假"之意,亦非无据,只是虚实二王,未必非此即彼。

故注即言此《春秋》之制也。然则《传》云'二名非礼'者,谓非新王礼,不谓非古礼也。"〔1〕此强调改易"古礼"实为"新王礼"制作路径之一。《春秋》教所涵万世法之义,与先代一王之法,可谓异同互见。一方面,一王法强调圣王合一,其代之属性与其教之属性正好相配,故教法得以顺利实施,但难免于衰敝之命运;而《春秋》教因其"假托"之旨,与现实一王治教"若即若离",既有特适于一代之救敝法,又具有"百王所当用"之普适义,从而独具超迈之特质。另一方面,公羊家虽然强调孔子作《春秋》寓"贯于百王"之道,但作《传》者"谦不敢斥夫子所为作意",而以"乐道尧舜"书之,即孔子与尧舜亦有"道同德合"之处〔2〕,故可资比类。据此,《春秋》所涵复古与改制义之关系,便更为显豁。

综上,何休三世说以丧服人伦礼制作为三世演进之理据,并将"异内外"、文质论亦纳于其中,通过书法辞例呈现王道至备之渐进进程。其核心实为新王改制义,所论《春秋》制即为最明显之表征。需注意,其说兼具渐进与复古义,既有对古礼之认可,亦有对新制之推崇,且二者实有相通之处。不过,古礼作为一套先王政教之典范,亦可成为《春秋》"新王之法"的逻辑起点,《春秋》因其寓孔子"假托"之旨与"改制"深意,超迈于先王政教体系之上,更具完备性与普适义。由先王法至《春秋》制,确实有渐进趋势,此亦为经今古学之争之大要。

二、圣王谱系与礼之损益

《春秋繁露·三代改制质文》:"王者必改正朔,易服色,制礼乐,一

---

〔1〕　何休解诂、徐彦疏:《春秋公羊传注疏》卷二十六,中华书局 2009 年版,第 5084 页,上栏。

〔2〕　《公羊传》哀公十四年云:"其诸君子乐道尧、舜之道与?"何休解诂:"作《传》者谦不敢斥夫子所为作意也。尧、舜当古历象日月星辰,百兽率舞,凤凰来仪,《春秋》亦以王次春,上法天文,四时具然后为年,以敬授民时,崇德致麟,乃得称大平,道同者相称,德合者相友,故曰乐道尧、舜之道。"《公羊传》又云:"以君子之为,亦有乐乎此也。"何休解诂:"乐其贯于百王而不灭,名与日月并行而不息。"可见何休以为,虽然孔子与尧舜有"道同德合"之处,但其法"贯于百王",又有超迈普适处。

统于天下,所以明易姓非继人,通以己受之于天也。"此据《春秋》书"王正月"之辞而明"改正朔"之义,郑玄因于此论,其《尚书·尧典》注云:"帝王易代,莫不改正建朔。"此表明王者受命改正,具有普适性。此虽侧重礼仪象征义,然实有天道历数之理据[1],故郑玄极为看重;且从圣王谱系完整性与秩序性出发,强调"改正"实为三皇、五帝至三王之通义,亦可窥其学说颇具礼法性与融通性色彩。郑玄有意重塑一套三正赅备的圣王谱系,并对圣王谱系历史化进程,亦十分关注,其中"周礼"作为其经学体系之核心,尤为值得注意。

首先简要梳理郑玄所认识三皇、五帝、三王等圣王对象。诸儒言三统多以夏商周三代为范本,其以三正为核心,皆可推诸天道,故三王何指争议极少。然论及三皇、五帝之所指,则言人人殊。[2]郑玄以伏羲、女娲、神农为三皇,本自《春秋运斗枢》《春秋元命苞》等《春秋纬》[3],且以为三者非"人身自相接,其间代之王多",[4]即突出圣王历史谱系之绵亘性;又以黄帝、少昊、颛顼、帝喾、尧、舜为五帝,此本自《尚

〔1〕 拙作:《何、郑文质三统论辨析》,《汉末经学的分殊与融会——以何休与郑玄经学思想比较为中心》,清华大学博士学位论文,2019年。

〔2〕 参见《白虎通·号·三皇五帝三王五伯》,载陈立:《白虎通疏证》卷二,中华书局1994年版,第49—66页。

〔3〕 如《春秋运斗枢》:"伏羲、女娲、神农,是三皇也。皇者天,天不言,四时行焉,百物生焉。三皇垂拱无为,设言而民不违,道德玄泊,有似皇天,故称曰皇。"赵在翰辑:《七纬》,中华书局2012年版,第494页。

〔4〕 《礼记·曲礼上》孔颖达疏:"《六艺论》云:'燧人至伏牺一百八十七代。'宋均注《文耀钩》云:'女娲以下至神农七十二姓。'谯周以为伏牺以次有三姓始至女娲,女娲之后五十姓至神农,神农至炎帝一百三十三姓。是不当身相接。"事实上,不惟三皇不相接,五帝亦如是。《礼记·祭法》孔颖达疏:"融据经典三代之正,以为五帝非黄帝子孙相续次也。一则稽之以汤武革命不改稷、契之行,二则验之以大魏与汉袭唐虞火土之法,三则符之尧舜汤武无同宗祖之言,四则验以帝魁继黄帝之世,是五帝非黄帝之子孙也。此是马昭、张融等申义也。……又《春秋命历序》:'炎帝号曰大庭氏,传八世,合五百二十岁。黄帝一曰帝轩辕,传十世,二千五百二十岁。次曰帝宣,曰少昊,一曰金天氏,则穷桑氏传八世,五百岁。次曰颛顼,则高阳氏传二十世,三百五十岁。次是帝喾,即高辛氏,传十世,四百岁。'此郑之所据也。"郑玄注、孔颖达疏:《礼记正义》卷一、卷四十六,中华书局2009年版,第2665页上栏、3445页,上栏。

书中候》，以六圣而称五帝，因其"俱合五帝坐星"〔1〕，其言三皇、五帝之差等，本之于天象北辰、太微五星之异，此将人间帝王迭代次序之规律上溯至天道空间秩序之殊别，亦循"圣人法天"之原则。据此可知，郑玄对三皇、五帝等帝王谱系之认知，实与其推崇谶纬与天道学说息息相关。从某种角度而言，谶纬承载诸多上古天道阴阳之讯息，二者实密不可分。

其次，郑玄对圣王谱系演进趋势之认识亦与天道谶纬学说紧密相关。因天道星象秩序中，北辰实为天道之核心，居于太微五星之上，据此，三皇圣性亦高于五帝。郑玄又结合三统文质论，以为三皇、五帝、三王，其道各有侧重，三皇五帝其道略同，贵德重质；三王与之有间，崇礼尚文，展现为由质到文的转变，而二者迭代之规律倾向于退化趋势。《礼记·曲礼上》云："太上贵德，其次务施报。"郑玄注："太上，帝、皇之世，其民施而不惟报；三王之世，礼始兴焉。"此言三皇五帝之时贵德，三王时重施报之礼，二者实有厚薄之别。〔2〕汉人论皇、帝、王、霸帝王谱系，五帝、三皇以德为上，三王以降德渐衰，而礼弥盛。此一趋势于其称号中即有体现，《白虎通·号篇》云：

> 德合天地者称帝，仁义合者称王，别优劣也。《礼记·谥法》曰："德象天地称帝，仁义所生称王。"帝者天号，王者五行之称也，皇者，何

〔1〕《春秋运斗枢》云："德合五帝坐星者称帝，则黄帝、金天氏、高阳氏、高辛氏、陶唐氏、有虞氏是也。实六人而称五者，以其俱合五帝坐星也。"赵在翰辑：《七纬》，第495页。《尚书中候·敕省图》郑玄注亦云："德合北辰者皆称皇，德合五帝坐星者皆称帝。"皮锡瑞：《尚书中候疏证》，吴仰湘编：《皮锡瑞全集》第1册，中华书局2015年版，第585页。

〔2〕《三国志·魏书》载："帝(高贵乡公)问曰：'太上立德，其次务施报。为治何由而教化各异，皆修何政而能致于立德，施而不报乎？'博士马照对曰：'太上立德，谓三皇五帝之世以德化民，其次报施，谓三王之世以礼为治也。'帝曰：'二者致化薄厚不同，将主有优劣邪？时使之然乎？'照对曰：'诚由时有朴文，故化有薄厚也。'"此论三皇五帝"德化"与三王"礼治"之别，似当有"优劣"，可见其"退化"义。陈寿：《三国志》卷四，中华书局1982年版，第138页。

谓也？亦号也。皇，君也，美也，大也，天人之总，美大之称也。时质，故总称之也。号言为帝何？帝者，谛也。象可承也。王者，往也。天下所归往。《钩命决》曰："三皇步，五帝趋。三王驰，五伯骛。"

此言皇、帝、王名号之异，与何休说略同。[1]其言皇者天人之总，帝者德合天地，王者称于仁义，显见优劣，且引《孝经钩命决》所论，亦呈"每况愈下"之状[2]，可窥道德演化之衰减趋势。除名号可见优劣外[3]，郑玄论帝王谱系之殊异还体现在如下方面。

一方面，以道德公私角度言，三皇五帝尚德为公，三王以降孝亲为私，以禹为重大转折点，由道德向孝礼转移，大致呈下降趋势。三皇五帝皆行"公天下"，其天命转移表现为禅让形式；而三王以降则行"家天下"，其天命转移表现为革命形式，如《河图挺佐辅》云："伏羲禅于伯牛。"知伏羲可行禅让；《尚书》《孟子》《论语谶》诸经纬皆言尧舜禹相禅之事，[4]据此则三皇五帝皆可行禅让礼。自禹以降，由传贤制改为传子制，[5]即圣王迭代方式由非血缘德化之交接转为血缘孝道之承续，

---

[1]　《公羊传》成公八年何休解诂："王者，号也。德合元者称皇。……德合天者称帝，河洛受瑞可放。仁义合者称王，符瑞应，天下归往。"

[2]　陈立疏："《古微书·钩命决》又云：'三皇步，五帝骤，三王驰，五伯骠，七雄僵。'宋均注云：'道德隆备，日月为步，时事弥顺，日月为之骤，勤思不已，日月乃驰。'与此大同。盖谓世愈降，德愈卑，政愈促也。"氏撰：《白虎通疏证》卷二，中华书局1994年版，第45页。

[3]　孔颖达《尚书正义》亦言："《礼运》曰'大道之行，天下为公'，即帝也。'大道既隐，各亲其亲'，即王也。则圣德无大于天，三皇优于帝，岂过乎天哉！然则三皇亦不能过天，但遂同天之名，以为优劣。五帝有为而同天，三皇无为而同天，立名以为优劣耳。但有为无为亦逐多少以为分，三王亦顺帝之则而不尽，故不得名帝。"等等，参见伪孔传、孔颖达疏：《尚书正义》卷二，中华书局2009年版，第248页，下栏。

[4]　如《论语谶》载："尧喟然叹曰：咨汝舜，天之历数在汝躬，允执其中，四海困穷，天录永终。乃以禅舜。"赵在翰辑：《七纬》，中华书局2012年版，第766页。

[5]　如《孟子·万章上》载："万章问曰：'人有言：至于禹而德衰，不传于贤而传于子。有诸？'孟子曰：'否，不然也。天与贤，则与贤；天与子，则与子。'"万章所据人言，应为当时人以为三王以降德衰之普遍认识，其基本标志就是由传贤转为传子。可参见许景昭：《禅让、世袭及革命：从春秋战国到西汉中期的君权传承思想研究》，上海古籍出版社2014年版。

此于禘郊祖宗之祭祀礼表现尤为明显。如《礼记·祭法》云：

> 祭法：有虞氏禘黄帝而郊喾，祖颛顼而宗尧。夏后氏亦禘黄帝而郊
> 鲧，祖颛顼而宗禹。殷人禘喾而郊冥，祖契而宗汤。周人禘喾而郊
> 稷，祖文王而宗武王。
>
> 郑注：有虞氏以上尚德，禘、郊、祖、宗，配用有德者而已。自夏已
> 下，稍用其姓代之，先后之次，有虞氏、夏后氏宜郊颛顼，殷人宜郊
> 契。郊祭一帝，而明堂祭五帝，小德配寡，大德配众，亦礼之杀也。

此处论虞、夏、商、周四代禘、郊、祖、宗所配所祀之人，其中禘、郊祀属于
以圣王配天之祭，祖、宗祀则为明堂宗庙之祭，结合郑玄祭祀礼所
论[1]，禘、郊、祖、宗所祀圣王对象当渐次降杀，而《祭法》所录，似四代所
配之人"祖"比"郊"更溯久远(唯周文王例外)，显然失实。如下表所示：

《祭法》所记四代禘、郊、祖、宗所配之圣王

四代	禘	郊	祖	宗
有虞氏	黄帝	喾	颛顼	尧
夏后氏	黄帝	鲧	颛顼	禹
殷人	喾	冥	契	汤
周人	喾	后稷	文王	武王

郑玄所主五帝顺序为"黄帝、少昊、颛顼、帝喾、尧、舜"，为秉持"郊大于
祖"之原则，遂言经误，有虞氏、夏后氏宜郊颛顼，殷人宜郊契。[2] 其论
如下所示：

---

[1] 陈赟：《郑玄的"六天"说与禘礼的类型及其天道观依据》，《陕西师范大学学报》2016年第
　2期。

[2] 据《史记·殷本纪》载："契卒，子昭明立。卒，子相土立。卒，子昌若立。卒，子曹圉立。
　卒，子冥立。"可见契当在冥前。《诗·商颂谱》亦云："商者，契所封之地。有娀氏之女名
　简狄者，吞鳦卵而生契。尧之末年，舜举为司徒，有五教之功，乃赐姓而封之。"可见商之
　始祖为契，郊祀当以其始祖配，故宜郊契而非郊冥。毛亨传、郑玄笺、孔颖达疏：《毛诗正
　义》卷二十，中华书局2009年版，第1337页，上栏。

郑玄改四代禘、郊、祖、宗所配之圣王

四代	禘	郊	祖	宗
有虞氏	黄帝	颛顼	喾	尧
夏后氏	黄帝	颛顼	鲧	禹
殷人	喾	契	冥	汤
周人	喾	后稷	文王	武王

经郑玄调整,禘、郊、祖、宗所配之人先后顺序颇为合理,且清晰看出,有虞氏所祀圣王均为曾受天命之有德圣王;而自夏以降,其所祀圣王渐与之有血缘关系[1],故郑玄言"稍用其姓代之",可见五帝与三王时代呈现尚德至孝亲之转变趋势。以禹为古典时代重要转折点,亦是郑玄历史哲学一大主张。故《礼记·祭义》言"昔者有虞氏贵德而尚齿",郑玄注"舜时多仁圣有德";而《孝经·开宗明义章》言"先王有至德要道",郑玄注:"禹,三王最先者。至德,孝悌也。要道,礼乐也。"《孝经》总陈孝道,为禹以下政教特色,故此处所论先王溯止于禹,"至德要道"亦强调孝道。可见郑玄对此义辨析甚严。又如《周礼·地官·师氏》云:

> 以三德教国子:一曰至德,以为道本;二曰敏德,以为行本;三曰孝德,以知逆恶。教三行:一曰孝行,以亲父母;二曰友行,以尊贤良;三曰顺行,以事师长。

> 郑玄注:德行,内外之称。在心为德,施之为行。至德,中和之德,覆焘持载含容者也。孔子曰:"中庸之为德,其至矣乎。"敏德,仁义顺时者也。《说命》曰:"敬孙务时敏,厥修乃来。"孝德,尊祖爱亲,守其所以生者也。孔子曰:"武王、周公,其达孝矣乎。夫孝者,善继人之志,善述人之事者也。"孝在三德之下、三行之上,德有广于孝,而行莫尊焉。

---

[1] 事实上,若按郑玄所论三王以下祖先传说,殷与周人之远祖皆为帝喾,殷人始祖为契,周人始祖为后稷,即殷、周两代禘、郊、祖、宗之人,皆其先祖。可参见李晓璇:《圣人的感生与同祖——郑玄、王肃关于殷周始祖出生故事的争论》,《世界宗教文化》2016 年第 2 期。

师氏教三德、三行于国子。孝处德、行之间,孝德实可成为勾连三德与三行之桥梁,贾公彦据此结合《老子》所论进而推衍出帝王盛衰之谱系:

> 云"孝在三德之下、三行之上,德有广于孝而行莫尊焉"者,欲见至德、敏德,五帝已上所行,直明在心为德而已,不见其行。孝德是三王已下所行,德行兼见之矣。故三德以孝德为下,故云德有广于孝。则至德、敏德,是二德广于孝德也。[1]

其所论与《老子》所言"道可道,非常道"、"上德不德,是以有德"、"下德不失德"诸语对应关系,[2]序列如下:

《周礼·师氏》《老子》"三德"与圣王谱系对应表

《周礼》三德	郑玄注	老子三道	老子三德	时代
至德	覆焘持载含容之德	常道/不可道		三皇已上
			上德、不德/有德	
敏德	仁义顺时	非常道/可道		三皇(皇道)
			下德不失德/无德	五帝(帝德)
孝德	尊祖爱亲,守其所以生者也	礼		三王

需指出,《老子》言"失德而有仁,失仁而有义,失义而有礼",则仁义在德、礼之间,而郑玄于"敏德"注"仁义顺时",即指出仁义当是三皇五帝与三王兼用之道[3],成为贯通整全圣王谱系之品格,所论可谓高妙。

---

[1] 郑玄注、贾公彦疏:《周礼注疏》卷十四,《十三经注疏》清嘉庆刊本,中华书局 2009 年版,第 1574 页,上栏。

[2] 贾公彦疏:"案此诸文言之,此至德,覆焘持载含容之德同于天地,与《老子》'常道'及'上德不德'为一物,皆是燧皇已上无名号之君所行,故河上公云'上德,无名号之君所行也'。此敏德则《老子》云'可道'之道'非常道'、'下德不失德'之德,亦一也。故河上公云'政教经术,有名号之君所行',以其三皇五帝为政,皆须仁义顺时,故郑云'敏德,仁义顺时也'。若然,《老子》云'失道而有德,失德而有仁'者,是三皇行可道之道。五帝行下德不失德之德,即尧云'皇道帝德'亦谓此道德,于此经同为敏德也,其三王同行孝德耳。"氏撰:《周礼注疏》卷十四,《十三经注疏》清嘉庆刊本,中华书局 2009 年版,第 1574 页,下栏。

[3] 孔颖达《礼记正义》亦云:"圣人之王天下,道、德、仁、义及礼并蕴于心,但量时设教,道、德、仁、义及礼,须用则行,岂可三皇五帝之时全无仁、义、礼也? 殷、周之时全无道、德也?《老子》意有所主,不可据之以难经也。"见氏撰:《礼记正义》卷一,《十三经注疏》清嘉庆刊本,中华书局 2009 年版,第 2660 页,上栏。

　　以上言皇、帝、王圣王德性之优劣,大致展现由道至礼每况愈下之趋势。另一方面,若以礼之角度而言,则三皇、五帝至三王皆行仁义,实可视为礼之铺衍,[1]而其发展规律又呈现出由简至繁之渐进趋势。郑玄《六艺论》云:"《易》者,阴阳之象,天地所变也,政教之所生,自人皇初起。"人皇即遂皇,其始王天下,[2]为政教之始祖,伏羲演《易》,亦当溯至遂皇。[3]不过"礼迹"虽起于遂皇,但其时礼多为草创,尚不完善。《六艺论》云:"遂皇之后历六纪九十一代,至伏羲始作十言之教,以厚君民之别。"此"十言之教"即伏羲推衍遂皇之道后所作,《六艺论》又云:"燧人殁,伏羲皇生,其世有五十九姓。羲皇始序制,作法度,皆以木德王也,制嫁取之礼,受龙图,以龙纪官,故曰龙师。"此明伏羲始作嫁娶之嘉礼,[4]礼开始分化且渐趋细密。《六艺论》又载黄帝时佐官奚仲"造车、作律管与坛墠礼",此明黄帝时已有郊丘祭天地之吉礼。[5]又《礼记·明堂位》《郊特牲》言伊耆氏为祭祀之事,伊耆氏即

----

〔1〕《礼记·礼运》言:"是故礼者,君之大柄也,所以别嫌明微、傧鬼神、考制度、别仁义,所以治政安君也。……故圣王修义之柄、礼之序,以治人情。"《乐记》又言:"仁近于乐,义近于礼。乐者敦和,率神而从天。礼者别宜,居鬼而从地。故圣人作乐以应天,制礼以配地。礼乐明备,天地官矣。"《经解》郑玄注:"义、信、和、仁,皆存乎礼。"可见郑玄十分肯定仁义与礼实可相通。

〔2〕如《易纬通卦验》言:"遂皇始出握机矩。"郑玄注:"遂皇谓遂人,在伏牺前,始王天下也。"《礼记·曲礼》孔颖达疏:"既云'始王天下',是尊卑之礼起于遂皇也。"郑玄注、孔颖达疏:《礼记正义》卷一,《十三经注疏》清嘉庆刊本,中华书局 2009 年版,第 2659 页,上栏。

〔3〕如皮锡瑞云:"据此,则郑注《易纬》,以为《易》虽出于伏羲,而实本之遂皇。故《六艺论》以为'自人皇初起'。"氏撰:《六艺论疏证》,《皮锡瑞全集》第 3 册,第 513 页。贾公彦《周礼疏序》亦谓:"政教、君臣起自人皇之世,伏羲因之。"郑玄注、贾公彦疏:《周礼注疏》序,《十三经注疏》清嘉庆刊本,中华书局 2009 年版,第 1365 页,上栏。

〔4〕此与谯周《古史考》所说同,孔颖达云:"嫁娶嘉礼始于伏羲也。"郑玄注、孔颖达疏:《礼记正义》卷一,《十三经注疏》清嘉庆刊本,中华书局 2009 年版,第 2659 页,上栏。

〔5〕皮锡瑞:《六艺论疏证》,《皮锡瑞全集》第 3 册,中华书局 2015 年版,第 540 页。其又曰:"《汉旧仪》云:'黄帝以来,圆丘祭天于甘泉山,今云阳通天台也。'诸家言黄帝事,皆足证明郑义。郑云'坛墠礼',即指郊丘言之。若《隋志》'《仙人务成子传神通黄帝登坛经》一卷',《太白阴经》'黄帝乃于盛水之阳暴坛,祭太牢,有元龟合符致坛',皆非正礼,郑未必指此而言也。《古今注》载'轩辕臣容成作历,伶伦作律吕,隶首作算',与郑说合。"见氏撰:《六艺论疏证》,第 542—543 页。

神农氏，[1]孔颖达以为"祭祀吉礼起于神农"，[2]其又引《史记》《易·系辞》《论语撰考》诸经史谶文，以证黄帝时有军、凶、宾诸礼，[3]故至迟于黄帝时五礼便已渐有雏形。

不过《六艺论》又云："唐虞有三礼，至周分为五礼。"[4]孔颖达以为不言周前有五礼，盖因先代书篇散亡，故"无文以言"。[5]王鸣盛则强调周前虽有五礼之义，但无五礼之名，故郑注《尚书·尧典》"修五礼"为"公侯伯子男"五等爵制，《皋陶谟》"自我五礼有庸哉"又视为"天子、诸侯、卿大夫、士、庶民"五等礼，盖所施不同，故随文释义，[6]要皆不得以周之"五礼"释之，亦可窥皇、帝、王礼文渐备之上升趋势。[7]总之，自三皇五帝至于三王，其道德虽由公而渐私，似为下降趋势；然其礼则由简至繁、由质朴而渐文，又体现为渐进之趋势，二者角度不同，故有殊异。

---

[1]　《礼记·郊特牲》云："伊耆氏始为蜡。"孔颖达疏："蜡是报田之祭。按《易·系辞》神农始作耒耜，是田起于神农，故说者以伊耆氏为神农也。"郑玄注、孔颖达疏：《礼记正义》卷三十一，《十三经注疏》清嘉庆刊本，中华书局 2009 年版，第 3230 页，上栏。

[2]　郑玄注、孔颖达疏：《礼记正义》卷一，第 2659 页，下栏。

[3]　孔颖达疏：《史记》云'黄帝与蚩尤战于涿鹿'，则有军礼也。《易·系辞》'黄帝九事'章云'古者葬诸中野'，则有凶礼也。又《论语撰考》云：'轩知地利，九牧倡教。'既有九州岛之牧，当有朝聘，是宾礼也。"郑玄注、孔颖达疏：《礼记正义》卷一，第 2659 页，下栏。《尚书大传·略说》云："黄帝制始冠冕，垂衣裳，上栋下宇，以避风雨，礼文法度，兴事创业。"此亦可见黄帝时兴礼之举。皮锡瑞：《尚书中候疏证》卷七，《皮锡瑞全集》第 1 册，中华书局 2015 年版，第 305 页。又《汉书·楚元王传》刘向亦云："《易》曰：'古之葬者，厚衣之以薪，臧之中野，不封不树。后世圣人易之以棺椁。'棺椁之作，自黄帝始。"可见将礼制推诸五帝，实渊源有自。

[4]　贾公彦《周礼·春官·宗伯》疏："案彼《虞书》云'修五礼'，下又云'典朕三礼'，三五不同者，郑义上云'修五礼'，与下'五玉'连文，五玉是诸侯所执玉，则五礼，非吉凶宾军嘉之五礼，故郑云'五礼，公侯伯子男之礼'。是以《礼论》云：'唐虞有三礼，至周分为五礼。'若然，云三礼不言五礼，则三礼中含有五礼矣。"氏撰：《周礼注疏》卷十七，第 1622 页。

[5]　郑玄注、孔颖达疏：《礼记正义》序，第 2643 页，上栏。

[6]　王鸣盛即云："《尧典》'五礼'是天子巡守、诸侯来朝而修之，故郑以为公侯伯子男之礼。此经(杰按：即《皋陶谟》)'五礼'，泛言平日通于天下，故郑兼天子及庶民言之。"王鸣盛：《尚书后案》卷二，北京大学出版社 2012 年版，第 62 页。

[7]　又如《礼记·明堂位》云："有虞氏服韨，夏后氏山，殷火，周龙章。"郑玄注："韨，冕服之韠也，舜始作之，以尊祭服，禹汤至周，增以画文，后王弥饰也。"此又言舜时制冕服，而世愈后而愈文，等等。

对此五帝、三王变易之道,《礼记·礼运》所述甚为典型:

> 大道之行也,与三代之英,丘未之逮也,而有志焉:大道之行也,天
> 下为公,选贤与能,讲信修睦。……是故谋闭而不兴,盗窃乱贼而
> 不作。故外户而不闭,是谓大同。今大道既隐,天下为家。各亲其
> 亲,各子其子,货力为己。大人世及以为礼,城郭沟池以为
> 固。……禹、汤、文、武、成王、周公,由此其选也。此六君子者,未
> 有不谨于礼者也。以着其义,以考其信,着有过,刑仁、讲让,示民
> 有常。如有不由此者,在势者去,众以为殃。是谓小康。

此论分殊圣王谱系为"大道之行"与"大道既隐"两大阶段,郑玄亦以"大
道"谓五帝时,表现为"公天下"状态,其注云"禅让授圣,不家之",即此
时政治社会呈现出"天下为公"之大同图景;而三王以降为"大道既隐"
之时,天下呈现"家天下"状态,人人自私为己,由是既有伦常纲纪,又有
谋用兵起,郑玄并引《老子》述此情形[1],于是禹汤文武等三代之英,应
时而出[2],皆谨于礼以救其弊,成小康之治。陈赟指出,三王以降,大
道既隐,圣王于是以礼义治世,礼实际承载了"大道"的根本内容,《礼
运》后文诸多论述,并没有拘泥于一种道失礼衰的刻板叙事,以及线性

---

[1] 《礼运》此处郑注:"以其违大道敦朴之本也。教令之稠,其弊则然。《老子》曰:法令滋章,
盗贼多有。"陈赟指出:"对郑玄而言,并不存在着后世儒家所谓的'儒家立场',站在这个
儒家立场,只要不是出于儒家立场,譬如只要出于道家,或与道家相关,就等同判定了其
非真理。郑玄的解经学,与《汉书·艺文志》对经子谱系的总体构想联系起来,才能得到
更好的理解,这个总体构想是以六经为主体,以子史为羽翼,子史并不能看作完全非经或
与经判然有别而不相属的东西,而是应该被视为经的支流余裔。"此说对理解郑玄的解经
学,颇有发覆。氏撰:《寓大同、小康于仁道之中:〈礼运〉与后帝王时代的政教典范问题》,
载陈来主编:《多元视角下的康有为问题(现代儒学)》第3辑,三联书店2018年版。

[2] 孔颖达云:"'禹、汤、文、武、成王、周公,由此其选也'者,以其时谋行兵起,递相争战,禹汤
等能以礼义成治,故云'由此其选'。由,用也。此,谓礼义也。用此礼义教化,其为三王
中之英选也。"氏撰:《礼记正义》卷二十一,《十三经注疏》清嘉庆刊本,中华书局2009年
版,第3063页,上栏。

意义上的进步或退化状态，而是突出了礼乐教化之道。[1]其说为准确把握道至礼之转移，提供重要视角。需要补充的是，三代以降强调礼的目的还在于，礼本诸天道，其又为五帝三王兼用之道，实有普适义，故以礼之博通求先王之道之全体，最终可至"大顺"之境界。

圣王藏道于礼，礼实兼合整全的圣王之道，后世之人可通过日用礼节之践履久久熏习，不仅可使圣王教化之道沾溉于其身，亦可从中获取隐微的王道教义。然礼文残缺，《礼运》此下便复言孔子哀叹"政乱礼失"之意，不过就三代而言，杞、宋实不足征夏、殷之礼，而周礼所存，监于二代，实为美备。其要有二：一，周礼兼取二代礼法，文质兼备，其弊较少，足资后王取鉴；二，周礼存数代之礼，且其礼保存较为完整，可由其礼推至其余诸王之礼，以窥圣王道之全体。《礼记·祭法》云："大凡生于天地之间者皆曰命，其万物死皆曰折，人死曰鬼，此五代之所不变也。七代之所更立者，禘、郊、宗、祖，其余不变也。"郑玄注："五代，谓黄帝、尧、舜、禹、汤，周之礼乐所存法也。七代通数颛顼及喾也。所不变者，则数其所法而已。变之则通数所不法，为记者之微意也。少昊氏修黄帝之法，后王无所取焉。"其将此处经文所言"五代"、"七代"凿实为五帝三王圣王全体，且此先代圣王礼乐皆存于周礼，从周礼变与通之中，即可窥圣王之"微意"，隐秘的王道讯息赖此门径得以敞开。

及此，我们可复观郑玄以"周礼"为核心重建的圣王古史谱系。《序周礼废兴》称郑玄"知周礼者乃周公致太平之迹"[2]，其经典观要以"周礼"为宗，实因此经有益于太平之实现，因此推崇备至。其历史观亦以"周礼"为基点，推溯比排诸经，使之置于不同时代、空间语境之下，从而得以融通，并以重建圣王合理脉络与文明谱系。其构建圣王谱系的主要途径是将群经礼学化，再将礼学历史化，以具象化的解经方式得以直

---

〔1〕　陈赟：《王船山对〈礼运〉大同与小康的理解》，《船山学刊》2015年第4期。

〔2〕　陈澧亦言："郑君知《周礼》乃周公致太平之迹，以《周礼》实有周公之制也。"见氏撰：《东塾读书记》卷七，三联书店1998年版，第116页。

观呈现。陈壁生先生称郑玄经学体系反映为"一种动态的历史哲学"[1]，可谓恰切。

就郑玄对"古礼"的态度而言，其以"周礼"为出发点，博稽群经，诸经所言"古礼"，往往与"周礼"相参，合则亦目为"周礼"，异则以"先王礼"视之，且多将"古"具象化，转相发明，以重建可信的圣王文明谱系。如《礼记·昏义》云：

> 古者天子后立六宫、三夫人、九嫔、二十七世妇、八十一御妻，以听天下之内治，以明章妇顺，故天下内和而家理。郑玄注：天子六寝，而六宫在后，六宫在前，所以承副，施外内之政也。三夫人以下百二十人，周制也。

《周礼·天官·内宰》言"以阴礼教六宫"，与《昏义》所言"六宫"相类，先郑即以《昏义》之文释《内宰》，[2]后郑亦从师说，以此"古者"以下天子嫔御礼为周制，并以此"周制"为出发点，合理编排群经，以拟建整全自洽的先王后妃礼制。《礼记·檀弓上》："舜葬于苍梧之野，盖三妃未之从也。"

> 郑玄注：帝喾而立四妃矣，象后妃四星，其一明者为正妃，余三小者为次妃。帝尧因焉。至舜不告而取，不立正妃，但三妃而已，谓之三夫人。《离骚》所歌湘夫人，舜妃也。夏后氏增以三三而九，合十二人。《春秋说》云天子取十二，即夏制也。以虞、夏及周制差之，则殷人又增以三九二十七，合三十九人。周人上法帝喾，立正妃，又三二十七为八十一人，以增之合百二十一人。其位后也、夫人也、嫔也、世妇也、女御也。五者相参以定尊卑。

---

[1]　陈壁生：《追寻六经之本——曹元弼的孝经学》，《云南大学学报》2017 年第 4 期。

[2]　郑玄引郑司农云："阴礼，妇人之礼。六宫后五前一，王之妃百二十人：后一人，夫人三人，嫔九人，世妇二十七人，女御八十一人。"

　　此处论古无合葬之事牵涉出帝妃数量之迁变。郑玄以《周礼》"百二十一人"为基准,舜有三妃,《春秋说》言"天子取十二",略多于舜礼,故郑玄推以为夏制;在确立舜、夏、周三代后妃数量之后,其"差之"推其余历代之制,以三为差,前代礼为基数,则推殷制合为三十九人;又据《大戴礼》上溯至帝喾,以为当有四妃,并引《孝经援神契》以证之,[1]尧因之不改,舜"不告而娶",恐阙正妃,故为三妃,由此明喾、尧、舜三代礼,并据此以为周人"法喾立正妃",则正合"周礼"一百二十一人之数。如此转相比推,勾稽诸经,不仅使经典所述分歧处得以弥缝,并又藉此信息重构出整全而规律的圣王文明脉络,亦是其用心处。不过因于此一宏大目的,郑玄解经往往并非以诸经文本内在结构为根本原则,而是将其皆视为重构"周礼"文明谱系的重要资源,先与"周礼"相较,而后对其作"随文释义"之安置,使其不仅可与"周礼"相合,并可补充完善圣王谱系。

　　需指出,郑玄以"周礼"为据,将与之不合之"古礼"大多归置为殷制,实是使价值评判历史化、具象化而已。又如:

　　　　《仪礼·士冠礼》记:死而谥,今也。古者生无爵,死无谥。郑玄注:
　　　　今,谓周衰,记之时也。古,谓殷,殷士生不为爵,死不为谥。周制
　　　　以士为爵,死犹不为谥耳,下大夫也。今记之时,士死则谥之,非
　　　　也。谥之由鲁庄公始也。

郑玄释此"士死而谥"礼于周衰之时,盖与《礼记·檀弓上》鲁庄公谏士之事相联系,[2]而周礼"以士为爵",死不当谥,其说盖出于《周礼·秋

---

〔1〕《大戴礼·帝系篇》:"帝喾卜其四妃之子,而皆有天下。"《孝经援神契》载:"辰极横,后妃四星从,端大妃光明。"赵在翰辑:《七纬》,中华书局 2012 年版,第 691 页。

〔2〕《礼记·檀弓上》云:"鲁庄公及宋人战于乘丘,县贲父御,卜国为右。马惊,败绩,公队,佐车授绥。公曰:'末之,卜也。'县贲父曰:'他日不败绩,而今败绩,是无勇也。'遂死之。圉人浴马,有流矢在白肉。公曰:'非其罪也。'遂诔之。士之有诔,自此始也。"郑注:"记礼失所由来也。周虽以士为爵,犹无谥也。殷大夫以上为爵。"此经既云"士之有诔"自鲁庄公始,明前此士无谥可知。

官·掌客》文，[1]若此则经文言"古者生无爵"便当指殷时。其通过比排三《礼》最终勾勒出士之爵、谥礼制演变历史进程，使之颇为"真实"而可信；并使不同经籍皆得以相容，强化了"周礼"的美备属性。其经学体系构建之用心可谓绵密而恒定。

综上，郑玄的历史意识一方面受谶纬诸说影响，强调三皇五帝三王之道由公而渐私，以禹为分节点，呈现下降趋势；但以礼的层面而言，又由素朴而渐文，逐渐美备，呈现上升趋势，就此而言，"周礼"承担起存续五帝三王礼乐之重任，冀此可复王道之全体，并有益于太平之实现，故郑玄对"周礼"推崇备至。另一方面，郑玄意图以"周礼"为核心博稽群经，以重建完备的圣王谱系，其解经路径往往将群经礼学化，复将礼学历史化，以具象化方式呈现圣王文明谱系。其所论"古礼"，皆与"周礼"相参照，合者相互补充发明，不合则以异代礼目之，虽亦有价值化取向，但大体上将"古礼"视为殷制，突出礼乐文明的历史演进过程，使之更为真实而可信。要之，郑玄的历史意识突出礼的普适化功能，并强调礼乐文明的连续性与系统性，藉"周礼"欲使圣王之道具象化而再次呈现。

三、结　语

综上，何休三世说核心为新王改制义，其说兼具渐进与复古义，既有对古礼之认可，亦有对新制之推崇。其要义即在，《春秋》制因寓孔子之道，超迈于先王政教体系之上，更具完备性与普适义，故由先王法至《春秋》制，确实有渐进趋势。郑玄历史观核心为礼乐渐备义，其承认圣王谱系由公而私之下降趋势，但以礼为纽带，又呈现逐渐美备之上升趋

---

〔1〕 贾公彦疏："《周礼·掌客职》云：'群介、行人、宰史，以其爵等为之牢礼之陈数。'郑注云：'以命数则参差难等，略于臣，用爵而已。'群介、行人皆士，故知周士有爵。虽有爵，死犹不谥。"氏撰：《仪礼注疏》卷三，《十三经注疏》清嘉庆刊本，中华书局 2009 年版，第 2070 页，上栏。

势。进一步而言，"周礼"承载五帝三王之道，并有益于太平之实现，足资为后王取鉴。对照爬梳，二人皆以圣王美备之礼为根本宗旨构建历史，于此或可见其同，但二人将礼之集大成者分别归诸孔子与周公，于此更可见其异。以下就二人之异处细说两点，以为结束。

首先，因于二人对理想治道方案的认识殊异，故对圣王谱系的最终阶段亦有歧说，何休在《春秋》"三世"框架内，强调《春秋》制"贯于百王"，实有超迈普适义，其"太平世"可代表最高治道典范；而郑玄就以礼之角度而言，以为"周礼"存续五帝三王之道，堪为美备，后世圣君明王，可循"周礼"以致太平之道。二人王道演进节点与路径，主张实有不同。

其次，何休三世说实际上是以《春秋》内部书法辞例歧异，推拓出三世渐进义，故其历史观明显带有价值导向，并不体现实然的历史进程[1]，而是揭示应然的王道演进规律，将今文经学视野下经学的价值维度推向极致。郑玄则力图以具象化方式呈现圣王谱系，其以"三代异物"的解经方式调和群经，"应然"通过"实然"的历史进程的加入，获得了整体承认，而"实然"通过"再解释"也获得了新的"示范意义"，从而使其经学体系以历史化方式呈现，为后世经学史学化路径亦埋下伏笔。

---

[1] 正如皮锡瑞"论《春秋》借事明义之旨，止是借当时之事做一样子，其事之合与不合、备与不备，本所不计"称："昧者乃执《左氏》之事，以驳《公羊》之义，谓其所称祭仲、齐襄之类如何与事不合。不知孔子并非不见国史，其所以特笔褒之者，止是借当时之事做一样子，其事之合与不合、备与不备，本所不计。孔子是为万世作经而立法以垂教，非为一代作史而纪实以征信也。"氏撰：《经学通论》四《春秋》，中华书局1954年版，第21—22页。其说揭橥《春秋》垂法万世之志图，故与现实历史必定存在张力。刘逢禄甚至言"鲁愈微而《春秋》之化益广……世愈乱而《春秋》为之文益治"，强调《春秋》之道甚或以否弃历史真实性为前提，获得恒常义，可谓振聋发聩。参见氏撰：《春秋公羊经何氏释例》卷一，上海古籍出版社2013年版，第8—9页。

孟子王道思想发微

——以朱子的阐释为中心

莫天成*

孟子的政治思想,基于其心性论,一言以蔽之曰王道。以政治之实事言之,统治者、被统治者与统治之法度,乃是政治所涉及的三个基本向度。以王道作为论述主题,其视角是在统治者一方。而王道思想中,又以"民为贵"为一大宗旨,因此,以民本论刻画孟子的政治思想,实属当然,而其视角则是在被统治者一方。后一视角为现代学者惯常采用,实则亟欲通王道于民主政治。如徐复观在概论儒家政治思想时说:"儒家所祖述的思想,站在政治这一方面来看,总是居于统治者的地位来为被统治者想办法,总是居于统治者的地位以求解决政治问题,而很少以被统治者的地位,去规定统治者的政治行动,很少站在被统治者的地位来谋解决政治问题。"[1]本文借用徐复观所提示的视角之调转,试图从"被统治者的地位"出发,对孟子的政治思想展开讨论,以求呈现其本义。

---

　* 莫天成,清华大学哲学系博士研究生。
〔1〕徐复观:《儒家政治思想的构造及其转进》,《学术与政治之间》,学生书局1985年版,第54—55页。

一、民性、民情与民心

在孟子的民本论中，"民"并不是一个终极的概念，这是我们首先需要注意到的一点。既然在孟子那里，心性论是民本论的思想基础，那么，不难想到，要真正理解孟子思想中的"民"，必须追索至"民性"、"民情"、"民心"等更为细分的概念。这是我们正确理解民本论的前提。一个直观的对比可能有助于我们理解此处的澄清所欲排除的可能误解。晚清时期，孙中山以民族、民主与民生三主义相号召，是谓三民主义的革命理论。可以看到，民族、民主与民生，正是以"民"为终极的概念而生发出来的次生概念。这种对比背后隐含的差异，其实就是古今之别。有人可能会说，以"心统性情"言之，若民性、民情可归结至民心，那么，民心问题并未被现代人所忽视，如现代政治家也常将"民心向背"作为政治正当性的一个重要考量。此说诚然，但或许还是需要强调这一点：必须在与民性、民情的关联中理解民心，也就是基于民性、民情背后所隐含的心性论来理解民心，方可不失孟子的本义。[1]

1. 民性

孟子继承子思所言"天命之谓性"，认为人性来源于天命，故曰："知其性，则知天矣。"(《孟子·尽心上》)虽然天命本源只有一个，但天命于人的本质不同于天命于其他生物的本质。所谓"犬之性"不同于"牛之性"，"牛之性"不同于"人之性"。刻画人性与其他生物之性的差别的一个方式是，人之性是纯然至善的，此即指仁义礼智全体而言，而其他生物之性或许也有善的一面，但因其不纯不全，故不能用"善"来刻画

---

[1] 杨泽波认为应该"从'民心论'的角度来理解民本论"，而他正是从"政治得失"的角度讨论"民心之向背"问题，本文则试图围绕"民心"展开更多面向。见杨泽波：《西方学术背景下的孟子王道主义——对有关孟子王道主义一种通行理解的批评》，《华东师范大学学报》(哲学社会科学版)，2005 年第 37 卷第 4 期，第 5 页。

之。对于人之性善,孟子说:

> 仁义礼智,非由外铄我也,我固有之也,弗思耳矣。……诗曰:"天
> 生蒸民,有物有则。民之秉夷,好是懿德。"孔子曰:"为此诗者,其
> 知道乎! 故有物必有则,民之秉夷也,故好是懿德。"(《孟子·告
> 子上》)

"仁义礼智,我固有之",这是性善的普遍义,对于所有人都成立。但正
如在同一个天命本源下有人物之别,同一个"性善"根基下也有人的不
同层次的差别。一方面,孟子"道性善,言必称尧舜"(《孟子·滕文公
上》),朱子注谓孟子"道性善而必称尧舜以实之",即是说,只有尧舜这
样完全出于天性的圣人才是对性善的最佳体现与证明;另一方面,当孟
子引《诗》"民之秉夷(彝),好是懿德"进行论述时,则只是在人人皆有的
根基意义上说明性善,此即朱子所谓"秉彝好德之论"。[1]就天命之性
而言,尧舜与民同;就气质之性而言,圣人与民众之间有清浊、厚薄之
别。可见,孟子除了从天命本源上揭出性善之旨,仍有继承孔子所谓
"性相近"的另一面。这是我们理解孟子性善论应当考虑到的一个重要
分寸。

　　对于孟子的性善论,董仲舒的批评正是从圣人之性与万民之性的
区别的角度提出的:

> 善于禽兽,则谓之善,此孟子之善。循三纲五纪,通八端之理,忠信
> 而博爱,敦厚而好礼,乃可谓善,此圣人之善也。……质于禽兽之

---

[1]　程门弟子尹和靖解《孟子》"道性善"章:"人之性无不善,盖无有闻善而不信者也。"(《孟子
　　精义》卷五,朱杰人、严佐之、刘永翔主编:《朱子全书》第 7 册,上海古籍出版社、安徽教育
　　出版社 2002 年版,第 701 页)朱子评论说:"尹氏以闻善而从为信善之证,秉彝好德之论
　　也。然专以是而言,则末矣。"(《孟子或问》卷五,《朱子全书》第 6 册,上海古籍出版社、安
　　徽教育出版社 2002 年版,第945 页)

性,则万民之性善矣;质于人道之善,则民性弗及也。……孟子下质于禽兽之所为,故曰性已善;吾上质于圣人之所善,故谓性未善。（《春秋繁露·深察名号》）

董仲舒的人性论具有强烈的品级意识,所以他区分了"圣人之性"、"中民之性"和"斗筲之性"（《春秋繁露·实性》）,此所谓性三品论。但参照前面的论述,不难看到,孟子言性善仍不废品级意识。以宋儒所开展出的概念而言,品级意识在孟子那里是被归于气质之性,而与天命之性之平等意识并行不悖。董仲舒批评孟子性善论的更关键之处正是关联于政治:

天生民性有善质,而未能善,于是为之立王以善之,此天意也。民受未能善之性于天,而退受成性之教于王。王承天意,以成民之性为任者也。今案其真质,而谓民性已善者,是失天意而去王任也。（《春秋繁露·深察名号》）

而这与荀子的批评就非常类似了:"今诚以人之性固正理平治邪? 则有恶用圣王,恶用礼义矣哉! 虽有圣王、礼义,将曷加于正理平治也哉!"（《荀子·性恶》）基于性恶论或性三品论来理解王道之必要性,似乎顺理成章,可以说这里呈现出来的是一种基于圣人之性与万民之性之根本差异而提出的"以善治恶"的治疗学逻辑。既然孟子的人性论与荀子、董仲舒有很大不同,那么,孟子对王道之必要性的理解必然不同于荀子、董仲舒。这是我们很容易推导出来的。然而,基于前面的分析,我们仍有能力想到一个更为细微、缜密的问法:既然孟子在人性论上也被宋儒归为气质之性的品级意识,那么,荀子和董仲舒"以善治恶"的治疗学逻辑在何种程度或何种意义上能够得到孟子的认同呢?

孟子说:"王者之民,皞皞如也。"（《孟子·尽心上》）朱子《集注》说,王者治民是"辅其性之自然,使自得之"。由此可见,引导人民走向自治是王道之要义,而其根据正是人性之本善。[1]圣王之教基于人性之本善而立,而人所本有之善性的实现,又离不开圣王之教的必要辅助。一般民众虽有"秉彝"之善性,但不被圣王之教则不能自得其善性,乃至于"手足无所措"。于是,就王道的功用而言,从消极的意义上说,可使民众不堕于禽兽,从积极的意义上说,可使民众日新其德。而王道所具有的这两种意义上的功用,都是基于人所本有之善性而发挥可能的作用,因而都是辅助性的。

正是在这一点上,孟子与荀子、董仲舒呈现出明显的差异。有人认为荀子之言性"亦是教人践履",对此,朱子站在与孟子一致的立场上评论说:"须是有是物而后可践履。今于头段处既错,又如何践履?"[2]由这个批评所引申出来的一个认识是,在荀子、董仲舒那里,王道对于善治是根本性的,而不是辅助性的,因为民众离恶向善的根基不是被放在民之本性上,而是被完全放在圣王一边,极大地依赖于圣王所立之礼法。

但必须看到,孟子对王道的理解虽与荀子、董仲舒有根本差异,仍有共同点。他们都认为政治的最终目的是引导民众归于善。如果在此比照于法家对政治的理解,则三子在对政治的理解上的这个共同点或许更能凸显。因此,可以说,三子都视王道政治为"必要的善"。以人性之善恶与政治之善恶为关联性的选项划分对政治的不同理解,或许有助于更清晰地呈现我们这里试图指出的异与同。认为人性为恶而政治亦为恶,此类观点见诸中国古代,如法家的主张,见诸西方现代,如波普尔,以国家为"必要的恶"。认为人性为善而政治为恶,此类观点见诸中国古代,如鲍敬言的无君论,见诸西方现代,如某种类型的无政府主义。

---

〔1〕　如《大学》传文"作新民",朱子注谓"振起其自新之民",民之"自新"是关键。

〔2〕　黎靖德编:《朱子语类》卷一百三十七,第8册,中华书局1986年版,第3254页。

认为人性为恶而政治为善,此类观点见诸中国古代,即以荀子最为代表,见诸西方现代,如黑格尔的法哲学。认为人性为善而政治亦为善,此类观点见诸中国古代,正以孟子最为代表,见诸西方古代,如柏拉图、亚里士多德的政治哲学。[1]

与引导人民走向自治这一点相关联的是,在王道政治中,圣王自身也是被统治者的一员。王道固然能使民迁善,但圣王并不是凭空制造出一套仅仅适合于民众的办法来统治他们,而置自身于政治之外。在实际统治的过程中,圣王也不是一个处于绝对超然地位的决断者随意主宰民众的命运。王道政治之所以为王道政治,恰恰在于它能使所有人行于其中,包括圣王自己。换言之,修己与治人只是一个道,所以孟子才会说:"规矩,方员之至也;圣人,人伦之至也。"(《孟子·离娄上》)王道之所以能够安顿所有人,是因为其终极的根据在天命之性,在由天命之性而来的"理所当然",正如朱子所说:"性,不是有一个物事在里面唤做性,只是理所当然者便是性,只是人合当如此做底便是性。"[2]仅仅停留于民或王,或民与王之间表层的统治与被统治的对待关系,而不及民与王所得之于天的共同人性,是无法探得孟子王道思想的根本的。

2. 民情

孟子经常谈到民的"好恶"之情,而将之明确区分为两类。除了上文所提到的"好是懿德"这样一类直接发源于人本有之善性的好恶以外,还有一类是如《孟子·梁惠王下》中所提到的好货、好色等发源于本能性欲望的好恶。发源于人本有之善性的好恶可以说是"性其情",从头到尾都是善的;发源于本能性欲望的好恶可以说是"欲其情",其来源

---

[1] 以上仅就形式而言,不涉及各家所言"人性论"与"善恶论"的实质。就实质而言,朱子认为儒家内部的分歧只在"人性论"上:"诸儒论性不同,非是于善恶上不明,乃性字安顿不着。"(黎靖德编:《朱子语类》卷五,第1册,中华书局1986年版,第84页)至于儒家与其他各家,则在"善恶论"上也有不同:"自浮屠氏入中国,善之名便错了。"(黎靖德编:《朱子语类》卷一百二十六,第8册,中华书局1986年版,第3033页)

[2] 黎靖德编:《朱子语类》卷六十,第4册,中华书局1986年版,第1426页。

虽然也是天命,但发出来的不一定是善的。这两类好恶之情既然人人都有,王道政治就都需要予以照应。[1]

朱子谓"情者,性之动",就是说,情是从性发出来的。既然情也可发自欲,那么朱子这里就是一个包含规范性维度的讲法。以复民之性为目的的王道政治,应该致力于使民之情能得其正,但这仍然是后一截的问题。民得之于天命之性的好恶判分能力,较之于某一具体的好恶更为在先。判分之所以可能,是因为天命之理是生生之理,于是天命之性就必然地蕴含着好善恶恶、好生恶死这样一些截然的判分。出于天命之性的民之好恶在根本的意义上就是天之好恶,而并不首先是民自己的私好、私恶。为政而听顺民之好恶,实际上也是听顺天之好恶。这样一来,就不能如现代以来的很多理解那样,取消天的实际意义而将之置于虚位——可以看到,这种取消论的实质是以民代天,是将民置于天的地位。所谓天之好恶,首先关切的就是好恶的正当性问题。王者的个人好恶并不与民的好恶相对立,所以好恶正当性的获得首先在于它是否当于天理,而不在于它是属于为政者还是属于民。为政者放弃自己的好恶而以民之好恶为己之好恶,并不意味着正当性的获得,这只是把好恶的正当与否的问题滑转成了好恶的归属性问题(属人还是属己)。[2]

孟子说:"得天下有道:得其民,斯得天下矣。得其民有道:得其心,斯得民矣。得其心有道:所欲与之聚之,所恶勿施尔也。"(《孟子·离娄上》)朱子注解说:"民之所欲,皆为致之,如聚敛然;民之所恶,则勿施于

---

[1] 从"性"、"情"、"欲"的三分及其关联中,我们可以看到一个类似于柏拉图以理性、激情、欲望的三分及其关联所刻画出来的灵魂秩序图景。

[2] 如徐复观说:"中国政治上的圣人,则只是把自己消解在人民之中,使人民能现实其自己之欲恶。"(徐复观:《中国的治道》,《学术与政治之间》,学生书局1985年版,第111页)"孟子上说得最清楚,好色好货,只要'与民同之',和人民的权利合在一起,则色与货都是义而不是利。"(徐复观:《荀子政治思想的解析》,《学术与政治之间》,学生书局1985年版,第202页)。徐氏背后的问题意识是二重权原的对立,所以将消解为政者一方的私人好恶视为政治之第一义。这种问题意识虽然是受西方刺激,但将"无私"等同于"理"的思想,不能不说有阳明学的渊源(阳明反对李延平与朱子对"当理"与"无私心"所作的二分)。

民。晁错所谓'人情莫不欲寿,三王生之而不伤;人情莫不欲富,三王厚之而不困;人情莫不欲安,三王扶之而不危;人情莫不欲逸,三王节其力而不尽',此类之谓也。"这里说的是王道政治对于来自本能性欲望的好恶的顺应。但禽兽同样也具备这类好恶,要使民区别于禽兽,就要使民以"性其情"来主导自身,规范自身之"欲其情",即基于民性来规导民情。

孟子说:"国君进贤,如不得已。将使卑踰尊,疏踰戚,可不慎与?左右皆曰贤,未可也;诸大夫皆曰贤,未可也;国人皆曰贤,然后察之;见贤焉,然后用之。左右皆曰不可,勿听;诸大夫皆曰不可,勿听;国人皆曰不可,然后察之;见不可焉,然后去之。左右皆曰可杀,勿听;诸大夫皆曰可杀,勿听;国人皆曰可杀,然后察之;见可杀焉,然后杀之,故曰国人杀之也。如此然后可以为民父母。"(《孟子·梁惠王下》)朱子注解说:"非独以此进退人才,至于用刑,亦以此道。盖所谓天命、天讨,皆非人君之所得私也。"这里说的是顺应出于民的本有之善性的好恶,具体落实在对人的进退赏罚的问题上,孟子最后以"为民父母"作结,可见这一方面具有极重大的意义。[1]

---

〔1〕《大学》"平天下"章传文论絜矩之道,以民之好恶为中心,主要谈到了财用和人才两方面。朱子说:"'絜矩'章专言财用,继言用人。盖人主不能絜矩者,皆由利心之起,故徇己欲而不知有人,此所以专言财用也;人才用舍最系人心向背,若能以公灭私,好恶从众,则用舍当于人心矣,此所以继言用人也。"(《晦庵先生朱文公文集》卷六十四《答范叔应》,《朱子全书》第23册,上海古籍出版社、安徽教育出版社2002年版,第3127—3128页)孟子所谈到的两类民之好恶,和《大学》一脉相承。财用方面的好恶即民生问题,似乎其重要性不言而喻,但也需要进一步的说明。至于人才用舍方面,何以"最系人心向背"? 孟子论述尧舜之治,以"得人"为其中最重大之事:"尧以不得舜为己忧,舜以不得禹、皋陶为己忧……分人以财谓之惠,教人以善谓之忠,为天下得人者谓之仁。"(《孟子·滕文公上》)从人君的角度说,在财用方面厚民生,是"以义为利",即是行义政;在人才方面进贤、退不肖,是"以公灭私,好恶从众",是行仁政。如果从民的角度说,则和上述的分判形成交错:生养得遂是仁政,而贤、不肖各得其恰当处置是义政。仁政与义政共同安顿民的两种好恶之情。对于《中庸》中的"九经",朱子说:"凡此九经,其事不同,然总其实,不出乎修身、尊贤、亲亲三者而已。敬大臣、体群臣,则自尊贤之等而推之也;子庶民、来百工、柔远人、怀诸侯,则自亲亲之杀而推之也。至于所以尊贤而亲亲,则又岂无所自而推之哉? 亦曰修身之至,然后有以各当其理而无所悖耳。"(《中庸或问》,《朱子全书》第6册,上海古籍出版社、安徽教育出版社2002年版,第588页)"尊贤之等"出于义,"亲亲之杀"出于仁,可见《中庸》的九经之政也是仁义之政。更详见本文第三节论"政"。

这两类好恶之情在不同的人也会有不同层次的表现。"性其情"的好恶表现出由浅至深的层级[1]，与成德之阶梯对应："民之秉彝，好是懿德"，是所有人都能有的好恶；乐正子"其为人也好善"、"好善优于天下"(《孟子·告子下》)，是立志于仁后才能有的好恶；至于"惟仁者能好人，能恶人"(《论语·里仁》)，则是成德之君子才能有的好恶。[2]就"欲其情"的好恶而言：庶民容易被这种好恶所影响，孟子所谓"富岁，子弟多赖；凶岁，子弟多暴"(《孟子·告子上》)；士君子则能超拔于这种好恶，孟子所谓"无恒产而有恒心"(《孟子·梁惠王上》)；至于圣人，则如朱子所说："《乡党》所记饮食衣服，本是人心之发，然在圣人分上，则浑是道心也。"[3]

如果说公都子所提到的"文、武兴，则民好善；幽、厉兴，则民好暴"(《孟子·告子上》)作为一种事实，让人觉得民之好恶是一种反复无常的东西，那么，以上的探讨则让我们找到了王道政治所必须照应的两种确定不移的民之好恶。在王道政治之下，这两种确定的好恶随不同的人品有不同的表现，但都可以被收摄在正当性的范围内。当王道政治照应这样具有品级层次不同的好恶时，基于其本身所具有的"致广大"的品格，必然要将最浅层次的好恶视为底线来进行开展，这样才能一方面保住人禽之别，另一方面又能真实地照应到最广泛的人而不是局限于某一部分人，特别是某一阶层的人。

3. 民心

民如何保住秉彝不失，并且在成就为人的道路上稳定提升？本能

---

[1] "性其情"意义上的好恶除了深浅性的层级，还有差等性的层级，如孟子所说"亲亲而仁民，仁民而爱物"(《孟子·尽心上》)。

[2] 孟子评价乐正子为"善人也，信人也"(《孟子·尽心下》)，朱子《集注》引张子之说，比较乐正子与颜子的层次差别："颜渊、乐正子皆知好仁矣。乐正子志仁无恶，而不致于学，所以但为善人、信人而已；颜子好学不倦，合仁与智，具体圣人，独未至圣人之止耳。"

[3] 《晦庵先生朱文公文集》卷五十一《答黄子耕》，《朱子全书》第22册，上海古籍出版社、安徽教育出版社2012年版，第2381页。

之欲望和秉彝之天理之间具有张力，该怎么使它们之间达成良好关系？这些一般是在修身层面才会遭逢的问题，政治层面也同样需要面对。在修身层面，这些问题最后必然落到心上，因为工夫都是由心来做。政治层面也是如此。要保证王道政治"无为"的特质，必须以民心作为善治的根本。虽然说"得其心有道：所欲与之聚之，所恶勿施尔也"，重点在顺应民情，但是"得其心"的环节是必不可少的。不然，孟子直接说"得其民有道，所欲与之聚之，所恶勿施尔也"也就可以了，不必更说一个"得其心"。可见民心在这中间还是有关键的意义。

孟子认为四端之心是人人都有的，这其中又有层次上的差别。齐宣王的恻隐之心，仅仅面对觳觫之牛才有所流露；先王以不忍人之心行不忍人之政，就是恻隐之心的极致彰显。性与情的层次差异，最终都可以落实在心的层次差异上；复性、提升好恶之情，最终都得心来完成。

怎样稳定且提升民心？使民心成为君子之心吗？这样立的起点性要求未免过高。王道政治下"民日迁善而不知为之者"的民心具有相对的稳定性，它与"无恒产而有恒心"的心性层次确实有所不同，但同时也与一种完全只能偶然地灵光乍现的齐王之心不同。"民之秉彝，好是懿德"是在最底线，亦即情之所同然的意义上论民情，"理义之悦我心，犹刍豢之悦我口"（《孟子·告子上》）则是在最底线，亦即心之所同然的意义上论民心，这种心的层次不需要通过学习来抵达。[1]王道政治对于所有层次的民心都有照应，而最底线意义上的民心是这种照应的起点。以此为起点，王道政治进一步保证了它"日迁善而不知为之者"的相对稳定性。

对于心的差别层次问题，孟子谈过如下一种士民之别："无恒产而有恒心者，惟士为能。若民，则无恒产，因无恒心。苟无恒心，放辟邪

---

〔1〕 程门弟子游鹰山解《论语》首章说："学而时习之，则心之所同然者得矣，此其所以说也。故曰：'理义之说我心，犹刍豢之说我口。'"（《论语精义》卷一上，《朱子全书》第7册，上海古籍出版社、安徽教育出版社2012年版，第27页）这是把一种底线的意义和一种通过学习而后有的意义混淆了，所以朱子辨析说："理义之可说，乃人心之同然，不待习而后得。"（《论语或问》卷一，《朱子全书》第6册，上海古籍出版社、安徽教育出版社2012年版，第609页）

侈,无不为已。"(《孟子·梁惠王上》)朱子注解说:"士尝学问,知义理,故虽无常产而有常心。民则不能然矣。"士与民最终都可以有恒心而为善,但民的恒心是有条件的,而士的恒心是无条件的。这两种恒心的根本差别在于"知不知义理"。

孟子还谈过凡民与豪杰之别:"待文王而后兴者,凡民也。若夫豪杰之士,虽无文王犹兴。"(《孟子·尽心上》)朱子注解说:"兴者,感动奋发之意。凡民,庸常之人也。豪杰,有过人之才智者也。盖降衷秉彝,人所同得。惟上智之资,无物欲之蔽,为能无待于教,而自能感发以有为也。"凡民与豪杰之心都能感动奋发,但前者也是有条件的。凡民虽然有"秉彝",但有"物欲之蔽",所以不能像豪杰之士那样"无文王犹兴"。只要凡民还没有完全自立,那么就依赖于这种"感兴"机制为善。[1]心灵在"依赖于感兴"与"能够自立"这两种层次上具有差别,至于心何以有这种层次差别,并不是每个人所禀受的心本有不同,而只是因为后天的气禀、物欲的影响。无恒产的士人,通过后天的"学问",也能"知义理",去除气禀物欲的干扰而有恒心;至于凡民,如果没有王道政治的稳定助成,那么为善之心就很难被启发出来。

就其自悦义理而言,庶民之心具有一定的主动性,可自主为善;就其受义理以外的其他因素影响而言,庶民之心在为善这一方面又具有一定的被动性。众民"行之而不著焉,习矣而不察焉,终身由之而不知其道"(《孟子·尽心上》),"方行之而不能明其所当然,既习矣而犹不识其所以然"(朱子注)。他们对于所当然与所以然都无所知,但毕竟还是能"由之"。"君子之道费而隐。夫妇之愚,可以与知焉,及其至也,虽圣人亦有所不知焉;夫妇之不肖,可以能行焉,及其至也,虽圣人亦有所不能焉。"(《中庸》第十二章)愚夫愚妇不能对义理当然与所以然有所知,但也"可以与知"、"可以能行"。这种可以"由之"、"与知"、"能行"的心

---

[1] 这种感兴机制在"四书"中随处可见,是"四书"政治哲学的一个关键处。详见下文。

灵能力,是民众最基本的自主能力,保证了王道政治是基于每个民自身的心性。"待文王而后兴",不仅意味着文王之德先得民心之所同然,因而能够使民感动兴起,而且也意味着文王之政能够减少民心在气禀、物欲方面所受的干扰而使其易于从善,乃至也能通过学问而逐渐化去气禀物欲之私。所谓"庶民去之,君子存之"(《孟子·离娄下》),如果通过政治教化不但能使庶民避免"去之",并且在此基础之上又能对其进一步引导,使其能"存之"而为君子,那么,王道政治对于民之复性的意义就完整地呈现出来了。

二、民心与教化

现代以来,一般人常认为性善及以之为基础的王道政治持论过高而不切实际,或者是过于乐观,未曾考虑人性的各种缺陷。但从前面的论述我们可以看到,王道政治必须要从一个人人都能现实地稳定起步的底线开始出发,这个起点以性善为依据,人人都具备,并没有任何不切实际之处。但王道政治也并不是通过降低自身品格去俯就一种最低层次的心灵,"大匠不为拙工改废绳墨,羿不为拙射变其彀率"(《孟子·尽心上》),而只是在顺应最广泛的人的同时就已经显示出极高明的特质,在坚持极高明的追求的同时就已经顺应最广泛的人。

"性善"作为王道政治的基础,贯彻上下,是人人皆有的大本大原。正由此,王道政治才能"极高明而道中庸",在共同人性的基础上,全面照应不同层次的民情。这并不意味着王者劳攘纷纷地去照应每一个人,而是王者一旦立在高位(所谓"皇极")并且推行王政,每个人就都能在王道政治之下找到自己的位置而自得其性。从不同时代的因革损益——"行夏之时,乘殷之辂,服周之冕,乐则韶武"(《论语·卫灵公》)——来看待圣人的万世之法,是一个视角;从人性本善而心性层次又有千差万别的角度来理解圣人的万世之法,则是另一个视角。[1]

孟子区分过"与人规矩"和"使人巧":"梓匠轮舆能与人规矩,不能使人巧。"(《孟子·尽心下》)朱子《集注》:"尹氏曰:'规矩,法度可告者也。巧,则在其人,虽大匠亦末如之何也已。'盖下学可以言传,上达必由心悟,庄周所论斫轮之意盖如此。""规矩"是"下学"之事,学者必须通过"规矩"来学习,如:"大匠诲人,必以规矩;学者亦必以规矩。"(《孟子·告子上》)至于"巧"——"智譬则巧也,圣譬则力也"之"巧"(《孟子·万章下》)——则是上达之事,只能靠学者自身的积累学问之功,外人无法提供助益。

王道政治对于民的教化,也同样只能使民由规矩而行,而不能对民之上达到何种层次有所强求。但由规矩而行这一点,首先是要保证民不堕入禽兽,这是王道政治所期必要达成的。从这个角度来看,孟子意义的王道政治当然重视民心的自主,但同样也重视规矩对于民心的规导意义,绝不可能把这条生命线仅仅寄托在民心自我的良知呈现上。同时,"规矩"又并非专门为某一部分人而设,而是所有人都该遵循的,即使圣人也是"从心所欲不逾矩"(《论语·为政》)。由此可见,"巧"并不在规矩之外,上达也不在下学之外。

那么,"规矩"又从何而来?孟子说:"离娄之明,公输子之巧,不以规矩,不能成方员。……尧舜之道,不以仁政,不能平治天下。……圣人既竭目力焉,继之以规矩准绳,以为方员平直,不可胜用也。……既竭心思焉,继之以不忍人之政,而仁覆天下矣。"(《孟子·离娄上》)朱子《集注》:"范氏曰:'此言治天下不可无法度,仁政者,治天下之法度也。'……古之圣人,既竭耳目心思之力,然犹以为未足以遍天下,及后

---

[1] 谢晓东从民主政治的视角出发,认为孟子的政治哲学有三个缺陷:普遍主义受限于特殊主义,平等主义的不彻底,个体主义的缺失。他认为,孟子的性善论与其对先觉后觉的分别是内在矛盾的,并举此作为前两点缺陷的例证。笔者则认为这些正是孟子政治哲学的精髓所在。见谢晓东:《理想政治的四种类型——兼论孟子政治哲学的理论归宿》,《武汉大学学报》(人文科学版),2012年第65卷第6期。

世,故制为法度以继续之,则其用不穷而仁之所被者广矣。"

　　圣人之教要"遍天下,及后世",必须要"制为法度"。所有人共有的普遍心性,需要通过圣人的法度来得到落实与实现。圣人"既竭心思",然后制为万世法,使天下之人共同循守;天下之人则通过循守圣人之法而为人,至于由此而上达者,则能得圣人之心。对于《中庸》的"修道之谓教",朱子注解说:"圣人因人物之所当行者而品节之,以为法于天下,则谓之教,若礼乐刑政之属是也。"民固然有秉彝之性,也有当行之道,但圣人以下都不能直接体贴和依循性与道,而必须有礼乐刑政作为具体依循的轨道,所以朱子说:"性不容修,修是揠苗。道亦是自然之理,圣人于中为之品节以教人耳,谁能便于道上行!"[1]

　　对于孔子所说的"民可使由之,不可使知之"(《论语·泰伯》),朱子注解说:"民可使之由于是理之当然,而不能使之知其所以然。"对此,朱子进一步解释说:

> 理之所当然者,所谓民之秉彝,百姓所日用者也。圣人之为礼乐刑政,皆所以使民由之也。其所以然,则莫不原于天命之性,虽学者有未易得闻者,而况于庶民乎?其曰"不可使知之",盖不能使之知,非不使之知也。[2]

"由"的是人伦之道,而礼乐刑政则是使民"由"于其中的规矩准绳。民之知与不知,不是由礼乐刑政所能决定的,因而"不能使之知",只能赖其自觉。即使学者,也只能"使由之,不可使知之",所以朱子说:"'不可使知之',谓凡民耳。学者固欲知之,但亦须积累涵泳,由之而熟,一日脱然自有知处乃可,亦非可使之强求知也。"[3]虽然凡民与士君子的心

〔1〕　黎靖德编:《朱子语类》卷六十二,第4册,第1495页。
〔2〕　《论语或问》卷八,《朱子全书》第6册,上海古籍出版社、安徽教育出版社2002年版,第763页。
〔3〕　《晦庵先生朱文公文集》卷三十九《答范伯崇》,《朱子全书》第22册,第1769页。

性层次有别,但都应当依从"下学而上达"的教法,遵循圣人所立的礼乐刑政之教。而且正是在这样的依循之中积累涵泳,然后才有各自或浅或深的所得与提升。如果不通过"由之"而想直接达至"知之",这样引发的问题极大。朱子说:

> 所谓"民可使由之,不可使知之",亦只要你不失其正而已,不必苦要你知也。[1]
>
> 由之而不知,不害其为循理……必使之知,则人求知之心胜,而由之不安,甚者遂不复由,而惟知之为务,其害岂可胜言? 释氏之学是已。大抵由之而自知,则随其浅深,自有安处;使之知,则知之必不至,至者亦过之,而与不及者无以异,此机心惑志所以生也。[2]
>
> 古人初学,只是教他洒扫应对进退而已,未便说到天理处。子夏之教门人专以此,子游便要插一本在里面。"民可使由之,不可使知之",只是要他行矣而著、习矣而察,自理会得。须是"匡之直之,辅之翼之","使自得之"然后"从而振德之"。今教小儿,若不匡不直、不辅不翼,便要振德,只是撮那尖利底教人,非教人之法。[3]

既然说"只要你不失其正而已,不必苦要你知",可见相对于"知之","不失其正"才是做人的底线要求。既然说"由之而自知",可见"知之"不能脱离"由之"来达成。在朱子看来,"使知之"极害圣人教法。这种方式没有给礼乐政刑留下地盘,而且不"由"而便直接求"知",结果"知之必不至",反而生出"机心惑志"。

---

〔1〕 黎靖德编:《朱子语类》卷六十六,第 4 册,中华书局 1986 年版,第 1630 页。
〔2〕 《晦庵先生朱文公文集》卷三十九《答范伯崇》,《朱子全书》第 22 册,上海古籍出版社、安徽教育出版社 2002 年版,第 1768 页。
〔3〕 黎靖德编:《朱子语类》卷四十九,第 4 册,中华书局 1986 年版,第 1206—1207 页。

　　凡民之心与禽兽的分别在于,凡民虽然不知义理,但能"由"人伦之道。民之"由之"并非只是遵从外在的规范,而且也是出于"好是懿德"的中心由之。虽然不曾"觉其所以然之理"、"知其所当然之则",但也知其为善为美,是类似于见闻之知的知其然。这种心性层次虽然很浅,但终归能行于人道之中。"由之而自知,则随其浅深自有安处",这样就能各自迁善而各得其所。王道政治下每个人的差别只是一种深浅层次的差别,而不是一种根本隔绝的差别。[1]

　　心受到两方面的影响:一是义理,二是气习。孟子说:"心之所同然者何也? 谓理也,义也。"(《孟子·告子上》)理义在心就存,理义不在心就亡。至于心与气习之间,则能互相影响。心能够主导气习,而气习也反过来能够影响心,如孟子所说"志壹则动气,气壹则动志"(《孟子·公孙丑上》)。基于这两方面的影响因素,孟子论工夫以"知言"与"养气"为两大端。知言就是通过明察天理来定心,而养气就是通过养成浩气来护心。作为工夫的知言养气向普通民众也是开放的,尽管在实际的作用过程中只有在学者的层次上才能谈及。

　　礼乐刑政作为法度,也本于性理。先有礼乐刑政之理,然后才有礼乐刑政之法。所以,礼乐刑政并非仅是一套外在的约束规则,而是有内、外两面的意义:既通过其本身所具有的理以格心,也通过其所表现出来的法度以形成约束。就在内一面而言,士君子是主动地明其理,而庶民则不明其理,只是接受性地悦其理。就在外一面而言,士君子敬循其法,庶民则是勉由其法。虽然在心的提升原理上,所有人都应该是内

---

[1] 从这样一个角度,也可以看到朱子在弥合理学与圣人教法之间缝隙的努力与意义。如朱子之前的理学家,有区分德性之知与见闻之知,但这两者峻别,容易让人否弃见闻之知,且觉得应该在"知"上下工夫。朱子则认为只有一个知,把下学的循由规矩作为对所有人都适用的根本方法,从见闻之知到德性之知只是一个在下学的过程中由浅入深的过程。这样一来,"学"不仅仅是士君子才有能力做的,而是"当世之人无不学"(《大学章句序》)。朱子不仅接续程子发明大学,而且发明了小学,小学与大学之间是一个连续的过程,而"敬"就是其中贯彻上下的接榫点。

外并进的,但士君子是在内外两面的夹持下自觉地为善,而庶民则在内外两面都具有依赖性,因而是不自觉地为善。另外,圣人是自然地由内而外,士君子是内外两面并重下功夫,而庶民则对于在外一面尤为依赖。但是,圣人、士君子、庶民之所以能共处在一样的理与法中,表明这种划分并不是一种固化的区隔,人在王道政治中是可以不断迁善而变化其所处层次的(见下图)。

礼乐刑政之理		礼乐刑政之理		礼乐刑政之理
|		↑		↓
圣人之心	←	士君子之心	←	庶民之心
|		↓		↑
礼乐刑政之法		礼乐刑政之法		礼乐刑政之法
(圣人之心即理即法)		(君子之心知理循法)		(庶民之心悦理由法)

　　单独就庶民来看,庶民之心感悦于义理,只能发生在类似于"待文王而后兴"的情境下。庶民之善心之所以能被成德者所感动兴发,是因为成德者已经将理义现实地体存于心,他们"先得我心之同然",于是庶民在观感之间就为此所化,这依赖于庶民的见闻之知。进一步,王者的礼乐刑政之教使庶民由之,即能在气习上对庶民的善心予以培养陶铸。对于前文所提到的感兴机制,《大学》中论治国平天下,其起始处全都在于民心的兴发。如"治国"传文"一家仁,一国兴仁;一家让,一国兴让","平天下"传文"上老老而民兴孝,上长长而民兴悌,上恤孤而民不倍",都必须通过"感兴机制"才能理解。作为《大学》外王部分的"新民",也就是"作新民",是在为政者自明其明德的基础之上,使民有所观感兴起,然后进一步通过絜矩之道来使民所兴起的这种为善之心得以实现,即"振起其自新之民"、使民"亦有以去其旧染之污"(朱子注)。朱子说:

　　　　上之人老老、长长、恤孤,则下之人兴孝、兴弟、不倍,此是说上行下效;到絜矩处,是就政事上言。若但兴起其善心,而不有以使之得遂其心,则虽能兴起,终亦徒然。如政烦赋重,不得以养其父母,又安得以遂其善心！须是推己之心以及于彼，使之"仰足以事父母，俯足以育妻子"，方得。[1]

民之善心的"兴发"与"得遂"，是《大学》所揭示的王道政治对于民之教化的两个必要环节。这种模式与《论语》"道德齐礼"章所呈现的节次一致，而孟子的王道思想也与之一脉相承。从为政者的角度说，"徒善不足以为政，徒法不能以自行"（《孟子·离娄上》），必须既有"仁心仁闻"又行"仁政"；从民的角度来说，则"仁心"与"仁政"正好能在内与外两方面对民心产生教化意义。可以在广义上把"絜矩"中的"政事"等同于礼乐刑政之法的实施，把王者之德视为礼乐刑政之理之得于心者（或者行礼乐刑政之法而有得于心者）。民心的"兴发"只能通过感悦于在上者的德而发生出来，不可能凭空地产生；民之善心的"得遂"，全面地说是由于礼乐刑政的保证。

自民性、民情、民心三者而言，性得于天，不是政治所能施加力量的地方，一如在一人之身不能说"修性"。情为性之动，不可去除，不可矫揉，只能疏导规制。教化所加之处惟在民心，所以民心是王道政治的关键：德所以兴起民心，礼乐刑政所以成遂民心，如此就可以使气禀之拘、物欲之蔽渐磨渐化。孟子所常说的"得民心"，除了指行仁政或救民而得民心的意义，更有使民自得其心的意味。王者之得民心与民之自得其心是同一条路。这一点，不论从"养生丧死无憾"（《孟子·梁惠王上》），还是从"征之为言正也，各欲正己也，焉用战"（《孟子·尽心下》），都不难看出。

孟子说："后稷教民稼穑，树艺五谷，五谷熟而民人育。人之有道也，饱食、暖衣、逸居而无教，则近于禽兽。圣人有忧之，使契为司徒，教以人伦：父子有亲，君臣有义，夫妇有别，长幼有序，朋友有信。放勋曰：'劳之来之，匡之直之，辅之翼之。使自得之，又从而振德之。'圣人之忧

---

[1]　黎靖德编：《朱子语类》卷四十九，第2册，中华书局1986年版，第361页。

民如此,而暇耕乎?"(《孟子·滕文公上》)朱子注解说:"劳者劳之,来者来之,邪者正之,枉者直之,辅以立之,翼以行之。使自得其性矣,又从而提撕警觉以加惠焉,不使其放逸怠惰而或失之。"

放勋所说的"使自得之",对应于"劳之来之,匡之直之",是使民由之;[1]至于"又从而振德之",则对应于"辅之翼之",是"提撕警觉以加惠焉,不使其放逸怠惰而或失之"。后者涉及学校教育,而有"知"的意义。这是因为民之"由之"虽然出于自主,但这种自主性缺乏学问夹持,并不牢靠,容易堕入"放逸怠惰而或失之"的地步,因而圣王终究还是希望民能"知之"。所以朱子说:"圣王之教,因其固有,还以导之,使不忘乎其初;然又虑其由而不知,无以久而不坏也,则为之择其民之秀者,群之以学校,而联之以师儒,开之以诗书,而成之以礼乐。凡所以使之明是理而守之不失,传是教而施之无穷者,盖亦莫非因其固有而发明之,而未始有所务于外也。"[2]所谓"由而不知,无以久而不坏",表明在一个完整的政教体系之中,学校教育不可或缺。

总之,王道政治奠基于民之共同的性善,需要为政者"道之以德",兴发民心,然后通过礼乐刑政与民共同行道。乍看起来,刑、政似乎对士君子没什么意义,所谓"刑不上大夫";而礼、乐似乎对庶民也没什么意义,所谓"礼不下庶人"。那么,何以说这种政治具有普遍意义,且可称之为王道?接下来需要对王道这样一种围绕民心的政治模式作进一步的探讨。

---

〔1〕 张南轩说:"凡圣人设教,皆使民之由之也。圣人非不欲民之知之,然知之系乎其人,圣人有不能与,故曰'不可使知之'……然则孟子所载放勋之言曰'使自得之'者,与此异乎?无以异也。盖曰'自得',则亦系乎彼而已。"(张南轩:《癸巳论语解》卷四,文渊阁四库全书本)张南轩认为,"知之系乎其人",而"由之"则须有外力,所以"自得之"是指"知之"而不是指"由之"。但这里既然说"使自得之",有一个"使"字,那么"使自得之"就不可能是"使知之"。所以朱子不认可南轩的这种理解:"'使自得之',此亦但谓使之由之耳,非谓使之知也。"(《晦庵先生朱文公文集》卷三十一《与张敬夫论〈癸巳论语说〉》,《朱子全书》第 21 册,第 1371 页)在朱子看来,虽然"使由之"是有外力之助,但终归是"自得"。

〔2〕 《晦庵先生朱文公文集》卷七十九《琼州学记》,《朱子全书》第 24 册,上海古籍出版社、安徽教育出版社 2002 年版,第 3761—3762 页。

三、德 礼 与 政 刑

　　孟子说："仁言,不如仁声之入人深也。善政,不如善教之得民也。善政,民畏之;善教,民爱之。善政得民财,善教得民心。"(《孟子·尽心上》)朱子《集注》:"程子曰:'仁言,谓以仁厚之言加于民。仁声,谓仁闻,谓有仁之实而为众所称道者也。此尤见仁德之昭著,故其感人尤深也。'政,谓法度禁令,所以制其外也。教,谓道德齐礼,所以格其心也。得民财者,百姓足而君无不足也;得民心者,不遗其亲、不后其君也。"按朱子的理解,孟子这里是以政为"制其外",以教为"格其心"。这里的政可以包括政与刑,而教则包括德与礼。

　　这样一种分法,和《论语·为政》的这一章对应:

　　道之以政,齐之以刑,民免而无耻。道之以德,齐之以礼,有耻且格。

朱子注解说:

　　政者,为治之具;刑者,辅治之法;德、礼,则所以出治之本,而德又
　　礼之本也。此其相为终始,虽不可以偏废,然政、刑能使民远罪而
　　已,德、礼之效,则有以使民日迁善而不自知。故治民者不可徒恃
　　其末,又当深探其本也。

依朱子的解说,德、礼、政、刑四者缺一不可,基于性善的完整政治架构可以表述为"德礼—政刑"。如果按上一节的理解,那么除了这样一种善政与善教的对分并列方式外,也可以用"德—礼乐刑政"[1]来标明这

---

〔1〕　从广义上说,礼可以包括乐,下文逐项讨论时,只讨论礼而不讨论乐。

样一种政治架构。按朱子的解说,德是大本大根,礼、政、刑都是从德中依次生发出来的。所以,虽然德与礼是"格其心"而政与刑是"制其外",但这种"制其外"的意义并非与"格其心"无关,而应当也是从"格其心"的意义中所衍生出来的。

德礼是在正面的、"迁善"的意义上基本完成"格其心"的事情,是务本;政刑虽然是末,但也是一个完整的"终始"过程中不可缺少的,是"制其外",也可以说是在反面的、消极的意义上间接地"格其心"。"道之以政,齐之以刑",脱离德与礼而只有政刑的政治样态确实现实地存在,但这并不表示政刑是不必要的。相反,政刑须以德礼为本,而有不可替代的意义。朱子说:"有道德,则功术乃道德之功、道德之术;无道德,则功术方不好。……(政刑德礼)与道德功术一般。有德礼,则政刑在其中。"[1]一方面,所谓"有德礼,则政刑在其中",政刑是从德礼中要求出来的;另一方面,政刑被要求出来,可能脱离德礼,这就可以说"无道德,则政刑方不好"。政刑并不是霸者才有的,只是不能"专用政刑","专用政刑,则是伯者之为矣"。[2]"圣人为天下,何曾废刑政来!"[3]如果只有德礼而无政刑,看似极高远、极理想,但实际上反而背离了圣人之意。[4]个中缘由,仍可以从心性论的角度予以说明。牟宗三说:"德礼是从根上转化,唤醒其德性之心,使其自己悱启愤发,自能耻于为非作恶而向善。故德治是归于每一个人自身人格之站立及完成,以此为宗极,则政刑只是助缘,乃原则上或目的上可以废除者。"[5]牟宗三以"德治"为

---

〔1〕〔2〕 黎靖德编:《朱子语类》卷二十三,第2册,中华书局1986年版,第549页。

〔3〕 同上书,第547页。

〔4〕 朱子屡屡辨政刑不可废,大抵人们常以为王道就应该没有政刑,政刑是霸道才有的,乃至认为有政刑则意味着杂用霸道。这不仅是对政刑的误解,也是对德、王道的误解。程门弟子吕与叔说:"德礼者,所以治内;刑政者,所以治外。治内者,先格人之非心,使之可以为君子,则政足以不烦,刑足以不用也。"(《论语精义》卷一下,《朱子全书》第7册,第66页)朱子认为这有"废置政刑而专任德礼之意"(《论语或问》卷二,《朱子全书》第6册,上海古籍出版社、安徽教育出版社2002年版,第639页)。

〔5〕 牟宗三:《政道与治道》,吉林出版集团有限责任公司2010年版,第29页。

每个人的道德自觉,以政刑为"原则上或目的上可以废除者",这是现代以来比较常见的看法,与朱子的理解完全不同。下面逐一来展开分析。

1. 德

德是王道政治维系、教化民心的根本所在。性是形而上者,虽然是一切人的根底,但不是作为凝聚人的现实物。德作为性善最为直接的现实承载者,对于所有人都具有感应力、凝聚力。德在王道政治中的意义,可以通过和霸道的比较来看,孟子说:

> 以力假仁者霸,霸必有大国。以德行仁者王,王不待大。汤以七十里,文王以百里。以力服人者,非心服也,力不赡也;以德服人者,中心悦而诚服也,如七十子之服孔子也。诗云:"自西自东,自南自北,无思不服。"此之谓也。(《孟子·公孙丑上》)

朱子《集注》引邹氏说:

> 以力服人者,有意于服人,而人不敢不服;以德服人者,无意于服人,而人不能不服。从古以来论王霸者多矣,未有若此章之深切而著明者也。

"德"是惟一能够直达民心而让其"中心悦而诚服"的事物。霸者无德,只是通过力来假借仁义,这样即使倡言仁义,民心也不可能为表象之仁义所服,反而只能是因为自己力不足而屈服于霸者之力。这样一层意思似乎较显明,但还不足以凸显王者之德的意义。王者不仅是有德,而且也不是直接用德来服民心、教育民众,所谓"无意于服人而人不能不服"。孟子说:"以善服人者,未有能服人者也。以善养人,然后能服天下。天下不心服而王者,未之有也。"(《孟子·离娄下》)朱子注解说:"服人者,欲以取胜于人。养人者,欲其同归于善。盖心之公私小异,而人之向背顿殊。"

　　"以善服人",并不是自己没有善而如同霸者那样通过力来假借善,而是已有善,但"欲以取胜于人",是"有意于服人",这样就和王者的公心迥别。[1]"以善养人",是不仅自己有善,而且知道善是所有人都本来具有的,因而想要共同达成的。这两种方式对于民心而言,可以造成"人之向背顿殊"。民之心服或兴起,不仅要求德的真实存有,而且在方式上要求"以善养人",即在德的教养方面要求一种公共而非私人的、共同向善而非单向传输的方式。这在主观经验上似乎也较易理解,但其客观原因需要说明。

　　基于德的内在性特质,德本身必然拒绝霸者对德的工具化使用,这意味着不能"以德治国";基于德的自得性特质,德也必然拒绝成为一种对他人的要求,它只能成为自我要求,这意味着民德的养成最终只能通过民自身来完成,任何外力都不可能有决定性的作用。这样一来,德的政治意义必然首先表现在感化上:只有德的实有才具有政治教化意义,而且德的实有本身就具有教化意义,这种意义不需要通过在德上添加更多的东西来获得。另外,基于德的公共性特质,德又不可能因为它只能是自我要求而成为私人性的东西,相反,它必然要求在公共领域得到彰显,这不仅要求在感化的意义上成为公共之物,而且要求在政治的所有层面都有德在其中。德的内在自得性和公共性之间看似有矛盾,但如果只单取其中一面,即或者舍弃其公共性而让它成为私人物,或者舍弃其内在自得性而让它成为宣传物,德治都不可能真正发生。[2]

---

[1] 程门弟子范淳夫在注解孟子这一章时,通过王、霸的德、力之辩来予以说明,朱子对此有所辨析:"范氏引德、力服人之异以明之,则亦非此章之意也。盖彼皆言服人,而以德、力分王、霸;此则皆以德而服人、养人,又有公私小大之不同,不当引彼以释此也。"(《孟子或问》卷八,《朱子全书》第6册,上海古籍出版社、安徽教育出版社2002年版,第963页)

[2] 《大学》谓"古之欲明明德于天下","上老老"、"上长长",私德本来也是公共性的,亦即具有政治意义。现代以来,如梁启超的"私德说"所呈现的,古典的德已彻底成为私人性的东西。德既然脱离了政治而成为私人化之物,那么它对于民心而言,也就失去了使其兴起的可能性基础。在这样一个前提之下,不论怎样对广大民众倡导私德的重要性,就总容易陷入徒劳的困境之中。

　　王者之德是确保王道政治中民自发为善的根本所在。这里首先要求的是治理者之德而非民德。德的首要意义是感化。所谓感化，关键在于让民真实地兴起人心之所同然。只有现实的德才能现实地证明性善，因而让民信从，进一步则能让民自主地复性。从民心的角度来看，王者之德不仅意味着王者德业的崇高性，也意味着王者之善能够让人企及，民众从王者身上能看到真实的自己。所以，王者之德是民之能够自治的保证，这就是为什么程子会说："为政以德，然后无为。"（《论语》"为政以德"章朱子注）从王者的角度来说是无为，而从民的角度来说就是民之自治。[1]

　　朱子说："人之所以为心者，虽曰未尝不同，然贵贱殊势，贤愚异禀，苟非在上之君子真知实蹈有以倡之，则下之有是心者，亦无所感而兴起矣。幸其有以倡焉而兴起矣，然上之人乃或不能察彼之心，而失其所以处之道，则彼其所兴起者，或不得遂而反有不均之叹。"[2]庶民之心的兴起有赖于有德者在先为之榜样，这是"贤愚异禀"所导致的。至于"贵贱殊势"，则意味着只有有德者在上位，民心才更容易兴起。否则，民心的兴起就是逆势的，民之教化不可能大兴。[3]

---

[1]　牟宗三、徐复观都认为儒家的德治是无为之治，这与本文的立论相似，但实际上不同。他们谈"无为"，强调"不以自己的私意治人民，不以强制的手段治人民，而要在自己良好的影响之下，鼓励人民自为"（徐复观：《孔子德治思想发微》，《中国思想史论集》，上海书店出版社 2004 年版，第 182—183 页）、"在使皇帝让开一步中，必函物各付物，各正性命"（牟宗三：《政道与治道》，第 32 页），"无为"与"德治"是一体两面的关系，"无为"意味着"去私"或者"限权"，消解为政者的主体性，而"德治"则意味着"人民自为"、"物各付物"。但在程子，"德治"与"无为"之间不是互相涵摄，而是有先后关系；"无为"不是工夫而是效验。牟氏、徐氏虽然也谈到圣贤德治下民之感动兴发的积极面，但主要还是强调每个人自身的德性自觉；而且在这种德性自觉中，圣王的礼乐刑政之教也没有根本地位。

[2]　《大学或问》，《朱子全书》第 6 册，上海古籍出版社、安徽教育出版社 2002 年版，第 539 页。

[3]　孟子说："为政不难，不得罪于巨室。巨室之所慕，一国慕之；一国之所慕，天下慕之，故沛然德教溢乎四海。"（《孟子·离娄上》）这里有三个层次：德，位，势。有德而无位无势，如孔孟；有位而无德无势，如春秋之周天子、战国之诸侯；有势而无德无位，如巨室。这里描绘的现实不是德、位、势三者之统一于人君一身，而是这三者之间互相都已分离。在这样一种极端的变态情形下，对于在上位者而言，不能通过与巨室争夺"势"的方式来服民心，而仍然只有"以德行仁"这一途。民心的兴起或归往最终仍然是在德上，但中间要经历"巨室"这一层转圜，从这里可见位与势对于民心兴起的不可或缺的意义；而就王者的"德教溢乎四海"而言，德与位是关键（《易·系辞传》："天地之大德曰生，圣人之大宝曰位。"），权势则并非所争。

孟子说:"君仁莫不仁,君义莫不义。"(《孟子·离娄下》)朱子说:"天下之事千变万化,其端无穷,而无一不本于人主之心者,此自然之理也。故人主之心正,则天下之事无一不出于正;人主之心不正,则天下之事无一得由于正。盖不惟其赏之所劝、刑之所威,各随所向,势有不能已者;而其观感之间,风动神速,又有甚焉。"〔1〕德对于民心的首要政治意义就在"观感",至于"赏之所劝、刑之所威",则是出于德的具体政治作为,属于德政,也关系民心的教化。如果要在这两者之间做比较的话,那么,德政对于民心的教化,"各随所向,势有不能已者",具有一定的外在性,而德本身则纯粹是出于心与心之间的感应,"风动神速",较德政为根本。德以及由德所保证的礼乐刑政整体,构成一个全面的使民得以自治的政治环境。

2. 礼

民心藉由观德兴起之后,又须礼来收摄之,方能入于规矩。朱子说:"若只'道之以德',而无礼以约之,则儱统无收杀去。"〔2〕又说:"先之以明德,则有固有之心者,必观感而化。然禀有厚薄,感有浅深,又'齐之以礼',使之有规矩准绳之可守,则民耻于不善,而有以至于善。"〔3〕德的感化意义,能使民"耻于不善",而这种耻感需要落实到具体的"规矩准绳"之中,这样"礼"的存在就恰好能让民"有以至于善"。于是,就孟子所说的"善教格其心"而言,德与礼两者能一起基本完成格心这件事。

因为"禀有厚薄,感有浅深",必须有一个"齐之"的事情,这就必然要落实到礼的品节制度上去。朱子说:"才说礼,便自有个中制:贤者可以俯而就之,不肖者便可企而及之。"〔4〕礼本与"中"之义相应〔5〕,落实

---

〔1〕 《晦庵先生朱文公文集》卷十一《戊申封事》,《朱子全书》第 20 册,上海古籍出版社、安徽教育出版社 2002 年版,第 590—591 页。
〔2〕〔4〕 黎靖德编:《朱子语类》卷二十三,第 2 册,中华书局 1986 年版,第 548 页。
〔3〕 同上书,第 549 页。
〔5〕 对于周子《太极图说》中的"中正仁义",朱子以"礼"解"中"。

到制度上便是"中制"，能使不同气禀的人都能依循，使兴起的善心获得有节度的落实。所以，一方面，礼能格心，不能把礼仅仅当成在外的制度来看。礼之所以能直接格心，是因为礼是"天理之节文，人事之仪则"，善心能够直接通过依循它以实现自身。当民心为德所感化兴起之后，政与刑都不具备当下承接并完善这种兴起的意义。另一方面，也不能把礼和德等同起来，将礼完全内化。因为礼毕竟是要表现为在外的制度，有"齐之"的意义。〔1〕

　　孟子言礼，总是要说到心上去，但并非完全把礼内化。孟子说："非礼之礼，非义之义，大人弗为。"（《孟子·离娄下》）朱子注解说："察理不精，故有二者之蔽。大人则随事而顺理，因时而制宜，岂为是哉！"黄梨洲解说孟子此章："吾心之化裁，其曲折处谓之礼，其妥帖处谓之义，原无成迹。今以为理在事物，依仿成迹而为之，便是非礼之礼，非义之义。盖前言往行，皆圣贤心所融结，吾不得其心，则皆糟粕也，曾是礼义而在糟粕乎！"〔2〕黄梨洲所言，明显针对朱子。孟子这里所说的"礼"确实具有"时中"的意义，但并不能因此否定"中制"。如果如黄梨洲一样持"不得其心，则皆糟粕也"的观念，那么对于"大人"以下的所有人而言，礼就都没有意义了。就"吾心之化裁，其曲折处谓之礼，其妥帖处谓之义"而言，朱子所谓"贤者可以俯而就之，不肖者便可企而及之"的维度是无法开出来的。

　　以丧礼为例，当"滕定公薨"之时，孟子教告世子说："亲丧固所自尽也。……三年之丧，齐疏之服，饘粥之食，自天子达于庶人，三代共之。"世子欲按孟子所说行三年之丧，但"定为三年之丧，父兄百官皆不欲"，然后孟子说世子应该"以身先之"，因为"君子之德，风也；小人之德，草

---

〔1〕　徐复观认可朱子对礼的解说，但认为德与礼之间没有根本分别："朱子谓：'礼者天理之节文，人事之仪则。'……天理流行而具体化于外者即为礼。礼之所从出者为天理，亦即所谓德；而德之彰著于外者即系礼。德与礼，本系一而非二。……德系人性所固有，礼系德之所流行。"（徐复观：《儒家政治思想的构造及其转进》，《学术与政治之间》，学生书局1985年版，第52页）

〔2〕　《孟子师说》卷四，《黄宗羲全集》第1册，浙江古籍出版社2005年版，第106页。

也"。(《孟子·滕文公上》)最终世子依孟子而得以顺利行三年之丧。朱子评价说:"丧礼、经界两章,见孟子之学,识其大者。是以虽当礼法废坏之后,制度节文不可复考,而能因略以致详,推旧而为新,不屑屑于既往之迹,而能合乎先王之意。""当礼法废坏之后","齐之"失去现实的可能性基础。孟子虽然"不屑屑于既往之迹",但也要以"合乎先王之意"为依归;所谓"自天子达于庶人,三代共之",终究是要有"齐之"的这一面。

3. 政

"政",就其字义而言,是"政之为言正也,所以正人之不正也"(《论语》"为政以德"之朱子注)。就"政"的内涵而言,有三种可能的指代:一是本末兼备的完整政治,包括德与礼乐刑政;二是指与德相对而言的"政",如《论语》"为政以德"中的"政";三是指礼乐刑政中的政,特指"法度禁令"。这里仅就第三种情况立论,略为探讨孟子在行政施设方面的基本法度。

孟子言"仁政",主张行井田。孟子言文王治岐,"耕者九一,仕者世禄"(《孟子·梁惠王下》),朱子认为"九一之助"和"仕者世禄"这两者是"王政之本"。这里面关涉到了民生孝养问题与贤愚等级问题,而贯穿其中的则是表现为孝亲与尊贤的仁义原则,所以也可以把这种政称为仁义之政。

民生问题的根本是孝亲之仁。生存问题的本原是来自天地的生生之德,所以在王道政治中谈民生,首先就是一个"养生丧死无憾"的伦理责任问题。基于孝德,民也应该自养,这与"身体发肤,受之父母,不敢毁伤"的道理一样。可见民生虽然直接关系到本能性的情感,但这并不是如现代所理解的那样满足私人生存欲求而已。[1]孟子说:"所谓西伯

---

[1] 萧公权说:"孟子于养民之要不厌反复申详,而教民一端则多附带及之……以视孔子之以信为本、以食为末者,轻重之间,显有不同。"(萧公权:《中国政治思想史》上册,商务印书馆2011年版,第93页)萧公权认为在孟子是养民重于教民,养民是政治之第一义,而在孔子则是教民重于养民。徐复观对此表示反对,认为在孔、孟都是"养先教后,养重于教"(徐复观:《释〈论语〉"民无信不立"》,《学术与政治之间》,学生书局1985年版,第300页)。本文则认为,在孔、孟都是教重于养,养本身也属于广义的教。

善养老者,制其田里,教之树畜,导其妻子,使养其老。"(《孟子·尽心上》)朱子《集注》引赵注说:"善养老者,教导之,使可以养其老耳,非家赐而人益之也。"王道政治终归是让民自营其生,这在根本上不是因为为政者力有不逮,而是因为这种孝养的责任本不可被他人替代。但王道政治在外围上仍需通过"制其田里"使民有"恒产",即有"可常生之业",这样才能让民得以完成其责任。

等级问题的根本是尊贤之义。"世禄者,授之土田,使之食其公田之入,实与助法相为表里,所以使君子、野人各有定业,而上下相安者也"(《孟子·滕文公上》第三章朱子注)。野人有恒产,即有定业;而君子作为治理者,有与其德相称的爵禄。对于"有为神农之言者许行"说"贤者与民并耕而食,饔飧而治","欲阴坏孟子分别君子、野人之法"(朱子注),孟子说:"或劳心,或劳力。劳心者治人,劳力者治于人。治于人者食人,治人者食于人。天下之通义也。"(《孟子·滕文公上》)强行拉平人与人之间的层次差异,不论是拉得同样高(许行眼中的神农之世),还是拉得同样低(现代民主),都是违背"天下之通义"。性善虽然是人之所同,但尽性有程度差异,所以德自然有差别,这就会要求在位上体现出相应的差别来。这样一种层次差异,本于人的尊贤之心,是在原则和目的上无法被取消的。位的差别如果与德不相称,或者根本上取消德与位的层级差别,那么民不可能心服。[1]

以《尚书》道心、人心的对分来看:讨论德、礼、刑在王道政治中对民心的意义,主要涉及的是"道心"意义上的民心;至于这里所讨论的两个

---

[1]　程子说:"古之时,公卿大夫而下,位各称其德,终身居之,得其分也;位未称德,则君举而进之;士修其学,学至而君求之。皆非有预于己也。农工商贾,勤其事而所享有限,故皆有定志,而天下之心可一。后世自庶士至于公卿,日志于尊荣;农工商贾,日志于富侈。亿兆之心,交骛于利,天下纷然,如之何其可一也? 欲其不乱,难矣!"(《近思录》卷八)在位者,"位各称其德";无位者,"勤其事而所享有限"。虽然人人都有"人心"(与"道心"相对之"人心"),似乎"亿兆之心,交骛于利,天下纷然"是不可避免的,但在王道政治中却能达成"天下之心可一"。这种"一"的达成,在于以德为中心,而能让"人心"得到安顿。

问题,其所涉及的民心,则不仅包括孝亲与尊贤的"道心",也包括"人心"。民生问题涉及"欲富"之"人心",等级问题涉及"欲贵"之"人心"。朱子说:"虽上智不能无人心……虽下愚不能无道心。"(《中庸章句序》)"虽下愚不能无道心",则下愚的"人心"也能有"道心"为之主导;"虽上智不能无人心",上智之人固然不受"人心"的干扰,但"人心"不能变成"道心",终究也需要被品节。

在王道政治里,对于这两种"人心",有两个层次的节制方法:首先是在根本上,欲富之"人心"为孝亲的"道心"所主导,欲贵的"人心"为尊贤的"道心"所主导;其次是在制度上,井田制与爵禄制的界画分明,进一步使这两种"人心"得到恰当的品节裁成。王道政治正视"人心"问题的存在,但不是孤立地就"人心"解决"人心"的问题,而一定要凭靠仁义之德与仁义之制来安顿"人心"。所以,虽然"人心惟危,道心惟微",却能让"危者安,微者著"(《中庸章句序》)。

现代以来,"人心"反客为主,要求将自身客观化为一个独立的权利(经济权利与政治权利)主体。民生问题变为单纯的个体欲望问题,而等级问题则被彻底的平等主义所消解。此其本意虽然是要解决权利问题,但不免走向相反的结果。不仅王道政治所着力要养成的孝亲与尊贤的"道心"被泯灭,而且其所着力要品节的"人心"也不得安顿,这就对民心造成"危者愈危,微者愈微"(《中庸章句序》)的后果。

4. 刑

朱子说:"(礼)所以齐民也。齐之不从,则刑不可废。"[1]如果德礼没能起效,刑的使用就是必要的。但刑的意义不应该止于惩罚已经发生的恶,而且更应该是和德礼一起促进民心向善。如果刑在防恶的作用上,只是让民因为担心受惩罚而不为恶,而不是让民恶恶从而不为恶,那么这样的刑就是"道之以政,齐之以刑"意义上的"刑"。民心"不

---

[1] 黎靖德编:《朱子语类》卷二十三,第2册,中华书局1986年版,第548页。

敢为恶而为恶之心未尝亡",即所谓"免而无耻"。王道政治中的刑和民的恶恶之心相应,而霸道政治中的刑只是和民的趋利避害之心相应。在礼使民兴起的善心得以有所循守之后,刑的根本意义就是使这种善心得到进一步巩固。

朱子说:"先王之义刑义杀,所以虽或伤民之肌肤、残民之躯命,然刑一人而天下之人耸然不敢肆意于为恶,则是乃所以正直辅翼,而若其有常之性也。后世之论刑者不知出此,其陷于申商之刻薄者,既无足论矣;至于鄙儒姑息之论、异端报应之说、俗吏便文自营之计,则又一以轻刑为事。然刑愈轻而愈不足以厚民之俗,往往反以长其悖逆作乱之心,而使狱讼之愈繁,则不讲乎先王之法之过也。"[1]王道中的刑当然不是"申商之刻薄",但如果认为王道政治是要求"轻刑",那也是"不讲乎先王之法之过"。王道政治尚德不尚刑,但刑是德中的必有之义,而不是对德的补充。只有具备圣人之德,然后才能有舜之"四罪而天下咸服"、文武之"一怒而安天下之民"。如果如前文所论,将德视为礼乐刑政之理之得于心者,那么德与刑之间就根本不是一般所常说的主辅、并重等意义上的同层关系,而是"本—末"的异层关系。对刑的误解与对德的误解是相伴而生的。如果把德理解成恩惠,那么德就确实是不够的,需要刑来予以补充;如果把德理解成完满自足,那么刑在根本上就是堕落或者助缘,是应该取消的。[2]

---

[1] 《晦庵先生朱文公文集》卷十四,《戊申延和奏劄一》,《朱子全书》第20册,上海古籍出版社、安徽教育出版社2002年版,第657页。

[2] 这样两种德刑观,本于两种不同的人性观,也产生两种不同的王霸观。就人性观而言,前者会认为性善论是有限的,需要性恶论予以补充;后者则注重性善的普遍性、平等性,而忽视性善中的差等性,忽视气质之性。就王霸观而言,前者认为王道的本质就是恩惠,如朱子说:"宣帝也不识王伯,只是把宽慈底便唤做王,严酷底便唤做伯。"(黎靖德编:《朱子语类》卷一百三十五,第8册,第3228页);后者认为刑是霸道的代名词。朱子说:"仁固公矣,而主于爱。故仁者于物之当好者,则欣然悦而好之;有所不得不恶者,则恻然不得已而恶之。是以好恶各当其物,而爱之理未尝不行乎好恶之间也。"(《论语或问》卷四,《朱子全书》第6册,第678页)仁是爱之理,而且主于爱,但终归不是爱;正因为仁是爱之理而不是爱,所以仁不仅表现为好善的一面,也能够且应当表现为恶恶的一面。德的意义与此一致。

　　孟子谈仁政，要求"省刑罚"，但并不是否定刑。孟子说："以佚道使民，虽劳不怨；以生道杀民，虽死不怨杀者。"（《孟子·尽心上》）孟子这里所说，就是王道政治中的政与刑。就刑而言，孟子说"以生道杀民"，表面看起来，"生道"与"杀"之间有很明显的对立，但这里实际上是为刑杀的正当性奠定了"生道"的基础。

　　从性善论出发，恶只是一种现实的可能而非必然，没有形上根据；如果刑的本质是针对恶，那么是不是刑也只是从现实的角度来说有一定的必要性，同样也没有形上根据？这样一来，刑就确实是"原则上或目的上可以废除"的了。这样的逻辑是似是而非的。值得指出的是，刑的本质就是恶恶：恶没有形上根据，但恶恶有形上根据；恶只是现实有可能，而恶恶则是形上必然。恶恶是性善的内在要求，从根本的意义上说，恶恶只是对好善的反向确证[1]，如同四季中的秋杀之气只是春生之气的收敛。[2]

　　恶恶之性、恶恶之情、恶恶之心是三个层次，刑具有相应于这三个层次的意义：刑的根据，在于恶恶之性；刑的使用，与恶恶之情的发生相应——如果现实中恶没有发生，刑也不必使用，可以达至"刑错"；但刑永远不能废黜，而恶恶之心也必须一直保持不失，因为恶恶之情只是已发，即使现实没有发生恶，而未发的恶恶之性则始终都有，心既然贯穿已发未发，就需要始终存此恶恶之性。《尚书·大禹谟》中所说的"刑期于无刑"，前一个"刑"字即是原则上必要的"刑"，而后一个"刑"则意味着在治世达至"刑错"，不需用刑而非废弃刑。恶恶之性，至善无恶；恶

---

〔1〕　张子说："恶不仁，故不善未尝不知；徒好仁而不恶不仁，则习不察，行不著。是故徒善未必尽义，徒是未必尽仁。好仁而恶不仁，然后尽仁义之道。"（《近思录》卷五）就修身而言，不能只好仁而不恶不仁，不然不足以尽仁义之道。

〔2〕　刑是圣人法天所立，周子说："天以春生万物，止之以秋。物之生也，既成矣，不止则过焉，故得秋以成。圣人之法天，以政养万民，肃之以刑。民之盛也，欲动情胜，利害相攻，不止则贼灭无伦焉，故得刑以治。"（《通书·刑第三十六》，《周敦颐集》，中华书局 1990 年版，第 41 页）

恶之情,面对已然的恶;恶恶之心,则是敬以避免可能的恶。心虽然可以与性合,但终究不是性,始终可能陷溺,所谓"惟圣罔念作狂"(《尚书·多方》),即使圣人之心也是时时敬慎的。[1]所以,刑的根据在于性,但不是基于性恶,而是性善;刑之所以在原则上必要,是在于人心的这种需要时时警醒的本质,而不是仅仅用来对付现实中已然的恶或可能出现的恶。关于《论语》中的"君子怀刑",朱子与其弟子有如下一段问答:

> 问:"所贵乎君子者,正以其无所待于外而自修也。刑者,先王所以防小人,君子何必以是为心哉?"先生默然良久,曰:"无慕于外而自为善,无畏于外而自不为非,此圣人之事也。若自圣人以降,亦岂不假于外以自修饬? 所以能'见不善如探汤'、'不使不仁者加乎其身',皆为其知有所畏也。"[2]

基于性善的王道政治必然包含刑,这一点大抵可以祛除不少对王道的虚幻想象,但仅仅这样说仍然还不够。因为即使接受这一点,仍然可以问:"刑者,先王所以防小人,君子何必以是为心?"实际上,圣人是完全内在地、自然地不为非,君子是内外并重地、敬慎地不为非,庶民是偏重于外、畏惧地不为非,最终都合于刑之理,也都与人的恶恶之心相契合。这其中只有自然与勉强、自觉与不自觉的差别,刑对于所有人都有意义。

---

[1]　如果心最终可以成为理,那么敬慎就只有阶段性的意义,恶恶之心最终可以取消,进入至善无恶的永恒境地。甚至,如果因为善恶是对待的,而试图进一步超越对待而进入无对待之域,即最终进入"无善无恶"的境地,那么这就成了更为彻底的思路。实际上,即使性是至善无恶,这种至善无恶也是与恶相对待的,而不是没有"定体";与恶相对待的性,落实到情上就是好善恶恶,落实到心上就必然是须臾不可失的好善恶恶之心。如果恶恶之心最终可以取消,那么基于恶恶之心的刑在原则或目的上也就确实可以取消。个体心性上的虚妄,正是政治上虚妄的根本所在。

[2]　黎靖德编:《朱子语类》卷二十六,第 2 册,中华书局 1986 年版,第 665 页。

四、结语:仁义之政与利欲之政

孟子说:

> 仁则荣,不仁则辱。今恶辱而居不仁,是犹恶湿而居下也。如恶
> 之,莫如贵德而尊士,贤者在位,能者在职。国家闲暇,及是时,明
> 其政刑。虽大国,必畏之矣。《诗》云:"迨天之未阴雨,彻彼桑土,
> 绸缪牖户。今此下民,或敢侮予!"孔子曰:"为此诗者,其知道乎!
> 能治其国家,谁敢侮之!"今国家闲暇,及是时,般乐怠敖,是自求祸
> 也。(《孟子·公孙丑上》)

朱子注解说:

> 此因其恶辱之情,而进之以强仁之事也……贤,有德者,使之在位,
> 则足以正君而善俗。能,有才者,使之在职,则足以修政而立事。
> 国家闲暇,可以有为之时也。详味"及"字,则惟日不足之意可见
> 矣……周公以鸟之为巢如此,比君之为国亦当思患而预防之。孔
> 子读而赞之,以为知道也。

"贵德而尊士"、"贤者在位,能者在职",那么德礼的意义可以获得保证;
"国家闲暇,及是时,明其政刑",在德礼得到保证之后,又要尽快"明其
政刑"。"德"主于"化民",有优柔和乐之意,但德本身就内在地包含有
"忧患"意识,"政刑"也是德自身所要求的。孟子说"及是时",而朱子特
别发明其中"惟日不足"的意思,正可以看到这种"思患"、"预防"之义的
紧切性。这种紧切性来自对性善的敬慎与维护,是善恶分道的紧切性,

而不是利害攸关的紧切性。[1]朱子说:"圣人之所谓知道者如此,而近世陋儒,乃有谓释氏之徒知道而不可以治世者,则亦异乎孔子之言矣。夫知道矣,而不可以治世,则彼所谓道者,果何物哉!"[2]一种高妙的"知道者"认为"政刑"的存在会影响政治的理想性,但从孔孟的意思来看,这样恰恰是"不知道"。

孟子说:

霸者之民,欢虞如也;王者之民,皞皞如也。杀之而不怨,利之而不庸,民日迁善而不知为之者。夫君子所过者化,所存者神,上下与天地同流,岂曰小补之哉!(《孟子·尽心上》)

朱子《集注》说:

欢虞,与欢娱同。皞皞,广大自得之貌。程子曰:"欢虞,有所造为而然,岂能久也? 耕田凿井,帝力何有于我? 如天之自然,乃王者

---

[1] 朱子说:"'仁则荣,不仁则辱',此亦只是为下等人言。若是上等人,他岂以荣辱之故而后行仁哉? 伊川《易传·比·象辞》有云:'以圣人之心言之,固主诚求天下之比,以安民也;以后王之私言之,不求下民之附,则危亡至矣。'盖且他畏危亡之祸,而求所以比附其民,犹胜于全不顾者,政此谓也。"(黎靖德编:《朱子语类》卷五十三,第4册,中华书局1986年版,第1278页)孟子此章的"荣辱"之说在朱子看来虽然是"为下等人言",但孟子却并不是从一种下等的意义上论说这种政治,而仍然是在"道"的意义上说。在圣人之心,完全是善恶分道的紧切性,所谓"道二,仁与不仁而已"(《孟子·离娄上》);在后王之私,虽然表现出荣辱、存亡的紧切性,但根本上仍然是善恶分道的紧切性。只要是行王道,后王之私根本上仍然不同于霸者的利欲之私,因为后王之私是保祖宗基业的孝德之私。这虽然不如圣人"天下一家,中国一人"之极广大,但毕竟也是以德为根本。对于《论语·尧曰》中所说的"宽则得众,信则民任焉,敏则有功,公则说",程门弟子谢上蔡说:"皆所以结民心而维持之,盖其道当如此,非违道以干天下之说而归己也。"(《论语精义》卷十下,《朱子全书》第7册,上海古籍出版社、安徽教育出版社2002年版,第636页)谢上蔡所说的"结民心",看似霸者之为,但实际上是从"后王之私"的角度立论的,所以朱子辨析说:"是其言则诚若有病,然其下文所谓'道当如此,而非违道以干之',亦足以自解矣……谢氏之言,固为治者所不废,但非所以论圣人耳。"(《论语或问》卷二十,《朱子全书》第6册,第916页)

[2] 《孟子或问》卷三,《朱子全书》第6册,第938页。

之政。"杨氏曰:"所以致人欢虞,必有违道干誉之事。若王者,则如天,亦不令人喜,亦不令人怒。"……丰氏曰:"因民之所恶而去之,非有心于杀之也,何怨之有? 因民之所利而利之,非有心于利之也,何庸之有? 辅其性之自然,使自得之,故民日迁善而不知谁之所为也。"

"杀之而不怨",属于刑;"利之而不庸",属于政;"民日迁善而不知为之者",即是所谓"德礼之效"。德感发、凝聚、成就民之善心,是贯穿王道政治始终的核心;礼让民之善心有所依循;刑让民之善心有所防护;政让民之善心得以成遂。有德作为核心,然后礼、刑、政都围绕着德展开,而不只是一套单纯的法度而已。德治当然要求法度,法度不能被德所取代,但法度的意义是助成民的善心。就此而言,同样是讲法度,也同样认为法度具有防恶的功能,但单纯的法度之学是认为法度本身能直接防治恶,而这里的逻辑则是:法度能够帮助善心的成长,而善的成长就能消除恶,所以法度具有对付恶的作用。实际上,也只有善本身的成长才能消除恶,其他任何方式都不可能对消除恶有根本的意义。[1]

　　如果不以德为核心,那么政治所追求的秩序将建立在"利"的基础之上,趋利避害就成为逻辑起点。这时即使再讲求礼乐刑政的政治秩序,也只能成为利害性的礼乐刑政,德也会被反噬成利欲化的德,就只能使民的趋利避害之心被进一步强化。即使可以一时达成有效率的功业,而德的湮灭只能让民失去作为人的意义;而被兴起滋长的利心终将不可收拾,功业最终仍要被争乱所取代。

---

〔1〕 这背后的形上根据在于:善、恶之间不是一种静态的互不影响的共存关系,而是一种动态的此消彼长的关系。善没有壮大,而恶却被消除了——这在义理上是根本不可能的。孟子对此所言甚多,如"道二,仁与不仁而已","苟得其养,无物不长;苟失其养,无物不消"(《孟子·告子上》)。

朱子论治道与治法

——以朱子几篇封事为中心的讨论

王亚中[*]

一、治道与治法

我们讨论朱子的政治思想,首当知朱子政治思想确立的结构。就我所见,朱子虽未曾直接论述其政治思想的结构,但此结构实际已经见诸朱子与吕东莱编纂的《近思录》。《近思录》十四卷的划分已经把理学家一生学问涉及的全部内容呈现了出来,而其中的八、九、十卷则属于理学家政治思想部分。这三部分的标题分别为治道、治法、政事,此三者正表明了朱子政治思想的主要纲领,我们即依此而分析朱子的政治思想。朱子这个划分实际是继承伊川程子而来。程子言:

> 治身、齐家以至平天下者,治之道也;建立治纲、分正百职、顺天时以制事,至于创制立度,以尽天下之事者,治之法也。圣人治天下之道,唯此两端而已。[1]

---

* 王亚中,清华大学哲学系博士研究生。

[1] 朱子、吕东莱:《近思录》卷八,载张京华辑较:《近思录集释》下,岳麓书社 2010 年版,第669 页。

朱子对此曰："圣人治天下之道,固不外此二端。"可见朱子对于程子建立的二分结构深为认可。下面我们结合朱子之意对程子这段话进行分析,以对治道与治法有一整体性认识。

先言治道。由程子之言可见,治道其实就是大学之道,因而治道之本在于修身,所谓"自天子以至于庶人,壹是皆以修身为本"。需要注意的是,和现代学者所理解的不同,朱子所谓治道,并不仅仅是一种静态的"治国的理念,是政治之最高目的,是理想政治秩序"[1],而且还是动态的,有起点、具有先后顺序的历程。换言之,按照《大学》的教法,虽然治道欲达成的目的是"平天下"的理想,但并不是为治者最先所宜用心之处,而当自修身、齐家开始,由此而逐次达至平天下。

对于治道中存在的先后次序,我们应当予以足够重视。在古人看来,先后之序虽非道理本身,却与道理实有极大关系。古人言道本是从人行走的道路这个寓象引申出来,如孔子言"谁能出不由户?何莫由斯道也?"(《论语·雍也》)。人行走的道路不仅有最终的静态的目的,而且还有道路的起点,亦包括动态的达成这个目的的历程,人行走于道路由起点一步步抵达目的,这就形成了先后次序,故《大学》经章言"物有本末、事有终始,知所先后,则近道矣"。故此先后顺序实为理解朱子治道的一个关键。

朱子在《戊申封事》中对治道施展的历程进行了详细描述:治道之始在于君主正心修身以养德,由此向外推扩,"邪正之验著于外者,莫先于家人而次及于左右,然后有以达于朝廷而及于天下焉"。具体而言,君主向外推扩的影响首先在于家人,故朱子言:"若宫闱之内,端庄齐肃,后妃有关雎之德,后宫无盛色之讥,贯鱼顺序,而无一人敢恃恩私以乱典常,纳贿赂而行请谒,此则家之正也。"即是由君之正至于家之正。

---

[1]　王绍光:《政体与政道——中西政治分析的异同》,载王绍光主编:《理想政治秩序:中西古今的探求》,三联书店 2012 年版,第 90 页。

进一步,朱子又言:"退朝之后,从容燕息,贵戚近臣、携仆奄尹陪侍左右,各恭其职,而上惮不恶之严,下谨戴盆之戒,无一人敢通内外、窃微福,招权市宠,以紊朝政,此则左右之正也。"即是由家之正至于左右之正,由此则整个内府禁省而不与外廷暗中勾结,而"二者之间洞然,无有毫发私邪之间,然后发号施令,群听不疑,进贤退奸,众志咸服。纪纲得以振而无侵扰之患,政事得以修而无阿私之失,此所以朝廷百官、六军万民无敢不出于正而治道毕也。"[1]此又是由左右之正而至于外廷百官,天下万民之正,从而朱子把治道的全貌逐次展现出来。由此我们可知治道作为一个历程性的概念所包括的内容甚广大。

在作为一个历程的治道中,朱子认为治道的起点最为关键,因为必由起点才能打开整个治道。其内在机制即是《大学》言"一家仁,一国兴仁;一家让,一国兴让;一人贪戾,一国作乱;其机如此。""机",朱子注曰:"发动所由也",即为打开历程的枢纽。此处一动,则至于彼处。不惟至于近者如家庭、朝廷,远者如一国、天下皆必至之。且这一历程一往而无迂曲,径直穿下去,远远近近皆以此为准。由此,我们可知"机"有两个特点:第一:在于"一往而无迂曲",第二:此处一动,必至于彼此。有此两个特点,即使不是因为君使之,而彼亦能自受其影响。如桀纣何尝使人暴戾,而民自从其暴戾;又如,尧舜正朝廷,而后朝廷正百官,百官正天下,亦非尧舜一人为之。因此,开启治道历程的端始就当正君心。

实际上,朱子以正君心为治道之本。他说:"天下事有大根本,有小根本,正君心是大本。其余万事各有一根本"。[2]朱子言正君心实质就是希望君主之心能合于尧、舜、三王之心,而朱子论治道则以恢复三代,达至天下平为理想,故治道亦即尧、舜、三王之道。对于帝王之心与帝王之道,朱子门人蔡沈明确作出了区分:

〔1〕 见朱杰人、严佐之、刘永翔主编:《朱子全书》第20册,上海古籍出版社、安徽教育出版社2002年版,第592页。以下所引朱子书的内容皆出自此版本。
〔2〕《朱子语类》卷一〇八,《朱子全书》第17册,第3511页。

> 二帝三王之治本于道,二帝三王之道本于心。得其心,则道与治固
> 可得而言矣。……曰德曰仁,曰敬曰诚,言虽殊而理则一……礼乐
> 教化,心之发也;典章文物,心之著也;家齐国治而天下平,心之推
> 也。心之德,其盛矣乎![1]

蔡沈之说正是继承朱子之意而发明,帝王之心即是仁心,由此心能推扩
出整个治道。完整的治道所包括的内容甚广,如君道、齐家之道、人君
处左右之道、宰相之道、为臣之道、礼乐教化等皆属于治道的内容。本
文论朱子治道,则主要是集中在对于正君心的意义探论上,其余治道内
容的讨论则俟诸来日。

再言治法。程子之言中讨论治法,首先举出了三者"建立治纲、分
正百职、顺天时以制事",分而言之如下。

治纲亦即纲纪,何谓纲纪? 朱子言"夫所谓纲者,犹网之有纲也;所
谓纪者犹丝之有纪也。网无纲则不能以自张,丝无纪则不能以自理。
故一家则有一家之纲纪,一国则有一国之纲纪。若乃乡总于县,县总于
州,州总于诸路,诸路总于台省,台省总于宰相,而宰相兼统众职,以与
天子相可否而出政令,此则天下之纲纪也"。[2]纲纪即是导向良好秩
序的关键要领,在不同的关系网络之中有不同的纲纪,此处言治纲应当
是关于整个行政体制运作的基础性制度。

分正百职是指要理清官制,官制明晰则百官各司其职,整个政事可
得有序开展,故其意义非常重要。而宋代却官制殽乱,职业废弛[3],故

---

〔1〕　朱杰人、严佐之、刘永翔主编:《朱子全书外编》第 1 册,华东师范大学出版社 2010 年版,
　　　《书集传》第 1 页。
〔2〕　《庚子应诏封事》,《朱子全书》第 20 册,上海古籍出版社、安徽教育出版社 2002 年版,第
　　　586 页。
〔3〕　如钱穆先生言宋之时自中央以至地方,政治体制皆大有问题。如其中央,宰相只管行政,
　　　而军事由枢密院管,此军权与行政权之分;又财政之权,由三司所掌控,司本是部之下属
　　　机构,却管摄国家财政大权;关于人事权,又另设考课院,即审官院,决定人事任用,宰相
　　　无权过问。钱穆:《中国历代政治得失》,三联书店 2001 年版,第 46 页。

程朱皆有理清官制的想法。就朱子而言,大要包括两点:一是崇尚周公所立六官制度[1],并由此六官兼任三公之职。其次,朱子对《唐六典》言官制比较认可,多有效法之意。比如朱子言"《唐六典》载东宫官制甚详",故《戊申封事》中朱子即取法此制以改易其时东宫之制。此两点内容皆是涉及皇纲大政的制度,除此之外,朱子亦会对一些具体的地方官制进行重新设计,比如主张借鉴汉代刺史制度,把宋诸路监司改易为按察使,在其下设置判官,按察使总领判官,但同时判官亦一定程度分按察使之权等。[2]

顺天时以制事,即是历法制度。夏、商、周三代的历法皆是顺天时而制定,皆得时之正。古代天子颁布政令必当依照历法,政令在于驱民作事,因此,民众按照天子颁布的政令行事即得以顺应阴阳变化之道。但历法除了"顺天时"的一面,还包括了"制人事"一面。朱子注《论语》"颜渊问为邦"一章中解释"行夏之时"言"时以作事,则岁月自当以人为纪"、"盖取其时之正与其令之善"。其意即是说历法的意义在于驱民作事,故当以人为纪。而比起商以地正和周以天正来,夏时除了顺天时外,同时又回归到人的立场,以人为正,此其意义就在于强调人能按照历法作事而使事情得以顺遂。因此,只有夏时兼顾了天时与制事两面,所以"顺天时以制事"也即是指"行夏之时"的制度,而既然一切政令皆依于历法而行,故此制实为一切政令之基础。

以上所述三法皆为治法之中作为骨干的法度,其地位关系整个政治秩序的建立、运作。除这一类法之外,程子又言"创制立度,以尽天下之事"之法,对于这一类法虽未曾举例,但其性质在于"尽天下之事"者,

---

[1]　具体六官包括天官冢宰、地官司徒、春官宗伯、夏官司马、秋官司寇、冬官司空。其具体职分是"冢宰掌邦治,统百官,均四海。司徒掌邦教,敷五典,扰兆民。宗伯掌邦礼,治神人,和上下。司马掌邦政,统六帅,平邦国。司寇掌邦禁,诘奸慝,刑暴乱。司空掌邦土,居四民,时地利"。见孔安国传、孔颖达疏:《尚书正义》,北京大学出版社 2000 年版,第 570 页。

[2]　以上内容参见《朱子语类》卷一一二,《朱子全书》第 18 册,上海古籍出版社、安徽教育出版社 2002 年版,第 3570、3575、3576、3579 页。

故这一类法实是因事制宜所创建之法。就朱子而言,如与他人共同创建之社仓法亦及《戊申封事》中所论述的屯田之法皆属于此类法。另外,朱子在治道与治法两卷外增添政事一卷,其意思并不是认为程子所言治道与治法二分作为客观的政治架构有所不足,需要增添为三分。在朱子看来治道与治法已经完整表达了对政治结构的认识,故言"治天下固不外此两端"。朱子增加的政事一卷涉及的问题是儒者临官处事之方,此则是属于在明于治道、通于治法之下,在现实政治生活中依照治法如何兑现治道的问题。因此,这并不是政治架构的问题,而是类似于今天政治技艺的问题。

总而言之,治道与治法作为治天下之两端,言两端则是一体之两端,因此二者同属一体而不可分离,既不可单言治道而忽视治法,更不可只有治法而无治道。且言两端则存在一头一尾,亦如树木之有本有末,故治道与治法又有先后本末之别。那么二者具体关系如何? 本文以下分述之。

二、正君心为治道之本

朱子曾说:

> 凡事须看透背后去。因举掌云:且如这一事,见得这一面是如此,便须看透那手背后去方得。如国手下棋一着,便见得数十着以后之着。若只看这一面如何见得那事几,更说甚治道。[1]

可见朱子认为,讨论治道必当深达于治道的根本,否则不足以言治道。而关于治道根本的思考,朱子有一个层层转进深入的过程,如其言曰

---

〔1〕《朱子语类》卷一〇九,《朱子全书》第 17 册,上海古籍出版社、安徽教育出版社 2002 年版,第 3535 页。

"臣尝谓天下国家之大务莫大于恤民,而恤民之实在省赋,省赋之实在治军。若夫治军省赋以为恤民之本,则又在夫人君正其心术以立纪纲而已矣"。[1]既然正君心为治道之本,而君又处于至高之地位,那么,一方面只能基于圣教与王道对君提出修身的要求,另一方面也必然需要为正君心提供制度上的保障。本节拟通过对朱子上书皇帝的几篇封事的分析来看朱子如何基于其理学而论治道之要,至于为正君心而应当设立的制度上的保障,则放在下一节朱子论治法的部分讨论。

对于上书皇帝的封事,朱子尝言"臣尝病献言者不惟天下国家之大体,而毛举细故以为忠;听言者不察天下国家之至计,而抉摘隐伏以为明。是以献言虽多而实无所益于人之国,听言虽广而实无以尽天下之美。臣诚不佞,然不敢专以浅意小言仰奉明诏"。[2]因此,朱子认为上书封事所应当言的内容即是政治之中最为核心的治道问题。朱子所写几篇封事相隔的年代较长,每篇封事面临的政治情势自然也就不同,因此封事在论时事时会呈现出不同的关切[3],但所有封事一贯不变的主题就是对治道根本的强调。

1. 从格物致知到正心诚意

通过比较前后几篇封事和奏劄,我们可以发现朱子虽然一贯是在强调君心是天下之大本,但其中仍然存在变化。首先,早期朱子在强调君心为大本时,更多的是以经典为依据展开论述。而到了后期,随着政治实践经验的不断积累,朱子能够愈加紧密地关联于现实政治,分析说明为何君心是天下之大本。此一点最鲜明的表现在《戊申封事》中,朱子指出了切中时弊的六大急务,并一一就具体的急务之中,随事阐明为何君心是天下之大本。君心的意义不为虚蹈迂腐之言,因此朱子之言论才能起到"格君心之非"的作用。

---

[1][2]《庚子应诏封事》,《朱子全书》第 20 册,上海古籍出版社、安徽教育出版社 2002 年版,第 581 页。

[3]　如《壬午应诏封事》时期朱子力主恢复,而写《戊申封事》时则反对急于北伐。

其次,在早期的《壬午应诏封事》中,朱子强调君心为大本是结合帝王之学而讲的,他说:"人君之学与不学、所学之正与不正,在乎方寸之间,而天下国家之治不治,见乎彼者如此其大,所系岂浅浅哉!《易》所谓'差之毫厘,谬以千里',此类之谓也。"这里虽也是认为人君方寸之间与天下国家关系重大,但朱子格外强调的是帝王当从事格物致知之学。关于这一点,朱子在写完《壬午应诏封事》的第二年上的《癸未垂拱奏札一》中,体现得最为明显。其言:

> 臣闻大学之道,"自天子以至于庶人,壹是皆以修身为本"。而家之所以齐,国之所以治,天下之所以平,莫不由是出焉。然身不可以徒修也,深探其本,则在乎格物以致其知而已。[1]

朱子指出了大学之道以修身为本,然进而又认为若深探其本,本之又本,则在于格物致知,此自然是朱子工夫论在政治实践上的应用。在《壬午应诏封事》中,朱子明确解释了格物致知之于正君心的重要意义:

> 必将格物致知以极夫事物之变,使事物之过乎前者,义理所存,纤微毕照,瞭然乎心目之间,不容毫发之隐,则自然意诚心正,而所以应天下之务者,若数一二,辨黑白矣。[2]

朱子认为,人君处于政治体系中最高地位,须要处理关系国家命脉的大事,也就是要"应天下之务",则必须明辨事物之理,而格物致知,正是明辨事物之理所必由之路。此处朱子认为格物致知自然达成意诚心正,可见其强调的重点在于格物致知。

---

[1] 《癸未垂拱奏札一》,《朱子全书》第 20 册,上海古籍出版社、安徽教育出版社 2002 年版,第 631 页。

[2] 《壬午应诏封事》,《朱子全书》第 20 册,第 572 页。

在朱子中后期上书的《庚子应诏封事》，对于治道之本的看法出现了新的变化，即以正心诚意为治天下之本："臣昨蒙赐对，面奉玉音，治天下当以正心诚意为本，常窃仰叹圣学高明、深达治本如此，天下安得不治？"〔1〕这个新的变化在朱子上书《戊申封事》时期则更加清晰地确定下来，写《戊申封事》前，曾有人提醒朱子"以'正心诚意'为上所厌闻，戒以勿言者"，朱子曰："吾平生所学，只有此四字，岂可回互而欺吾君乎！"〔2〕由此可见出，此时的朱子对治道之根本的理解，已是将"正心诚意"作为主脑。

通过以上比较，我们发现，在讨论君心为天下之大本这个问题上，朱子几篇封事中存在前后之不同，前面把"格物致知"强调为根本，而后期明确以"正心诚意"为根本。既然格物致知与正心诚意都是《大学》教法中修身的要义，那么，朱子论治道之本的前后变化就表现出明显的连续性。因此，对于这个变化究竟有何意义，仍应当放在这种连续性中加以理解。

《戊申封事》中朱子言：

> 臣之辄以陛下之心为天下之大本者，何也？天下之事千变万化，其端无穷而无一不本于人主之心者，此自然之理也。故人主之心正，则天下之事无一不出于正；人主之心不正，则天下之事无一得由于正。〔3〕

这里朱子特别强调了君心作为天下之事的端始的重要性。一件事情可以大致区分为端始、发展的过程以及最终结果三个阶段。天下事情是千变万化的，其发生的端始亦是无穷的，但所有事情的端始皆本于

〔1〕《庚子应诏封事》，《朱子全书》第20册，上海古籍出版社、安徽教育出版社2002年版，第588页。
〔2〕《宋元学案·晦庵学案》第2册，中华书局2013年版，第1498页。
〔3〕《戊申封事》，《朱子全书》第20册，第590—591页。

人主之心。人主之心正，则事情的端始无不得其正。这里君主之心与天下事的关联发生在君心与天下事情的端始之间，君心正能够保证的是天下之事开端出于正。君心与天下事的关联譬如在一人之身其本心与心所发四端的关系。因此，我们大致可以推说朱子之意会认可君主非仅以一己之身为身，而是以天下为己身，君与天下是一体同构的关系。

在《壬午应诏封事》中，朱子对于君心与天下之事的关联方式的理解与刻画侧重在人君处理具体政务的行政层面。相比之下，《戊申封事》中理解和刻画君心与天下事的关联方式则转到了君心为天下之事之大本这一点上。就行政层面而言，人君明辨事物之理当然具有直接的重要性，故而格物致知被赋予相当的意义；但就政教治理而言，人君的意义可能不只是、甚至主要不是行政，而是作为引发诸事之端倪的"大本"而发挥其意义。这可能是朱子论治道之本的前后变化所隐含的一个意思。在此我们当然不能作过度推理，认为朱子论治道之本的前后变化意味着他对于君主与士大夫官僚体系的政教职能的理解发生了根本性的变化，但其中倾向性的变化也是显然的。为了更清晰地定位这种倾向性的变化，我们简要刻画处于这种变化的两端：其中一端是，人君作为实质的政教元首和行政长官而发挥作用，不仅在重大问题上作出决断，而且也是处理各种具体政务的主角；另一端则是，人君把具体政务交给官僚体系处理，而只保留其作为政教元首的象征身份而发挥作用。[1]后期朱子的思想当然没有转变到后一端，但这种倾向性的变化还是说明朱子不同时期理解人君与士大夫官僚体系的政教职能上发生的变化。

朱子论治道之本从格物致知转到正心诚意，还有一个重要关切，即只讲格物致知，不讲正心诚意，难以区别王霸。质言之，霸者往往亦有没有格物致知之功，但霸者必定有缺于正心诚意。固然，我们可以说霸

----

〔1〕 后一端发展的极致就是虚君。

者并不一定会尊《大学》八条目之教,自觉做"格物致知"的工夫,但是,不得不承认霸者实际上也会从事于对天下事务的分析判断,而且其分析所得的认识,朱子多有认可。比如管仲,朱子认为"管仲资禀极高,故见得天下利害都明白",再如汉高祖、唐太宗,朱子言"秦以苛虐亡,故高祖不得不宽大;隋以拒谏失国,故太宗不得不听人言。皆是他天资高,见得利害分明"[1]在朱子与陈亮的书信辩论中,朱子也认为霸者能够暗合道理,故他们的"格物致知"之功,并非不深、不勤。因此,霸者的问题在格物致知上并不一定有明显表现。仍以管仲为例,朱子依据经典批评管仲之"器小"(《论语·八佾》)时说:"其不知圣贤大学之道,故局量褊浅、规模卑狭,不能正身修德以致主于王道。"[2]局量褊浅,即是指霸者之本领不够开阔宏大,亦即无正心诚意之学以立本,而不免有利欲之私;规模卑狭则是"无古之欲明明德于天下者"之规模而只成"一匡天下,九合诸侯"之事。此二者方为霸者最大的症结,而在"正心诚意"这一工夫环节上表露无遗。

在《大学》中,"格物致知"固然是八条目之首,是大学之始教。然按八条目之次序言,则必心先有所欲,行乃有所施。故经文言"欲明明德于天下者",即为学者确立了为学之规模,也明定了为学之志向;又言"壹是皆以修身为本",则是为学者确立了成就此规模的立本之处。正心诚意之功,正是正身修德就地下工夫处,故朱子言:"诚其意者,自修之首也";又言:"心者,身之所主也";又言:"此心常存而身无不修也"。基于正心诚意之要,乃有"欲诚其意者,先致其知,致知在格物"之事,此则是就学者用力下工夫之先端、大端而言。如果先不分明言出大学之道之规模与根本,而只是强调格物致知,则仍是不明工夫次第的意义所在。若如霸者,其格致之事因无正心诚意之功,其所格、所知的只是资

─────────────

[1]《朱子语类》卷二五,《朱子全书》第14册,上海古籍出版社、安徽教育出版社2002年版,第912页。

[2]《四书章句集注》,《朱子全书》第6册,第90页。

其假仁假义,致富强之术而已。由此亦可见,朱子论治道之本从"格物致知"转到以"正心诚意",与程子以治身齐家为治道之本,一脉相承而更为具体。

因此,朱子明确以"正心诚意"论治道之本,其背后深意正在于区分王霸。但这个认识亦非朱子首创,而是由伊川程子发明在前。其实亦不止是伊川,周子、明道亦持类似看法,如周子言:"治天下有本,身之谓也;治天下有则,家之谓也。本必端,端本,诚心而已矣。"明道言:"诚心而王,则王矣。假之而伯,则伯矣。二者其道不同,在审其初而已。"〔1〕此二说,都把治道之本落实在诚心上面,更能坐实朱子以正心诚意为治道之本,其来有自。〔2〕

2. 势与观感

前面引文中明确了君心为天下之大本的认识,进一步,朱子又阐释了原因何在:

> 盖不惟其赏之所劝、刑之所威,各随所向,势有不能已者,而其观感之间,风动神速,又有甚焉。是以人主以眇然之身,居深宫之中,其心之邪正,若不可得而窥者,而其符验之著于外者,常若十目所视、十手所指而不可掩。〔3〕

这段话中,朱子指出人君之心之所以为天下之大本,关键在于"势"和"观感"两个机制因素造成。

先就势而言,在《壬午应诏封事》中,朱子曰:

> 臣闻召公之戒成王曰:"若生子,罔不在厥初生,自贻哲命。"孟子之

---

〔1〕 二说见朱子、吕东莱纂、张京华辑校《近思录集释》,岳麓书社 2010 年版,第 640、645 页。

〔2〕 参见王船山:《读四书大全说》,中华书局 2011 年版,第 228—230 页。

〔3〕 《戊申封事》,《朱子全书》第 20 册,上海古籍出版社、安徽教育出版社 2002 年版,第 591 页。

言亦曰："虽有智慧，不如乘势。"方今天命之眷顾方新，人心之蕲向
方切，此亦陛下端本正始、自贻哲命之时，因时顺理、乘势有为之
会也。[1]

论势只有轻重之别[2]，势必趋于重而无均衡之势可立。人能乘其势之
所趋向，则易为也。孝宗皇帝即位之初，天命眷顾方新，人心蕲向方切，
此即大势所向。此时孝宗欲有为则易为也，故朱子企盼孝宗能抓住时
机，为政能端本正始，因时顺理，则将使天下趋于善治之地。这种"势"
具有时机性，因而称为"时势"。到了朱子写《戊申封事》时期，已经不具
备这种时势了，朱子此时所言之势则是由君主自身赏罚所造就之势，这
种势依托于政治纲纪造就的从中央到地方的等级形势，如前引朱子之
言"若乃乡总于县，县总于州，州总于诸路，诸路总于台省，台省总于宰
相，而宰相兼统众职，以与天子相可否而出政令，此则天下之纲纪
也"。[3] 势之影响必从最高位的君主作为开端，而最终至于对天下百
姓之影响，故可称为"位势"。

君主的赏罚有时看似只是针对身边的一件具体细事，但其赏罚形
成的势之趋向却影响至深至远。朱子在《戊申封事》中所陈六大急务：
"辅翼太子、选任大臣、振举纲维、变化风俗、爱养民力、修明军政"。此
六事皆为当时时政要害却又存在严重问题，而君主赏罚不当造成的势
之不能已正是产生问题的重要原因，《戊申封事》中朱子结合时事清晰
展现了这个过程。

首先，因为皇帝一念之私而欲选取无所害自己私欲之人而为宰相，
故不选刚明公正之人为辅相，而任用至庸极陋之人。此种人为辅相才

<hr />

[1]《朱子全书》第 20 册，上海古籍出版社、安徽教育出版社 2002 年版，第 571 页。

[2] 周子《通书·势第二十七》："天下，势而已矣。势，轻重也。"见《周敦颐集》，中华书局 2016
年版，第 34 页。

[3]《庚子应诏封事》，《朱子全书》第 20 册，上海古籍出版社、安徽教育出版社 2002 年版，第
586 页。

能低劣，自任又轻，故绝不可能辅圣德、修朝政而振纲纪。相反，其人畏忠言之悟主以发其奸，故塞贤路，蔽主心，因此往往是培植党羽、纳贿赂，选用与其同类之人而为官，从而使得整个朝政不得贤才而属任之。朝廷之臣选用不当，进一步则是地方上，监司、郡守多不得其人，贤者往往反遭斥逐。地方长官不得其人，则民之利不兴、害不除则又使民受其害。

其次，盖皇帝因一念之私而对于左右便辟之私，恩遇过当。左右之人立门庭，招权势于外。其与朝中贵将勾结，使地方庸夫走卒得以为军中将领。凡俗之人为将帅，军政必不知修，而惟以剥削士兵，贿赂近习以图进用。进一步，将帅不得其人，不能兴屯田之利，导致国家又耗费巨大物资人力用于军队开支，而这些开支又只能通过攫取百姓之利而获得，所以又使民益困顿。

再次，自法的角度而言，君主为满足一己之私欲而不肯输出内帑以归版曹，徒使版曹经费阙乏日甚，督趣日峻，以至废去祖宗以来破分良法，而必以十分登足为限。又以此为考核监司郡守政绩的标准以诱胁官员，致使监司郡守不复问其政教设施之得失，不必留心民事，而惟务催督财赋，此民力之所以为重困之本。

以上是就势而言。除此之外，朱子认为君心对于天下的影响，又有比势的影响更迅捷的，此即自观感方面而言，其影响"风动神速，又有甚焉"。[1]观感之义，实为古代儒家政教之要义。如《论语·子张》言："夫子之得邦家者，所谓立之斯立，道之斯行，绥之斯来，动之斯和。"《孟子·尽心上》言："夫君子所过者化，所存者神，上下与天地同流，岂曰小

---

〔1〕 钱穆先生将观感这一面的效应命名为政治家的风度。其言"'风'者乃指一种'风力'，'度'者则指一种'格度'。风力者，如风之遇物，披拂感动，当者皆靡。格度则如寸矩尺规，万物不齐，得之为检校而自归于齐"。又言："其本源所自，则在此政治家之精神与内心。其德性之所发露，学养之所辉照，断断非凭藉地位权力以争显其才能功绩者于一时者所能相提并论。"钱穆先生之论十分精彩，可参看。见其所著《政治家与政治风度》，载《政学私言》，《钱宾四先生全集》第40集，台湾联经出版社1998年版，第259页。

补之哉?"《中庸·第三十三章》言:"是故君子不赏而民劝,不怒而民威于鈇钺。《诗》曰:'不显惟德! 百辟其刑之。'是故君子笃恭而天下平。"皆无不是在言观感效应。此先秦论治道之古义又为宋儒明道先生身履之,故伊川《明道先生行状》言:"先生所为纲条法度,人可效而为也。至其道之而从,动之而和,不求物而物应,未施信而民信,则人不可及也。"

《戊申封事》中朱子从负面对观感效应进行了论述,主要是在士风方面。朱子认为因君心一念之间未能去其私邪之蔽,是以朝廷之上忠邪杂进、刑赏不分。朱子举例言"且如顷年方伯连帅,尝以有赃汙不法闻者,鞫治未竟,而已有与郡之命。及台臣有言,则遂与之祠禄,而理为自陈。至于其所藏匿作过之人,则又不复逮捕付狱,名为降官,而实以解散其事。"[1]即此可见皇帝赏罚不当之处。而此看似是小事,然朱子曰:"不知其败坏纲纪,使中外闻之,腹非巷议,皆有轻侮朝廷之心,奸赃之吏,则皆鼓舞相贺,不复畏陛下之法令。"[2]由此可见,这种赏罚不当造成的影响,自势而观之则人君赏罚之威势不立,皆有轻侮朝廷之心。自观感而言,赏罚不均根本是因为君主好善之心不著,疾恶之意不深。而天下士人见君主之赏罚如此,故以此为事理之当然而志趣卑污、廉耻废坏,不思有以振厉矫革。朱子对当时士风严厉批判曰:"大率习为软美之态、依阿之言,而以不分是非、不辨曲直为得计。下之事上,固不敢少忤其意;上之御下,亦不敢稍咈其情。惟其私意之所在,则千途万辙,经营计较,必得而后已。"[3]无复有廉耻,不复知有忠义名节之可贵。

观感效应亦可自积极正大一面见之,在《皇极辨》中,朱子说:

　　既居天下之至中,则必有天下之纯德而后可以立至极之标准,故必顺五行、敬五事以修其身,厚八政、协五纪以齐其政,然后至极之标

---

〔1〕〔2〕《戊申封事》,《朱子全书》第20册,上海古籍出版社、安徽教育出版社2002年版,第601页。

〔3〕 同上书,第603页。

> 准卓然有以立乎天下之至中,使夫面内而环观者莫不于是而取则
> 焉:语其仁则极天下之仁,而天下之为仁者莫能加也;语其孝则极
> 天下之孝,而天下之为孝者莫能尚也,是则所谓皇极者也。[1]

君主既居天下之至中,有天下之纯德,则可以立至极之标准。至极之标
准亦即:语其仁则极天下之仁,而天下之为仁者莫能加也;语其孝则极
天下之孝,而天下之为孝者莫能尚也。人君立极即为天下立一个准则
标准,则使天下之人莫不于是而取则焉。其影响则至于:

> 无偏无陂,遵王之义。无有作好,遵王之道。无有作恶,遵王之路。
> 无偏无党,王道荡荡。无党无偏,王道平平。无反无侧,王道正直。
> 会其有极,归其有极。[2]

朱子言:"盖偏陂好恶者,己私之生于心者也;偏党反侧者,己私之见于
事者也。王之义、王之道、王之路,上之化也,所谓皇极者也。遵义、遵
道、遵路,方会其极也。荡荡、平平、正直,则已归于极矣。"[3]民众盖因
遵王,从王之化故能够无偏陂好恶、偏党反侧之私,而会归于皇极也。
　　观感的发生其本质上是超越政治的,在人间任何领域皆可形成观
感,比如朋友之间讲习亦可"相观而善"。而在治道之中言观感,则主要
指在下位之民众对于在上位之君主或为政者所作所为之观而后感。如
《大学》引《诗》之言"节彼南山,维石岩岩。赫赫师尹,民具尔瞻"。此即
表明在上者以其所在之位而为人所瞻仰。如前所言正反两面的影响可
见,观感实是一种客观的机制,不只善可感,恶亦可感,根据在上位者是
否有德而形成正反不同的影响。

---

〔1〕《皇极辨》,《朱子全书》第 24 册,上海古籍出版社、安徽教育出版社 2002 年版,第 3454 页。
〔2〕〔3〕　同上书,第 3456 页。

　　然儒家言观感效验,主要还是要达成其正面的影响,此因儒家重视以德化民之意。自德化而言观感,其依据在于人本心之好善恶恶之秉彝。如前所言,此本心实为人人同得之物。然民众虽有之,而因其有气质、习染之蔽,不能天然即自觉到固有之本心,此则有赖于君。朱子言:"人之所以为心者,虽曰未尝不同,然贵贱殊势,贤愚异禀,苟非在上之君子真知实蹈有以倡之,则下之有是心者,亦无所感而兴起矣。"〔1〕上下位之间贵贱殊势,在上位者若能恢复其本心而有德行则使人兴发向善之意。而君主身履至尊之位,居天下之至中,民皆瞻望之,故其德之流行散播,至为广大深远。因为德化的发生,根本而言是民众有感于人君之德而自兴、自省、自修己德,因此,通过德化而确立的君民关系,既是民众归心于君主,同时又是民众自修己德。

　　但达成观感效应既不是说君主只是拱手默坐,也不是说一定需要民众亲眼见到人君的动作威仪才可能实现,如前所引《戊申封事》中在君主赏之所劝,刑之所威过程中即可形成观感。因此,观感实际上是民众通过观君主所施的政治举措而达成。朱子曰:

> 为政以德,不是欲以德去为政,但修德在己而人自感化。亦不是块然全无所作为,盖政者,所以正人之不正,岂无所作为。然感化不在政事上,却在德上。但人所以归往,乃以其德耳,故不待作为而天下归之,如众星之拱北极也。〔2〕

这段话意思丰富,通过分析我们能够认识到观感与政事之间的关联。首先,君主务于修身养德并不是为了以此德去教化民众,只是自修德于己,而民众因君之德而自能感化。其次,君主虽不以德去为政,但君主

---

〔1〕《大学或问》,《朱子全书》第6册,上海古籍出版社、安徽教育出版社2002年版,第539页。
〔2〕《朱子语类》卷23,《朱子全书》第14册,第788页。

亦欲求正人之所不正,此则有赖于君主必须基于其自身之德而推施出赏罚、立法等具体的政治举措,使民能由此法度,顺其赏罚而行。然而,如果君主不曾务修己德,而欲通过政治举措以正人之不正,则民众不从其令,反从其好,此所以为政又须是以德为根本。君主有德而民众正是通过观君主之政治举措而有感于人君之德行,因此,民众好是懿德而兴起好善恶恶之心。最后,君主基于民众兴起的善心,而又能务于修举政事以正人之所不正,民最终能从君之化。

　　这里所讲的政治举措包含了治法在内,而观感效应实质就是治道达成过程中蕴含的机制。必有赖于君主之有德,民有感于君主之德才会真正服从君之政教法令,此亦即先有治道再有治法。同时,既然观感效应的达成离不开实际的政治举措,因此治道的实现本身也离不开治法,正如胡敬斋所言:"为治须要有本末,德具于己,人自感化,此本也。修政立事,处置得宜,末也。本正则末易施,末修则本益厚。然末出于本,非两事也。"[1]

三、治法当以治道为本

1. 对有治法无治道的批评

　　朱子论治法基于儒家一贯言政必归于教化之义,首先反对一种脱离了治道的治法。《论语·为政》记载孔子说:"道之以政,齐之以刑,民免而无耻。道之以德,齐之以礼,有耻且格。"对此,朱子注曰:

　　道,犹引导,谓先之也。政,谓法制禁令也。齐,所以一之也。道之而不从者,有刑以一之也。免而无耻,谓苟免刑罚而无所羞愧,盖

---

〔1〕　胡居仁:《居业录》卷八,文渊阁四库全书电子版。

虽不敢为恶,而为恶之心未尝亡也。[1]

朱子认为,在一种单纯依靠治法的治理之中,往往是以政制法度为先导,民众受法度的规定驱使,或者受法度中设计的利欲诱导,从而趋从于制度之导向。如果这当中存在有不顺从政制法度之民,则又有刑罚以整齐之,使"强梗者不得以贼善良而奸慝者不得以败伦理"。在这种治理之下民众因为守法,也一定程度能够建立起稳定的秩序。但这种秩序建立的最终保证既然在于刑罚,故其刑罚大致也不会宽松,而容易流向如申、韩之酷法,使民众在严刑峻法之下不敢为恶。

若是处在专门依靠"政刑"的治理思路之下,民众不敢为恶只是求免于刑罚,而并不是因为内心的愧耻。因此,民众为恶之心未尝真正消失。如果专靠法度约束人,而忽视教育对人作恶之心的化解,首先从效果一方面来说,其建立的稳定秩序只是短暂、脆弱的。朱子《论孟精义》集范氏之说言"无耻,则无所不至,犯上作乱者有之矣,刑政之不足恃也如此"。[2]因此,若仅有法度约束人,则人之心智终不为法束缚,必旁邪轶出,阴柔者则流为遂私情而钻法之漏洞或行违法之事,强悍者则或至于犯上作乱。

其次,另一方面,也是更为重要的,为政者不施政教以帮助民众豁醒其愧耻之心,则民众不能自觉其本心本性。此本心本性乃人之真正主体性所在,民众对此不能自觉,即失去了其真正的主体性而不能挺立自我。因此,民众在政刑的管制下,看似是主动地趋从于法,其实因无真实的心性为保证,故仍然是苟且、偶然的选择,只不过是"苟免于政刑之奴隶"而已。[3]

这种单纯依靠政刑的治理,法家固然属于其中,而三代以后的霸者

---

〔1〕《论语集注》,《朱子全书》第6册,上海古籍出版社、安徽教育出版社2002年版,第75页。
〔2〕《论孟精义》,《朱子全书》第5册,上海古籍出版社、安徽教育出版社2002年版,第66页。
〔3〕 丁纪:《论语读诠》,巴蜀书社2005年版,第32页。

之治也包括在内,故朱子言"专用政刑,只是霸者事"。有学生对此表示疑问说:"桓、文亦须有德、礼,如《左传》所云。"朱子回答说:

> 它只是借德、礼之名出做事,如大蒐以示之礼,伐原以示之信,出定襄王以示之义。它那曾有躬行德礼之实?这正是有所为而为之也。圣人是见得自家合着恁地躬行,那待临时去做些。[1]

由此我们可以看到,霸者虽然并不会只是简单地使用政、刑,亦要依靠德、礼治国。但实际上,其德与礼只是统治者的策略,是一种名义上的假借,统治者并无躬行之实。这种名义上的德、礼与实际的刑、政杂用的思路,在朱子看来本质上仍然是一种政、刑的思路。

既然德与礼是更好的治理道路,为何历代的统治者仍然要依靠政与刑管理国家?而且霸者借用德与礼治国,说明亦是知晓德与礼在治理之中的意义的,那为什么也不能走出"假仁义"的窠臼呢?关键问题如朱子所言在于霸者"有所为而为之",其真正的目的是欲以一己之私心管控天下。这一点被明道先生深刻地指出来即"后世只是以法把持天下","把持"二字道出了统治者只是单纯依靠治法的根本原因,即以天下为一家一己之私产。关联于我们这里讨论的问题,就是只重治法不重治道。

既然治道是由君主之正心推扩向外,经齐家、治国而至于使天下人之心正,那么治道主要指向的是政治之中人这一方面的因素,相比之下,治法则显然体现的是政治中法一面的因素。后世人君不敢任人而任之以法[2],其实也就是只有治法而无治道。既然有治法而无治道的

---

[1] 《朱子语类》卷二十三,《朱子全书》第 14 册,上海古籍出版社、安徽教育出版社 2002 年版,第 809 页。
[2] 徐复观先生对统治者的这一心理作了生动刻画:"人君以一己才智之小,而面对天下之大,好像一个单人拿着火把进入一大原始森林之中,必因内心的疑惧而流于猜忌。猜忌者不敢任人,尤不敢任将。"参见氏著《学术与政治之间》,学生书局 1985 年版,第 107 页。

根本原因在于君心之私，所以朱子深探治道之本，认为君主必当有公天下之心，故其在《戊申封事》中言：

> 私之得名，何为也哉？据己分之所独有，而不得以通乎其外之称也。故自匹夫而言，则以一家为私，而不得以通乎其乡；自乡人而言，则以一乡为私，而不得以通乎其国；自诸侯而言，则以一国为私，而不得以通乎天下；至于天子，则际天之所覆，极地之所载，莫非己分之所有，而无外之不通矣，又何以私为哉？[1]

朱子这里以一种巧妙的方式，论证了君主必当以大公无私之心处天下之事。不同的人可能各有其私，然而这种私并不是指人之私心私欲而是指人各有其相应之位分。人之位分，虽然是己之私，但若能尽其当然之职分，则虽私亦公。而君主之位分又不同，天下莫非君之分内所有，所以正如前文提到的君主实质是以天下为一己之身，君与天下即一体同构的关系。此在古圣王身上体现最为明显，如舜作为君主，虽非亲身任师之职，然其命契为司徒"敬敷五教，在宽"而天下教化大兴，则舜作为师之功又孰大于此？又如汤言"万方有罪，罪在朕躬"，万民之罪，虽民自为之，然汤以一人之身担负天下万民之罪，其意正是以为民之有罪，皆是君之政教之失所造成。

　　由此可见，君主当秉持大公之心，而以天下之善恶为自己之善恶。而欲大有为之君，不必事事躬亲，显一己之能于政事之间，而是敬畏天下之为客观之大物，设官分职，尊贤使能以任天下之事。朱子通过强调君心的重要性，以扭转光有治法而无治道的局面，只有君心作为治道之端始得其正，才能推动因仅有治法而缺失的教化大业得以真正的开展。

---

[1] 《戊申封事》，《朱子全书》第 20 册，上海古籍出版社、安徽教育出版社 2002 年版，第 595 页。

2. 本于治道而开出治法

治道即大学之道,创自上古圣王,治法亦来自圣王之制作。本于治道而开出治法,实际上同归于圣王之政教典范。朱子有《舜典象刑说》一文,系依据《尚书》中有关记载来说明"圣人制刑之意",从中亦可窥见其本于治道而开出治法思想之一面。以下略作分析。

首先可以看到,朱子一上来并没有直接论及刑法,而是先从圣人之心论起:

> 圣人之心未感于物,其体广大而虚明,绝无毫发偏倚,所谓"天下之大本"者也。及其感于物也,则喜怒哀乐之用各随所感而应之,无一不中节者,所谓"天下之达道"也。盖自本体而言,如镜之未有所照,则虚而已矣;如衡之未有所加,则平而已矣。至语其用,则以其至虚,而好丑无所遁其形;以其至平,而轻重不能违其则。此所以致其中和,而天地位,万物育,虽以天下之大,而举不出乎吾心造化之中也。[1]

不难看出,朱子基于《中庸》所揭示的"大本"与"达道"而论圣人之心,具有明显的工夫论意味。圣人之心有体有用,其未感于物,则本体广大虚明,中立不倚,为"天下之大本",待其感于物而动,则发为喜怒哀乐之用,其所发之情无不中节,即"天下之达道"。达到致中和之境意味着圣人之心鉴空衡平,对于善恶美丑的分判历历分明,其措置才能轻重得宜、恰如其分,这是圣人制作的基础。凭借此基础圣人"继之以不忍人之政,而仁覆天下也"(《孟子·离娄上》),刑法即是不忍人之政之一端,朱子以圣人之欲恶赏罚言之:

---

[1]《舜典象刑说》,《朱子全书》第 23 册,上海古籍出版社、安徽教育出版社 2002 年版,第 3258 页。

以此而论,则知圣人之于天下,其所以为庆赏威刑之具者,莫不各有所由。……虽然,喜而赏者,阳也,圣人之所欲也;怒而刑者,阴也,圣人之所恶也。是以圣人之心,虽曰至虚至平,无所偏倚,而于此二者之间,其所以处之者,亦不能无小不同者。故其言又曰"罪疑惟轻,功疑惟重。"此则圣人之微意也。[1]

刑法之中有"罪疑惟轻,功疑惟重"的原则,而此原则的制定朱子认为是圣人之心"虽曰至虚至平,无所偏倚"但"喜而赏者,阳也,圣人之所欲也;怒而刑者,阴也,圣人之所恶也"。故在对待罪与功时,圣人有轻重之不同。因为原本圣心一遇事物即能分别善恶美丑,若是遇到善和美之人事时,圣人即生发喜乐的情感而处之以赏,而当遇到恶或丑的人事即生发哀怒之情而处之以罚。但与此同时,圣人之心虽公平正大,中立不倚,但其心并非空无,而实为不忍人之心亦即是好生爱物之仁心,故喜而赏者乃圣人之仁心发露得以顺遂,是圣人之所欲,而怒而刑者虽亦有仁心存于其间,但此仁心非是正面顺遂的发露而是曲折、逆向的呈现为刑罚,故非圣人之所欲。圣人之心有此好恶之不同,故依于此好恶之情在处置功罪之时即有轻重之别。圣人进而依此处置之道而确立为执法原则。所以,圣人在对待不能确定的功和罪之时,确立了"罪疑惟轻,功疑惟重"的原则。

　　至于圣人所立五类刑法,即"象以典刑"、"流宥五刑"、"鞭作官刑"、"扑作教刑"与"金作赎刑",按朱子的看法,也是在作恶事实已经晓然无疑之下,根据作恶情节之轻重而分别设立的不同处罚。除此五类刑法之外,又设立两种法外之意。一是"当不幸而触罪者,则肆而赦之"。二是"有所恃而不改者,则贼而刑之"。此七者即为圣人立刑法之大略,而

---

〔1〕《舜典象刑说》,《朱子全书》第 23 册,上海古籍出版社、安徽教育出版社 2002 年版,第3258 页。

其轻重处罚的判分全依据在圣人之心的鉴空衡平。

　　最后,朱子指出,圣人因其不忍人之仁心而设立刑法,以明德慎刑为基本宗旨,所谓"钦哉钦哉,惟刑之恤"。对圣人"制刑之意"的理解,又可分为三点。首先,圣人不忍人之仁心因对受害者的同情而必对作恶者施以惩罚,故不废刑法。其次,圣人同时也认识到刑罚造成伤害的不可逆性而有畏刑之心,所谓"以不忍之心畏刑之甚",故除了对作恶事实之审查谨慎周详外,惟恐施之不当而有"罪疑惟轻"的立法原则。第三,圣人施刑法,非是如法家之酷吏仅因人违法即冷酷处罚,而是在实施处罚时又必对受刑之人有哀怜之心,矜其不教无知而至于此,也就是说,最终将犯罪的根源归于教化的缺位。

　　总之,朱子此篇论刑法的文章不直接言法度本身,而是自圣人不忍人之仁心起论,正是探本法度之原,表明圣人之创制法度无不本于不忍人之仁心,决非私智之所为,从中我们可以清楚地看到朱子本于治道而开出治法之思想的一个重要侧面。

　　正君心作为治道之根本,那么,除了在对人君提出个人修养上的要求之外,还需要通过制度设置来规范人君的行动,并促进人君恢复自己的本心。朱子对此曾著《天子之礼》一文,以下略加梳理,以见其旨趣。

　　概而言之,朱子此篇大体取法于《周礼》,而又博引传、子之书的内容,可以说是无一字无来历。首先,朱子说:

> 天子之礼,至尊无上,其居处则内有六寝六宫,外有三朝五门。其嫔御、侍卫、饮食、衣服、货赂之官皆领于冢宰,其冕弁、车旗、宗祝、巫史、卜筮、瞽侑之官皆领于宗伯。[1]

　　"其嫔御、侍卫、饮食、衣服、货赂之官皆领于冢宰",此制出于《周

---

〔1〕《天子之礼》,《朱子全书》第 23 册,上海古籍出版社、安徽教育出版社 2002 年版,第 3364 页。

礼·天官冢宰第一》。冢宰在《周礼》中是天官之长,同时又统领六官,因此这个职务是治国理政之最高行政长官,位极高、权极重。但其职事除了治理朝政外,如朱子所说的一些负责人君生活细事的职务官也属于天官系统,皆由冢宰负责统领。这一个官制设计易令人疑惑,如斯维至即言"曩读《周礼》觉其言冢宰之权能极尊,而细按所属,则凡庖人、官人、世妇、女御等,殆皆王之小臣,可谓头大尾小,殊不相称",但朱子却深识周公制礼之意,故取法于此。[1]具体缘由有两点:

首先,由管理天下的冢宰统领皇帝内府之人,就是使内府外朝化,此一义实极重要。朱子在《戊申封事》中引诸葛孔明《出师表》所言"宫中府中,俱为一体,陟罚臧否,不宜异同"。盖内府是人君亲近之人故易有偏私,恩遇过当,这些人往往假借亲近人君的条件,立门庭,影响天下朝政,朱子上书皇帝的封事几乎都对左右近习影响朝政的问题做了深刻的分析。故内府当与外朝一体,以保证其公正无内外之异。而且,从更积极的意义来看内府的问题,人君作为治道之枢纽影响天下,乃自家之正至于左右之正,从而抵达天下之正。可见内府与外朝在治道历程中并无实质间隔,内府实具有充分的政治意义,是人君推施治道至于天下的起始处,内府得其正,外朝才能得其正。

其次,结合后文朱子言"其侍御仆从罔匪正人,以旦夕承弼厥辟"。可见,朱子认为君王身边的侍御仆从应该皆是由正人担任,朱子此一设计安排实根源自《尚书·囧命》,盖这些官制多被视作卑下之官而不知选择,却不知此左右近习职官常伴君王左右,人主朝夕与居,气体移养,常必由之,若是由正人士大夫担任,则能使君王在潜移默化之中不自觉而归于正。《大戴礼·保傅》言:"夫闻于道术,知义理之指,则教之功也。若夫服习积贯,则左右已。"即指出了君主道义之明固是由教官负

---

[1]　斯维至进而认为此是《周礼》一书伪造,而非周制。见氏著《两周金文所见职官考》,载《中国文化研究汇刊》第7辑。

责,然日常积习以成自然,则非教之所及,而在于左右之人喻之。故此左右之官其意义亦十分重要,由冢宰统领则保证所选为正人。

"其冕弁、车旗、宗祝、巫史、卜筮、瞽侑之官皆领于宗伯",此制出于《周礼·春官宗伯第三》。宗伯是春官系统官长,执掌天下礼事,其地位、职责亦十分重要。这里提到的职官看似亦并不甚重要,何以皆由宗伯统领?以下分两类言之。

第一类是负责人君的冕、弁、车马、王旗的职官,皆由宗伯统领,表明这些事务亦非常重要。孙希旦言:"制度者,宫室、车旗、衣服之等,礼以考而正之,而贵贱辨矣。"[1]冕、弁、车、旗皆是区分上下位分的象征,其意义明道先生言之曰:"古者冠婚丧祭,车服器用,等差分别,莫敢踰僭,故财用易给,而民有恒心。今礼制未修,奢靡相尚,卿大夫之家莫能中礼,而商贩之类或踰王公,礼制不足以检饬人情,名数不足以旌别贵贱,既无定分,则奸诈攘夺,人人求厌其欲而后已,岂有止息者哉?此争乱之道也"[2]其意义如此,故不可忽视。然又必自人君自己能中礼守节而后天下人才会各安其位分,故必由宗伯统领以保证天子之礼处其当。

第二类是宗、祝、巫、史、卜、筮、瞽、侑之官,亦统领于宗伯,其意义如《礼记·礼运》中言:

> 故先王患礼之不达于下也,故祭帝于郊,所以定天位也;祀社于国,所以列地利也;祖庙,所以本仁也;山川,所以傧鬼神也;五祀,所以本事也。故宗祝在庙,三公在朝,三老在学,王前巫而后史,卜筮瞽侑皆在左右。王中心无为也,以守至正。[3]

---

〔1〕 孙希旦:《礼记集解》,中华书局 1989 年版,第 602 页。

〔2〕 《论十事劄子》,《二程集》,中华书局 2012 年版,第 454 页。

〔3〕 孙希旦:《礼记集解》,中华书局 2012 年版,第 615 页。

先王患礼之不达于下，而行礼必自君始，而祭祀作为礼之犹重者，故愈加谨慎。宗、祝、巫、史、卜、筮、瞽、侑，皆是有事于祭祀者：卜、筮负责诹日及尸；瞽，乐工；侑，佐食。祀典既定，上下咸秩，当祭之日，宗、祝于庙中其意义十分重要，与三公在朝，三老在学均其隆重。而巫在王之前以驱除不祥，史在王之后以记王之言动，瞽、侑在王左右以导其中和，这些人环列于人君的前后左右者，皆是为了格君心之非。因此，人君行礼肃穆端敬，以此作则于上，庶几民感于上之所敬修者，潜移默喻，不待告诫而礼能自达于下。由此可见以上职官对于人君以礼治国皆具有十分重要的意义，故《周礼》以宗伯统领，而朱子取法于此。

在说明了冢宰与宗伯应领之官之后，朱子接着论及为天子设立的教化之官：

> 有师以道之教训，有傅以傅其德义，有保以保其身体，有师氏以媺诏之，有保氏以谏其恶。前有疑，后有丞，左有辅，右有弼。其侍御仆从罔匪正人，以旦夕承弼厥辟。出入起居罔有不钦，发号施令罔有不臧。[1]

《尚书·周官》言"立太师、太傅、太保，兹惟三公。论道经邦，燮理阴阳。官不必备，惟其人"。三公作为定制即出于此。朱子对三公职事的说明出处是《大戴礼·保傅》篇。其曰："保，保其身体，傅，傅之德义，师，导之教训，此三公之职也。"朱子认识到师、傅、保的重要性实是继承伊川程子而来。程子曰：

> 自古君守成而致盛治者，莫如周成王。成王之所以成德，由周公之

---

[1]《天子之礼》，《朱子全书》第 23 册，上海古籍出版社、安徽教育出版社 2002 年版，第 3364 页。

辅养。〔1〕

又曰：

> 三代之时，人君必有师、傅、保之官：师，导之教训；傅，傅其德义；保，保其身体。后世作事无本，知求治而不知正君，知规过而不知养德，傅德义之道固已疏矣，保身体之法复无闻焉。〔2〕

程子言师、傅、保之官指出了其重要性。因为三代以后亦非禅让制，而是世袭制，因此人君并不是圣圣相继，那么自圣王开创一代盛世之后，继体守文之君又如何延续其伟业？此则关键在于由三公辅佐人君，保证人君也具有足够的才德，故程子以周成王为例以表明经周公辅佐而得以致盛治。其次，师、傅、保之职事主要是养君之德，而不是规君之恶，重在涵养德性而不是谏其过恶，而且还包括了恢复保养君王身体之职。

除了三公之外，朱子又言师氏、保氏以及四辅之官。师氏、保氏出于《周礼·地官》，二者亦具有教育君主的职责，然其官制级别不高，是作为三公之辅佐共同教育君主。四辅之职其职责主要是当天子在朝堂之上处理政事之时辅佐人君，使人君发号施令罔有不臧。除了教育之官，朱子还为天子设计了自上而下的全方位的谏官体系，以保证人君能及时纠正自己的过错。

有教养、辅佐、谏议之官的设置，意味着一个完备的天子之礼建构起来了。由此，正君心就获得了制度性的保障，再结合前述以正心诚意为根本的修养工夫，圣王之养成就成为可能：

---

〔1〕《论经筵第一劄子》，《二程集》，中华书局 2012 年版，第 537 页。
〔2〕 同上书，第 538 页。

盖所以养之之备至于如此,是以恭己南面,中心无为以守至正,而貌之恭足以作肃,言之从足以作义,视之明足以作哲,听之聪足以作谋,思之睿足以作圣。然后能以八柄驭群臣,八统驭万民,而赏无不庆,刑无不威,远无不至,迩无不服。[1]

在《戊申封事》中,朱子也明确以"古先圣王"为典范说到治道与治法之关系,可与《天子之礼》一文的主要思想互参:

古先圣王兢兢业业,持守此心,虽在纷华波动之中、幽独得肆之地,而所以精之一之,克之复之,如对神明,如临渊谷,未尝敢有须臾之息。然犹恐其隐微之间或有差失而不自知也,是以建师保之官以自开明,列谏诤之职以自规正。而凡其饮食酒浆、衣服次舍、器用财贿,与夫宦官宫妾之政,无一不领域冢宰之官,使其左右前后,一动一静,无不制以有司之法,而无纤芥之隙、瞬息之顷,得以隐其毫发之私。[2]

就是说,古先圣王深明治道之根本,遂兢兢业业持守本心以保证其无不正;然除了自作工夫之外,古先圣王又设置了一套完备的官制,以便从制度上保证后世人君之心能够趋于正;而朱子深识古先圣王立法之意,于是取法于此而设计了一套天子之礼。

四、余论:不法三代皆苟道也

由以上讨论,我们可以看到,治法本于治道而开出,而治道之根本

[1]《天子之礼》,《朱子全书》第 23 册,上海古籍出版社、安徽教育出版社 2002 年版,第3364 页。
[2]《戊申封事》,《朱子全书》第 20 册,上海古籍出版社、安徽教育出版社 2002 年版,第592 页。

又在于正君心,是朱子论治道与治法的核心思想。正君心即是要"致君尧舜上",期望其君之心亦如尧舜之心,由此而能够恢复三代之治。现代学者基于新的处境意识及新的政治观念而对此思想多不甚措意,往往又以程朱企图通过"正君心"以恢复三代治世的思想为"不切实用之高谈"。[1]但是如果我们平心静气地阅读朱子的几篇封事和相关书信奏札,可以看到其实朱子对于当时皇帝的情况、时政局势以及具体政事的处理都是非常了解的,且根据现实提出了一系列切实的解决办法。以《戊申封事》为例,在一开篇,朱子即对于现实政治表达了切实的忧虑:"窃观今日天下之势,如人之有重病,内自心腹,外达四肢,盖无一毛一发不受病者。"[2]就是说,朱子并非一派天真烂漫,不切实际地沉浸在对三代理想的怀思之中,相反,他对现实有着非常冷静的思考。既然如此,朱子为何还要坚持看起来并不那么容易实现的三代理想?

不难看到,三代理想,实际上为历代儒门所坚持。从儒学内部而言,坚持三代理想,就是坚持王霸之辨。这涉及儒门对于政治的基本看法。基于王霸之辨而来的,是一种以圣王政教为典范的历史意识,也是由理学家首次明确说出。理学家的一个基本共识是,以三代对比后世,则后世皆是"架漏牵补",皆是"以法把持天下"。现代学者对此或以乌托邦主义视之,其实大谬。[3]三代理想作为儒门内部都当认可的政教典范,可能为现实政治开出一个批判性的视域,但这并不意味着三代理想只能发挥批判性的功能,也不意味着坚持三代理想的儒者一定流于迂阔。让理想之光照进现实,又以现实的态度看待理想,在这一点上朱子是真正做到了。我们在此引用朱子与弟子的一段对话作为本文的结束:

〔1〕　如萧公权即持这样看法,见其《中国政治思想史》,辽宁教育出版社 2001 年版,第 469 页。

〔2〕　《戊申封事》,《朱子全书》第 20 册,上海古籍出版社、安徽教育出版社 2002 年版,第590 页。

〔3〕　唐文明在《圣王史识中的绝对民主制时代》一文中对此有详细论述,见唐文明:《不绝若线——中国现代思想史检论》,商务印书馆 2019 年版。

问："人臣固当望君以尧、舜,若度其君不足与为善而不之谏,或谓君为中才可以致小康而不足以致大治,或导之以功利而不辅之以仁义,此皆是贼其君否?"曰:"然。人臣之道,但当以极等之事望其君。责他十分事,临了只做得二三分,若只责他二三分,少间做不得一分矣。若论才志之优劣,志趣之高下,固有不同,然吾之所以导之者,则不可问其才志之高下优劣,但当以尧、舜之道望他。如饭必用吃,衣必用著,脾胃壮者吃得来多,弱者吃得来少,然不可不吃那饭也。人君资质纵说卑近不足与有为,然不修身得否? 不讲学得否? 不明德得否? 此皆是必用做底,到得随他资质做得出来,自有高下大小,然不可不如此做也。孔子曰:'敬事而信,节用而爱人,使民以时。'这般言语,是铁定底条法,更改易不得。如此做则成,不如此做则败,岂可谓吾君不能,而遂不以此望之也?"[1]

---

〔1〕《朱子语类》卷五十六,《朱子全书》第 15 册,上海古籍出版社、安徽教育出版社 2002 年版,第 1811 页。

刑德循环论*

——《尚书·吕刑》"惟敬五刑，以成三德"绎解

汪　雄**

周公摄政，告诫子孙要谨遵文王"明德慎罚"的教诲，先明德方能慎罚。文武时期，慎罚省刑以求明德，开创新时代，光耀后世。后世之人，于刑德关系，要么认为二者为配合关系，如鸟之两翼、车之两轮，例如《左传·僖公二十五年》："德以柔中国，刑以威四夷。"要么主张二者为主次关系，如阴为阳之助、夜为昼之辅，例如董仲舒在《春秋繁露·天辨在人》提出"刑者，德之辅"。无论是配合关系、主次关系，还是"明德慎罚"所暗含的先后关系，都不反对德对刑的促进作用。但是，反过来，刑对德起何作用？或只言片语，或避而不谈。

周穆王继位时，建国已百年，穆王穷兵黩武远征犬戎，荒服不至，国道始衰。其时，穆王审时度势，命吕侯制刑，以安四方。穆王晚年耄荒，但不糊涂，犹知以史为鉴，否弃苗民的五虐之刑，效仿神农黄帝上古有

＊　本文系北京市社会科学青年基金项目"清代'祥刑'文献的点校、笺注与思想研究"（项目编号：17FXC029）的阶段性成果。
＊＊　汪雄，首都师范大学政法学院讲师。

德之人制礼作刑。追舜之遗风,听周公教诲,作祥刑,助道化,教民敬德。穆王深知刑残肢体,殒乎性命,四次教导司政典狱审克断狱,训诫叔伯兄弟各地诸侯"惟敬五刑,以成三德"。敬五刑以为一日之用,成三德以立万世之则。立德方为国家之庆、长久之道。从《吕刑》篇中可以发现:刑以成德。可见,刑德关系除了如后世所言的德对刑的单向促进关系外,至少在《吕刑》中明确存在刑对德的成就关系。两种关系合一构成了一个良性循环。

　　单就德对刑的关系而言,学者们思考比较成熟,此非本文重点,本文将重点解读《吕刑》中"惟敬五刑,以成三德"的含义,何谓五刑? 何以敬? 孰知三德? 五刑如何促三德? 在回答这些问题后论证刑德的循环关系。具体而言,第一,钩沉穆王作刑的历史缘由与道德基础,穆王是守先王之德而作刑;第二,训"敬"为"慎"、为"审",训"三德"为正直、刚克、柔克之德;第三,慎刑的三种方式"刑兹无赦"、"赦过宥罪"、"列用中罚"分别成就刚克、柔克、正直之德,是以,敬五刑可成三德;最后结论是:穆王守德而作祥刑,敬刑以成德,后世子孙再守德,然后作刑,最后敬刑成德,此为一个良性循环,在此循环中,百姓免受暴虐之苦,无罪者获释,获罪者如归。

一、守德而作刑

　　为何立法设刑? 按《汉书·刑法志》所言,人天性好群,物资供养匮乏,故起争心,乃制礼以崇敬,作刑以明威,以化民之争心。[1]此观点源自《商君书·开塞》,商君断定"争"乃法律出现之前的社会的必然结果。[2]此非不刑之论,传说黄帝时代,"民不引而来,不推而往,不使而

---

〔1〕　谢瑞智主编:《中国法制史》(历代刑法志),三民书局2008年版,第3页。
〔2〕　张觉校注:《商君书校注》,岳麓书社2006年版,第69页。

成,不禁而止"。〔1〕神农黄帝上古时代,民群居却不争,黄帝以德性化育天下,子民谦让。法律起源于"争"之论断实不准确,毋以后世争乱之世揣度上古淳朴之社会。上古淳朴之社会,纵有法令,也设而不用。"《路史·后纪》云:'神农氏谓政无有弃法而成治,法诚立矣,然则刑罚不施于人而俗善。'是神农时非无制令,特设而不用耳。"〔2〕上古时代,民风淳朴,百姓不争,无需法律,或者有法而不施于人而天下自化。此乃《礼记·乐记》所述之达乐:"暴民不作,诸侯宾服,兵革不试,五刑不用,百姓无患,天子不怒,如此,则乐达矣。"〔3〕但是,乐不长久,后有炎帝侵凌、共工作乱,唐虞之际,放驩兜、窜三苗,是以兵事起、刑罚兴。

可见,刑罚是民风衰败之后的事情,如是,皋陶才说如遇有罪之人,则承天意,制五刑以征讨之。需谨记,五刑非国家第一需求,天秩有礼,最先制定五礼,天命有德,然后制定五服五章,最后才制定五刑。〔4〕制定五刑乃不得已而为之。舜厚行德信,他认为五刑的目的是弼教,以刑止杀实非上策,刑期于无刑,民协于中,这才是立法者的功劳。但是,庄子的理想更高,他以为道德淳朴行于上古,设刑而不用,四民安乐,这才是德之本也。道丧德衰之世,设刑典以被黎元,教之末也。〔5〕从其言,赏罚刑辟以弼教,是教之末,舍本逐末,已背大道。北宋张耒总结:上古时代,一权诸人,而不任法。神农黄帝乃有德之人,故能为至治,三代之后,淳厚之德衰,后世始有刑法之书,以治天下。〔6〕有德之人难寻,制五刑而不用的至治理想难以实现,人们自然会降低对法律的要求,以刑止杀,用严刑维持统治遂成有效的方式。"商有乱政,而作汤刑"。便是一例。

---

〔1〕 黎翔凤:《管子校注》,中华书局 2004 年版,第 901 页。

〔2〕 沈家本:《历代刑法考》,中华书局 1985 年版,第 814 页。

〔3〕 郑玄注、孔颖达疏:《礼记正义》,北京大学出版社 2000 年版,第 1266 页。

〔4〕 孔安国传、孔颖达疏:《尚书正义》,上海古籍出版社 2007 年版,第 151 页。

〔5〕 郭庆藩:《庄子集释》,中华书局 2012 年版,第 472 页。

〔6〕 张耒:《张耒集》,中华书局 1993 年版,第 610 页。

　　荒淫国君祖甲在位时大规模增删重订《汤刑》,导致"繁刑以携远,殷道复衰"。[1]至商朝末期,酷刑涌现。据《荀子》《战国策》《吕氏春秋》等书所载,殷纣酷刑除了刳剔、炮烙外,还有剖心、醢脯、截胫等。《史记》载:"于是纣乃重刑辟,有炮烙之法。以西伯昌、九侯、鄂侯为三公。九侯有好女,入之纣。九侯女不喜淫,纣怒,杀之,而醢九侯。鄂侯争之强,辨之疾,并脯鄂侯。"[2]滥用酷刑,自绝于天,结怨于民,导致皇天震怒,天命诛之,武王由是伐纣,以恭行天罚。天有显道,惟天惠民,是以,周朝建国,惠民爱民以遵天道,慎罚省刑以安万民。周公告诫子孙谨遵文王"明德慎罚"的教诲。[3]舜也曾以此训诫皋陶:"明于五刑,以弼五教"。[4]"弼教"和"明德"意思一样,周公祖述尧舜,继承了他的刑德观,慎罚纯为明德,刑罚实非止杀,实乃彰显德性,周公扭转了商末虐刑酷刑的传统,追上古遗风,成慎刑之德。

　　文王之法概已失传,不知所载。但是,其制五刑,必即天伦。[5]按郑玄注解,制定法律之时,比就上天之意衡量轻重,天意好生,所以,刑应以好生为主,并在好生与好杀之间得其中道。[6]好生是德,制定法律时应揆诸天伦之德,还应该体察人伦之情,把父子之亲和君臣之义放在首位。听讼断狱之时,更应用情审讯。此乃《孝经》开五刑专章之原因,"五刑之属三千,而罪莫大于不孝"。[7]孝乃最大之天理、最实之人情,文王立法以天理人情为本,无时无刻不以明德为旨,慎罚是必然结果。

　　文武时期,慎罚省刑追求明德,开创新时代,光耀后世。待周穆王继位时,建国已百年,穆王穷兵黩武远征犬戎,得四白狼、四白鹿归,荒

〔1〕　胡留元、冯卓慧:《夏商西周法制史》,商务印书馆2006年版,第52页。
〔2〕　司马迁:《史记》,岳麓书社2004年版,第49页。
〔3〕　张紫葛等:《〈尚书〉法学内容译注》,商务印书馆2014年版,第81页。
〔4〕　孔安国传、孔颖达疏:《尚书正义》,上海古籍出版社2007年版,第130页。
〔5〕　郑玄注、孔颖达疏:《礼记正义》,北京大学出版社2000年版,第481页。
〔6〕　同上书,第484页。
〔7〕　李隆基注、邢昺疏:《孝经注疏》,上海古籍出版社2009年版,第60页。

服不至,国道始衰。[1]其时,穆王审时度势,命吕侯制刑,以安四方。此乃《尚书·吕刑》开篇第一句话"王享国百年,耄荒,度作刑,以诘四方"之意。穆王晚年耄荒,但不糊涂,犹知立法当以史为鉴,开篇即以古训为正反鉴。否弃苗民的五虐之刑,效仿神农黄帝等上古有德之人制礼作刑。追舜之遗风,听周公教诲,作祥刑,助道化,教民敬德。

神农氏、黄帝乃上古有德之人,舜、周公也为有德之人,诸公不贬低刑罚,面临大乱,施刑加罚毫不犹豫。例如,舜也曾象以典刑,流共工于幽州,放驩兜于崇山,窜三苗于三危,殛鲧于羽山,而后天下皆服。[2]面对不孝、不慈、弗友和不恭的大恶之人,周公绝不手软,"乃其速由文王作罚,刑兹无赦"。[3]速施文王所设之法,刑此乱五常者,绝不赦免。同样,面临蚩尤作乱、苗民杀戮无辜,黄帝折民惟刑。据《吕刑》所载,降刑之前,黄帝做了两项准备工作:一是通天德;二是明德威。黄帝深知德乃刑之基本,欲明德必先通天,所以,命令重、黎二人绝地天通,实因苗民乱德,腥臭冲天,刑诛苗民之时,需重新勘定天地秩序,使在下者不犯上,在上者司天有职,此乃天地自然之大道,如此则祭享有度。明天德之后,黄帝接着明刑德、明刑威,刑德明则人人皆尊刑而为善,刑威明则人人皆畏刑而不敢为非。诸事做完之后降典折民。

"伯夷降典,折民惟刑"喻示黄帝明德之后的立法,但"典"指何意?争论至今。《尚书》有今古文之分,有文本差异,古文谓"伯夷降典礼,折民惟刑",今文谓"伯夷降典,折民惟刑"。注解《古文尚书》之时,马融、郑玄借《墨子》言伯夷下典礼以为教,所以开民心者,兼用刑也。[4]所谓有礼然后有刑,出礼入刑,甚至有学者结合伯夷的官职考订"典"泛指当

〔1〕 司马迁:《史记》,岳麓书社 2004 年版,第 1480 页。
〔2〕 皮锡瑞:《今文尚书考证》,中华书局 1989 年版,第 68 页。
〔3〕 孔安国传、孔颖达疏:《尚书正义》,上海古籍出版社 2007 年版,第 541 页。
〔4〕 王先谦:《尚书孔传参正》,中华书局 2011 年版,第 935 页。

时的法令制度。[1]此种解释符合尧舜礼法不分、刑德兼治的时代特色。但是，采今文"伯夷降典，折民惟刑"也通，首先，据今文，"典"专指"刑典"，但伯夷所降之典以苗民所作之虐刑为反面教训，故伯夷所降之典不是以规定劓、刵、椓、黥等酷刑为主的虐刑，而是德刑，是通天德、明刑德之后的刑典，此刑典绝不是像孔子批评的无礼而齐之以刑的"繁刑"，[2]而是有礼然后有刑的"省刑""祥刑"，此"省刑""祥刑"必矜慎刑罚以明德为旨，才符合穆王"以教祗德"的训诫。在这个意义上今古文的字面之争没有意义。

穆王很清楚自己要制定的不是苗之五刑，而是祖述尧舜追随先王，制明德之刑，以诘天下，后者与前者的区别在一"善"字。"善用刑者以治民，不善用刑者以为五杀。"[3]善用刑者明于刑，循道以治民，辅成常教。以此之故，穆王告诫其叔伯兄弟："惟敬五刑，以成三德。"他谨遵先祖周公"明德慎罚"的教诲。而周公继承了舜对皋陶的训诫："明于五刑，以弼五教。"所以，穆王立法以明德为本，主张慎罚省刑实是继承和发扬了舜明刑弼教的思想，是守德而作刑。

二、敬刑乃慎罚

迄今所见甲骨文中，尚未发现"刑罚"的"刑"字。而"刑"和"荆"属同源字，且"荆"属正字。[4]最早写作"井"，但于甲骨文中，"井"只用作方国名和人名，并无现代刑之意。可见，甲骨文中并无表抽象刑罚的"刑"字，但有表具体刑罚的字，例如，黥、[5]劓和刖等。[6]到西周，金文

〔1〕　雷欣翰：《〈孔丛子·刑论〉篇思想研究》，《孔子研究》2016 年第 4 期，第 63 页。
〔2〕　王钧林等译注：《孔丛子》，中华书局 2009 年版，第 51 页。
〔3〕　孙诒让：《墨子间诂》，中华书局 2001 年版，第 84 页。
〔4〕　段玉裁：《说文解字注》，中华书局 2013 年版，第 218 页。
〔5〕　王晶：《西周涉法铭文汇释及考证》，中国社会科学出版社 2010 年版，第 30 页。
〔6〕　胡留元、冯卓慧：《夏商西周法制史》，商务印书馆 2006 年版，第 75—78 页。

中出现"刑",有 ,还有 ,[1]但李力认为散盘 ![字] 是人名,与刑罚无关。[2]据王沛考订,子禾子釜铭文中的 ![字] 和"中"连用,且此种连用方式常见于西周金文,在西周金文中与"中"连用的"刑"是名词"规范""法度"的意思,而非"刑罚"之义。[3]由是,西周出现现代意义的"刑"字,表"法度"之意。

晚至东周,"刑"始表达抽象刑罚之意。战国时中山王方壶铭文里出现了,"大去型罚",此"型"指抽象刑罚之意。[4]《说文解字》云:荆,刀守井也。饮水之人入井争水,陷于泉,刀守之,割其情也。[5]杨树达先生驳此说,认为"刑"与"井"无关,因"荆"字左边是 ![字],非井,只是误作井而已,![字] 实际象人之棺,因甲骨文"死"字作 ![字],象人卧棺中之形,所以,"荆"字左边是以棺形表死刑,从刀则示刀具之刑。[6]如此说正解,那么"荆"本来指一种具体的刑法,但是后来指抽象的刑罚。

字源考察可以发现,"刑"在早期并无刑罚的意思,表达刑罚的都是像劓、刵、椓和黥等具体的字,西周时"刑"出现法的意思,"刑"开始表达抽象刑罚则是东周之事。此后"刑"同时具有了"法"和"抽象刑罚"之意。传世文献可佐证此说。《尚书》中的"刑"乃"法"义,例如,"王享国百年,耄荒,度作刑,以诘四方。"(《尚书·吕刑》)此处刑乃法之意;"刑发闻惟腥。"(《尚书·吕刑》)此处刑也指"法"义。东周文献中"刑"则出现抽象刑罚之意思,比较著名如"道之以政,齐之以刑,民免而无耻。"马融训此"刑"为抽象刑罚。[7]

---

〔1〕　容庚:《金文编》,中华书局 1985 年版,第 351 页。

〔2〕　李力:《追本溯源:"刑"、"法"、"律"字的语源学考察》,《河北法学》2010 年第 10 期。

〔3〕　王沛:《"刑"字古意辨正》,《上海师范大学学报》(哲学社会科学版)2013 年第 4 期,第 17 页。

〔4〕　容庚:《金文编》,中华书局 1985 年版,第 885 页。

〔5〕　段玉裁:《说文解字注》,中华书局 2013 年版,第 218 页。

〔6〕　杨树达:《积微居小学述林全编》,上海古籍出版社 2007 年版,第 133 页。

〔7〕　刘宝楠:《论语正义》,中华书局 1990 年版,第 41 页。

可见，"惟敬五刑，以成三德"中"刑"在西周本有"法典"之意，再加上五刑对应五种具体的刑罚，只因那时法典的构造简单，以五种刑罚为主，所以，"五刑"指代刑典。无论是本来意思，还是指代意思，《吕刑》中的"五刑"乃刑典之意，"敬五刑"是敬刑典。

那么，"五刑"指哪五种具体刑罚呢？苗民曾有五虐之刑：杀戮、劓、刵、椓、黥，百姓恶其乱杀无辜，暴虐无比。穆王吸取苗民的反面教训，不仅在立法理念上追随尧舜，在执法上也极其审克，更重要的是他在吸收尧舜五刑的基础上改造了五虐之刑，确立了自己的五刑体系：墨刑一千条；劓刑一千条；剕刑五百条；宫刑三百条；大辟二百条；一共三千条。[1]第一，墨刑源自苗民的黥刑，五刑之中最轻。出入不以道义而诵不祥之辞者，施刑墨。[2]墨刑就是刻其额而涅之[3]，被施以墨刑者罚他们当禁守卫城门；第二，触犯君命，革车服制度、奸宄盗攘伤人者，施劓刑。劓刑就是截鼻，因其容貌已毁，令其守卫偏远关卡；第三，决关梁、逾城郭而掠盗者，施剕刑，剕刑就是砍足。沈家本认为，古之剕刑，初犯剕左足，再犯剕右足。[4]剕足之人行动不便，可令其守卫园囿、驱御禽兽、看守仓库等；第四，男女不以义交者，施宫刑。男子割势，妇女幽闭曰宫刑。宫刑是仅次于死刑的重刑，被施宫刑之人因不能性事，罚其守卫内宫；第五，降叛寇贼、劫掠夺攘者，判死刑，其尸首踣诸市。[5]可见，五刑严酷无比，不幸罹于刑者，肢体将于是乎残，性命将于是乎殒，是以敬之又敬，倦倦不已，是以穆王告诫诸侯要敬用刑典。

"敬刑"到底何意？"敬"乃《尚书》出现频率很高的字。[6]除"敬刑"

〔1〕　皮锡瑞：《今文尚书考证》，中华书局1989年版，第456页；又郑玄注、贾公彦疏：《周礼注疏》，上海古籍出版社2010年版，第1380页。

〔2〕　皮锡瑞：《今文尚书考证》，中华书局1989年版，第67页。

〔3〕　孔安国传、孔颖达疏：《尚书正义》，上海古籍出版社2007年版，第786页。

〔4〕　沈家本：《历代刑法考》，中华书局1985年版，第199页。

〔5〕　谢瑞智主编：《中国法制史》（历代刑法志），台湾三民书局2008年版，第21页。

〔6〕　崔永东：《中国传统司法思想史论》，人民出版社2012年版，第38页。

之外,有"敬天""敬德""敬民""敬典",和"敬刑"较接近的是"敬典"。
"敬典"在《康诰》中出现了两次,"汝亦罔不克敬典""勿替敬典听朕告",
都是敬慎的意思。《说文解字》:"敬,肃也。"〔1〕查阅《故训汇纂》,"敬"
有"慎"之意,"慎"有"敬"、"审"之意〔2〕,当代有学者则直接认为"敬"通
"慎"。〔3〕所以,有理由推断"敬刑"与"慎刑"、"审刑"同义。因"慎刑"指
"矜慎用刑",如此,"敬刑"指"矜慎用刑"之意。

此外,"审刑"又是何意?"审刑"其实就是"祥刑"。"祥刑"最早出
现于《吕刑》篇,属穆王的"发明",他吸取苗民的反面教训,追随周公遗
风降典,实乃降祥刑,"有邦有土,告尔祥刑"。文本上,"祥刑"有两种写
法:一是"详刑";一是"祥刑"。经学大师皮锡瑞认为无论是《今文尚书》
还是《古文尚书》都用"详刑","祥"字乃后人改之。〔4〕王先谦同持此
论。〔5〕此为通说,源自郑玄的注解,《周礼·秋官司寇》提到"大司
寇……以佐王刑邦国,诘四方"。郑玄引《尚书》注此句曰:"王耗荒,度
作详刑,以诘四方。"后来唐代的贾公彦针对郑玄的注作疏曰:"'吕侯训
夏赎刑,王耄荒度作详刑以诘四方。'谓周穆王年老耄乱荒忽,犹能用贤
量度详审之刑,以诘谨四方。"〔6〕即,郑玄认为"祥"应是"详",贾公彦取
"审"为"详"之意,此解来自《说文解字》:"詳,审议也,从言羊声。"〔7〕但
是,"审"为何意?"审刑"又是何意?勘查《故训汇纂》,"审"有 39 个意
思,〔8〕与"刑"相关的至少有两个:"详尽"和"慎重"。如取"详尽"之意,
"审刑"是"详尽严密之刑",例如,《汉书·叙传》曰:"威实辅德,刑亦助

〔1〕 段玉裁:《说文解字注》,中华书局 2013 年版,第 439 页。
〔2〕 宗福邦等主编:《故训汇纂》,商务印书馆 2003 年版,第 816—817、966 页。
〔3〕 胡留元、冯卓慧:《夏商西周法制史》,商务印书馆 2006 年版,第 314 页。
〔4〕 皮锡瑞:《今文尚书考证》,中华书局 1989 年版,第 450 页。
〔5〕 王先谦:《尚书孔传参正》,中华书局 2011 年版,第 944 页。
〔6〕 郑玄注、贾公彦疏:《周礼注疏》,上海古籍出版社 2010 年版,第 1318 页。
〔7〕 段玉裁:《说文解字注》,中华书局 2013 年版,第 92 页。
〔8〕 宗福邦等主编:《故训汇纂》,商务印书馆 2003 年版,第 594 页。

教,季世不详,背本争末。"颜师古曰:"不详,谓不尽用刑之理。"[1]如取"慎重"之意,"审刑"为"矜慎用刑"之意,例如《后汉书·明帝纪》永平三年诏曰:"详刑慎罚,明察单辞。"又十三年制曰:"详刑理冤。"所以,当"敬"解为"审"时,"敬刑"有两个意思:"详尽严密之刑"和"矜慎用刑"。但是"详尽严密之刑"肯定不是穆王所作之刑,原因很简单,那时不可能有"详尽严密之刑",吕侯也没有这个自信能制定出"详尽严密之刑","审刑"只能是"矜慎用刑"之意。所以,无论当"敬"为"审"还是为"慎","敬刑"都指"矜慎用刑"。

由此得一结论:《尚书》中的"敬刑""慎刑""审刑"与"祥刑"都指"矜慎用刑",在定罪量刑的过程中要详审谨中,慈良恻怛,轻重得当,慎之又慎。所以,穆王在告尔祥刑之后,四次提醒司政典狱,无论是定罪还是量刑,"其审克之"。实乃告诫他们要敬慎断狱。

三、慎 刑 以 成 德

最后,慎刑何以成三德? 先看何谓三德?《尚书·洪范》明言"三德"指:正直、刚克、柔克。孔颖达疏曰:正直指正人之曲直,刚能立事,和柔能治。并以柔克喻地德,以刚克喻天德,地德沉深而柔弱,然而有刚,也能出金石之物;天德高明刚强,然而有柔,能顺阴阳之气。[2]刚虽能立,但也不可久立,刚而能柔方能成事;柔虽能治,但也不可久为,否则,放任宽纵酿成大祸。所谓:"刚而强,柔而弱,此陷于灭亡之道。刚而能柔,柔而能刚,宽猛相济,以成治立功。"[3]刚、柔之间恰到好处,而正直在刚、柔之间。[4]并且,此三德也指天、地、人之道。[5]天乃刚健阳刚之德,地以柔顺宽和承载万物为德,人居于中,取中道而行。

---

〔1〕　王先谦:《尚书孔传参正》,中华书局 1989 年版,第 944 页。
〔2〕〔4〕　孔安国传、孔颖达疏:《尚书正义》,上海古籍出版社 2007 年版,第 466 页。
〔3〕〔5〕　王先谦:《尚书孔传参正》,中华书局 1989 年版,第 571 页。

　　"刚克"在用刑上指"刑兹无赦"。该杀就杀,绝不姑息养奸。《康诰》曰:"寇、攘、奸、宄,杀越人于货,暋不畏死,罔弗憝。"[1]寇盗之人,杀害颠越他人以取货利之人,且顽悍而不怕死、为人无恶不作者,须用刑消绝之。寇、攘、奸、宄、杀乃社会之邪,百姓之害,必须用刚硬手段速速除之,以绝后患,还社会和平,给人民希望。《周易·旅卦·象传》曰:"山上有火,旅,君子以明慎用刑,而不留狱。"[2]火在高山,明照万物,君子观此明照之象,知其情实而用刑,不贻时机。同时,如所犯罪小,但不知悔改,亦杀无赦。正如《康诰》云:"人有小罪,非眚,乃惟终自作不典;式尔,有厥罪小,乃不可不杀。"[3]因此,刚克之刑,不仅施之于寇攘奸宄等大罪,也用之于非眚惟终等小罪,罪虽小,犯意大,以刚烈之法克之,铁面无私,法外无情。但是,天德刚健,当以柔和接待于下,不可更怀尊刚为物之首,故天德不可为首。[4]所以,天为刚德,亦含柔克,久刚不吉。

　　所以,《周易·解卦·象传》又曰:"雷雨作,解,君子以赦过宥罪。"《解》卦上震为雷,下坎为雨,雷雨作而天地解,万物舒发生机,君子赦过宥罪,此为"柔克"。是以,舜有流宥五刑,如有犯五刑者,以流放及三宥之法宥之。[5]全赦太轻、致刑太重时,流放远方,让其生。此谓皋陶所言好生之德。[6]生乃雷雨之象,天地之大德,不杀无辜,疑罪从赦,恰合民心。《吕刑》有言:五刑之疑,有赦,五罚之疑,有赦。所以,"柔克"在用刑上指"赦过宥罪",但"赦过宥罪"不是放纵无为,而是柔中有刚、宽而有制。《礼记·王制》特此强调:"众疑,赦之。必察小大之比以成之。"郑玄认为,虽疑而赦之,不可直尔而放,当必察按旧法轻重之例,以

---

〔1〕　孔安国传、孔颖达疏:《尚书正义》,上海古籍出版社2007年版,第540页。
〔2〕　黄寿祺等:《周易译注》,上海古籍出版社2007年版,第328页。
〔3〕　孔安国传、孔颖达疏:《尚书正义》,上海古籍出版社2007年版,第536页。
〔4〕　黄寿祺等:《周易译注》,上海古籍出版社2007年版,第6页。
〔5〕　皮锡瑞:《今文尚书考证》,中华书局1989年版,第67页。
〔6〕　孔安国传、孔颖达疏:《尚书正义》,上海古籍出版社2007年版,第130页。

成于事。[1]可见，疑罪从赦也不是没有下线没有章法，柔中带刚，沉潜刚克是也。程颐在解释噬嗑卦时说："全刚则伤于严暴，过柔则失于宽纵。"[2]用刑同样如此，严刑酷法固然不行，闭狱戒刑也不行，宽严相济方为上策。

宽柔相济者，正直之德，在用刑上指"列用中罚"。刑于上下，不轻不重。丘浚曾言："用狱之道，其施于外者，用其刚，如此可尔。若夫存于中者，则又以柔为本。而其柔也，非专用柔，用柔以处刚，无太过焉，无不及焉，夫是之谓中。"[3]《周易》直接讨论诉讼的《讼卦》也"尚中正、中吉"。[4]量刑断狱，兼听两造之辞，祛私心，察情实，惟厥中，慎折狱，此谓正直之德。"吕祖谦曰：'中者《吕刑》之纲领也，苗民罔此中者也，皋陶明是中者也，穆王之告司政典狱，勉是中者也。'"[5]穆王一再强调"哀敬折狱，明启刑书胥占，咸庶中正"。[6]审判时应怜悯犯人，敬慎断狱，明开刑典，勿轻耳裁断，使刑当其罪，得中正之道，成正直之德。中正也包括"时中"，只有君子才能时中，"时中"就是具体情况具体判断，断每一事都得乎中，如此方能做到"刑罚世轻世重，惟齐非齐，有伦有要"。量刑时，视世所宜，权变行刑，务必审慎。但权变行刑绝不是枉法裁判，是胸中有法，心中有德，得中道而权。但极易不讲原则，常人难以为之，所以横渠张载说："君子要多识前言往行以蓄其德，以其看前言往行，熟则自能见得时中。"[7]所以，量刑时成正直之德最难，须精心悉意，推究事源，穷鉴隐伏，使奸无所容，罪人必得，然后随事加刑，轻重皆当，曲尽人心，以明大教。

----

〔1〕　郑玄注、孔颖达疏：《礼记正义》，北京大学出版社 2000 年版，第 484—485 页。

〔2〕　黄寿祺等：《周易译注》，上海古籍出版社 2007 年版，第 127 页。

〔3〕　丘浚：《大学衍义补》，京华出版社 1999 年版，第 853 页。

〔4〕　黄寿祺等：《周易译注》，上海古籍出版社 2007 年版，第 46 页。

〔5〕　转引自丘浚：《大学衍义补》，京华出版社 1999 年版，第 865 页。

〔6〕　王先谦：《尚书孔传参正》，中华书局 1989 年版，第 956 页。

〔7〕　卫湜：《中庸集说》，漓江出版社 2011 年版，第 47 页。

死者不可生,断肢不可续,以至公之心敬慎用刑方能成德弼教。面对奸宄大恶,刑兹无赦;面对疑罪小恶,赦过宥罪;但无论如何,其结果都应轻重得当,宽严相济,列用中罚。可见,"刑兹无赦""赦过宥罪""列用中罚"乃敬刑、慎刑的三种不同表现方式。"刑兹无赦"成就刚克之德,"赦过宥罪"成就柔克之德,刚柔相济"列用中罚"成就正直之德。林之奇曰:"'刑新邦用轻典,以其旧染污习,不可遽正,姑以教之,宣以柔克之义也;刑平邦用中典,以其已安已治,既富且庶,陶冶被服,教化已明,宣以正直之义;刑乱邦用重典者,以其顽昏暴悖,不可驯化,则奸渠魁、灭强梗,宣以刚克之义也。'《书》曰:'惟敬五刑,以成三德。'"[1]林之奇在解释敬刑何以成德时,以轻典、中典、重典分别对应三德,有一定道理,但是轻典、中典、重典不是敬刑、慎刑的三种方式,并且,穆王告诫叔伯兄弟司政典狱"惟敬五刑,以成三德",是希望诸公哀敬折狱以明德,所以,正确的方式是从慎刑折狱的角度解读成三德。

四、结论:刑德互济泽润百姓

穆王守德而作刑,守的是尧舜之德,文武之德。因此,反对虐刑以作祥刑,提倡慎刑、敬刑。"刑兹无赦""赦过宥罪""列用中罚"乃敬刑的三种不同表现方式。"刑兹无赦"成就刚克之德;"赦过宥罪"成就柔克之德;刚柔相济"列用中罚"成就正直之德。所以,敬刑以成德,后世子孙守德,据此作祥刑,然后再敬刑成德,此为一良性循环。德为刑之本,保证所作之刑为祥刑,刑乃德之用,在敬慎用刑中成三德,在此循环中,百姓免受暴虐之苦,无罪者获释,获罪者如归。

《四库全书总目》政书类法令目按语说:"刑为盛世所不能废,亦盛世所不尚。"刑乃不祥之物,圣人非之,盛世废之,但君王用之,官吏依

---

〔1〕　转引自丘浚:《大学衍义补》,京华出版社1999年版,第866页。

之,世间不可须臾离之。此为一矛盾乎? 非也。其所言之刑为酷刑、虐刑,非祥刑。刑德互济,构成良性循环,此循环淘汰虐刑,进化祥刑。祥刑者,可以弼教,可以明德,乃至可以成德,君王用之可诘四方,官吏依之可安百姓。轻重有度,上下得当,确实不可须臾离也。

公道与法度化：近世治体论中的立国思维

任　锋[*]

　　从宋代政治演进中成长起来的宋学，是近世以降政俗人心的精神渊薮。对于现代政俗人心的回溯，不可不识宋政而察宋学，由此把握近世中国政学演变的主题和议程。

　　明人陈邦瞻在万历年间曾提出，"宇宙风气，其变之大者有三：鸿荒一变而为唐、虞，以至于周、七国为极。再变而为汉，以至于唐、五季为极。宋其三变，而吾未睹其极也。变未极则治不得不相为因，今国家之制，民间之俗，官司之所行，儒者之所守，有一不与宋近者乎！非慕宋而乐趋之，而势固然已。舟行乎水而不得不视风以为南北，治出乎人而不得不视世以为上下"。政教秩序的演进有其客观趋势，"变未极则治不得不相为因"，因承而后能损益。

　　陈邦瞻接着比较历代政治特质，"故周而上，持世者式道德，汉而下，持世者式功力，皆其会也。逮于宋，则仁义礼乐之风既远，而机权诈力之用亦穷。艺祖、太宗睹其然，故举一世之治而绳之于格律，举一世之才而纳之于准绳规矩，循循焉守文应令，雍容顾盼，而世已治。大抵宋三百年间，其家法严，故吕、武之变不生于肘腋。其国体顺，故莽、卓

　　* 任锋，中国人民大学国际关系学院教授。

之祸不作于朝廷。吏以仁为治而苍鹰乳虎之暴无所施于郡国，人以法相守而椎埋结驷之侠无所容于闾巷，其制世定俗，盖有汉、唐之所不能臻者。独其弱势宜矫而烦议当黜，事权恶其过夺而文法恶其太拘，要以矫枉而得于正则善矣，非必如东西南北之不相为而寒暑昼夜之必相代也"。

陈邦瞻概括了宋代治体特征，不同于三代道德、汉唐功力，精髓在于以法度为治、议论繁兴。这个特征在明代依然延续，乃出于固然之"势"（"治出乎人而不得不视世以为上下"）。这一点对于我们理解近世政治精神特别重要。此论调近似于宋理宗时期的张端义，"古今治天下多有所尚，唐虞尚德，夏尚功，商尚老，周尚亲，秦尚刑法，汉尚材谋，东汉尚节义，魏尚辞章，晋尚清谈，周隋尚族望，唐尚制度文华，本朝尚法令、议论"。一"式"，一"尚"，道出宋朝尚法令和重议论的治体特质。陈亮、叶适、朱子等人对此都有阐发。近世中国在政治社会上呈现出法度化的客观趋势，这一点需要现代人充分估量。

陈寅恪先生对于宋代文化的评价寄寓淑世情怀，"欧阳永叔少学韩昌黎之文，晚撰《五代史记》，作义儿、冯道诸传，贬斥势利，尊崇气节，遂一匡五代之浇漓，返之淳正。故天水一朝之文化，竟为我民族遗留之瑰宝。孰谓空文于治道学术无裨益耶？"这种文化精神的表彰，相对尚法式法的治体特质，该如何领会其意蕴？

钱宾四先生有言，"窃念中国历代皇室，三代以上不计，自秦迄清先后两千年，得占一统大运者，秦、汉、隋、唐、宋、元、明、清共八代。论其皇室内部之治家谨严，有礼有节，以及历朝帝王之尊师好学，并对天下儒士之优加宏奖崇重不懈，宋代实为两汉、唐、明所不逮。秦、隋皆短祚，元、清以异族入主，更可不论。宋代儒学复兴，实受皇室培育之功。而宋皇室之所以独得为中国历代皇室之冠冕者，亦还受当代儒学复兴之赐。近代中国一千年来，文化传统之承续不辍，宋代皇室实亦不得谓无功"。宾四先生对于宋学、近世儒学兴起的政治条件，即王者政教规模，以及二者的互动生成，予以揭明。钱先生又高度表彰宋明的社会自由讲学运动,视其为"我民族永久之元气""我民族国家数千年文化正统"。质言之,政学相维,是近世家国再造的根基,宋、元、明、清皆如此,尽管其表现形态各异。

寅恪先生又有"新宋学"的提倡,"吾国近年之学术,如考古历史文艺及思想史等,以世局激荡及外缘熏习之故,咸有显著之变迁。将来所止之境,今固未敢断论。惟可一言蔽之曰,宋代学术之复兴,或新宋学之建立是已。华夏民族之文化,历数千载之演进,造极于赵宋之世。后渐衰微,终必复振。譬诸冬季之树木,虽已凋落,而本根未死,阳春气暖,萌芽日长,及至盛夏,枝叶扶疏,亭亭如车盖,又可庇荫百十人矣"。

这让我们想起严复的晚年陈言,"鄙人行年将近古稀,窃尝究观哲理,以为耐久无弊,尚是孔子之书。四子五经,固是最富矿藏,惟须改用新式机器发掘淘炼而已;其次则莫如读史,当留心细察古今社会异同之点。古人好读前四史,亦以其文字耳。若研究人心政俗之变,则赵宋一代历史,最宜究心。中国所以成于今日现象者,为善为恶,姑不具论,而为宋人之所造就什八九,可断言也"。

一、秩序重构中的变革与立国

治体论,自汉以来,对中国政治传统思维影响深巨,在近世宋学中尤其有长足发展。若追究先贤所指的"人心政俗之变",作为近世秩序思维主脉的治体论,自是一个透视性极强的视角。紧扣家国再造的近世秩序议程,政学相维下的权威法度化与宋学及近世思想之间的联络应深入探讨。

宋代围绕祖宗之法形成了自身的实践和论说政治传统。治体思维也于其间氤氲滋长,围绕家法天下法、仁义纪纲法度、治道治法治人、成宪典章经制、公道公论公法等衍生出了丰富论说,也形成了两宋立国保守维系的政治心智。

宋学兴起，士大夫群体发扬儒家义理经世的大有为气魄，自北宋仁宗时期开始凝聚成变革思维，古文运动、庆历新政，不断振奋时代精神。颇有意味的是，这也是宋代祖宗之法论说确立的关键时期。变革思维和祖宗之法话语深刻影响了这一阶段的治体论演进。在王安石荆公新学、二程兄弟洛学及其他理学家思想中，对于治体论的原理层面，即所谓治道，透过道德性命之学有精深阐发。这一义理旨趣，在同期司马光、苏轼兄弟等人，也均有反映，只是程度和方式各有深浅不同。

钱穆先生对于北宋诸儒学思，指出"经术派"与"史学派"的区分。大体上，前者在治体的治道论上提出了各自系统精深的义理阐释，表现在变革思维上开掘以"法三代"为主趋的经学典范并吸取道家、法家等诸子资源，对祖宗之法提出系统变革的设想；后者同样浸润于变革思维中，只是透过对于熙、丰变法的应对反思，不仅在治道义理上见其精彩，而且依据北宋政治传统，即所谓祖宗之法，对于宋代的立国规模和成宪旧制，提出初步的辩护与阐明。

北宋诸儒皆有"法三代"、回向三代的变革激情，但政治实践中须处理与祖宗之法（"法祖宗"）的关系。"法三代"与"法祖"，并非简单的理想主义与现实主义的不同。北宋士大夫在论证祖宗之法的时候，多向上接三代大经大法，以确认祖宗良法美意的正当性。"经术派"变革思维的主导精神是"法三代"，然而对于祖宗之法的正视显得不足。二程在这方面与王安石趋同，只是关于变革方式存在异议。司马光、苏轼等人除了变革异议，更显示出对于本朝现实政治经验的传统自觉，能够初步正视其间的合理正当。

经过王安石变法与北宋倾覆的政治冲击，南宋士大夫对政治传统予以深入反省，有力推进了治体论的成熟。理学和经制事功学分别代表了治体论的两个思维范式，对于近世以至现代转型期的中国政治思维影响最为重大。

经制事功学和理学都是北宋诸大儒学思的胤子，前者综合各家优长而有效整合,推进了司马光、苏轼等人的立国思维,注重经史参合,尤其突出治法制度之学;后者以北宋理学宗师为标度,勇于批判新学、蜀学之非,批评浙东儒者的经制事功学只理会制度、掺杂史学功利之说。二者对于治体论的贡献,一个重在纪纲法度的治法,一个重在心性德行之治道。然而,根本上,它们各自代表了一类对于治体的理解思路,在治道、治法、治人这三个层面都有不同的思想推进。

经制事功学的治体论值得特为表彰。钱穆、蒙文通、萧公权、牟宗三等先生从不同角度对其重要性有所论及,或视之为宋代政治思想的重心,或认为触及了传统政治秩序中国体的综合构造问题。但是,我们还需结合浙东儒者的思想学术演进,将其政治思维的理论涵义合乎理路脉络地予以呈现。传统学案、狭义哲学史、思想史进路在此需要政治史意义上政治学理论的加持。

可以说,治体论演进,经由浙东群儒的经制事功学而得别开天地。

吕祖谦、薛季宣、陈傅良、陈亮、叶适等人,实际上构成了一个立国思想家群体。以学人交往谱系而言,也可称之为"吕祖谦学人群"。而其余泽,至宋理宗时期的吕中、明初宋濂及王祎开国诸儒仍有思想上的发扬。

立国思想家,是指他们的政治思考,并非仅仅着眼于南宋的复国中兴,或孝宗一朝的政治得失,而呈现出更为根本的视野和关切。这个视野,就是在经历北宋晚期的王安石变法与政权倾覆之后,受此失败巨变刺激而溯源探讨有宋国家的立国规模、立国根本。这一政治体的根源视野,关切的是一个文明秩序是如何一步步摆脱混乱无序而构建起来。这个根源性的思想关切,是经受王安石大变法和北宋失国的重大挑战,转而回溯深入到国家根本宪制的构造及其演进特征。

吕祖谦学人群的政治思考,在这个意义上,是对于宋代代表的近世政治文明秩序的一个系统性、纵深性思考,是对于这个文明秩序经历大变法重整后提出的深切反思与再立。立国思想家这个特质,透过与变革思想家和经验型守成政治家的比较可以豁显出来。

王安石、二程兄弟、苏轼兄弟等一代儒者，甚或范仲淹、欧阳修等人，相比立国思想家的视野，更体现出变革思想家的精神特质，其政治思想主要在于论证文明秩序的体制变革与否、如何变革。司马光代表的元祐学术对于大变法提出异议，使其思考相对更多一些对于立国规模和根基的系统化总结，在变法与反变法争论中蕴涵了立国思想家的原型线索。变革思想家的思考，当然无法回避对于宋代立国规模的讨论，衍生出部分的立国思维。但只有在经历了大变法的洗礼和搅动之后，立国思考才会经由长时段的常与变之比较、政治经验和智慧的反复检验，逐渐形成更为充分的自觉意识和辨析水平，发展出系统性的理论视野和资源。

类似地，北宋大变法之前的政治思考，如李沆、王旦、寇准等，紧密围绕立国规模和根基形成了一个维护成宪的保守传统。但这类思考的经验初生性质更强，在未经历大规模变革之前，自觉意识和检讨辨析空间更为孱弱和有限。经验派政治家无疑具有丰富的政治智慧，但是全局性和精深性的政治思考还来不及充分滋生、辩难。

立国思想家的出现，标志着政治共同体经历立国、维系保守、变革变法之后，政治思考和心智进入某种成熟时刻。在这个时刻，不仅变法思想被置于文明秩序的宪制传统中加以审视检讨，立国和保守时期的政治经验智慧也经历后期变革的洗礼，在一种新的眼光和视野中重获新生，带着鉴往知来的演进讯息而再度归来。重构宪制和秩序的根基，究竟是依托于重新开掘经学系统和诸子思想，还是泊定于对于经制历史演进的传统研讨？立国思想家的贡献在于开发出后一路径，并在宋代新儒学的义理体系中对其予以治体论原理层面的阐释。

立国思想家的出现取决于历史运势和机缘，无一成之律。治体论的首发者贾谊，作为汉代精神上的开国，活跃于立国初期；《贞观政要》记录的君臣论对，也是唐代立国之初的思想记录。有宋立国之初，并无相应分量的思想人物，盛期涌现出来的新儒者，更多地体现出变革思想家的精神,而系统审视立国规模的思想者晚至南宋前期涌现。这也是思想史和政治史上大可玩味的一件事情。

吕祖谦学人群体大多降生于南宋初立的 12 世纪 30 年代左右,思想成长于奋发有为的孝宗乾道、淳熙年间。若以吕祖谦学人群、浙东学术殿军叶水心为下限,可以说覆盖了从 12 世纪 60 年代末期乾道年间到 13 世纪早期的宁宗嘉定年间,孝宗、光宗、宁宗这五十多年恰好是一个政权立稳脚跟、意欲有所作为,并能够对北宋政权倾覆进行系统反思和清理的历史时期。北宋诸大儒如二程、苏轼、王安石等人的学术思想进入竞争整合阶段,内里则是对于变法思想家的观念遗产进行辨析和洗练。可以看到,吕祖谦等人的时政思考,虽然大多围绕孝宗朝的战略治术,却共同展示出一个回溯立国根基、审视立国规模的长程视野,进而在其中去定位和检讨一时政治的取舍进展。这其中还有一个重要的历史机缘,就是孝宗作为太祖后人而继位,使正统由太宗一脉转移过来,也促使立国思想家能够正当地强调立国时刻的祖宗之法,为全面审视宋代治体提供了政治支持。

薛季宣的《召对札子》《上殿札子》等,陈傅良的《建隆编》《赴桂阳军拟奏事札子四》《转对札子》《转对论役法札子》等提出的恢复论,吕祖谦的《淳熙四年轮对箚子二首》《馆职策》,陈亮的《中兴五论》、系列上孝宗皇帝书,叶适《贤良进卷》的《国本》,《外稿》中的《纪纲》《法度》诸论,最能体现出这一思考特质。

薛季宣在《召对札子一》中期待孝宗"复艺祖之业",但对于后者"躬细务,亲鞍马"、侵权好武,则引尧舜三代之法、明皇故事、祖宗之法加以批评,称"太祖皇帝犹谓击毬非将相事"。《召对札子二》探讨官制政制,溯源太祖,澄清转运使、禁旅原委和制度本意,主张"易简而天下之理得"。《朝辞札子二》推许立国以来的边备制度,镇抚专任,"视古经制方面最为有法,承平二百年,享扞城之利而无前世方镇之患者以此",主张孝宗"上师祖宗之意""悉如祖宗之法"。

这一政治论说方式由陈傅良进一步发挥。陈傅良为"恢复"正名，凝聚战略意志方向，是依据"略陈祖宗立国深仁厚泽之意与熙丰崇观以来用事者之纷更"，阐明立国宽厚，"富藏天下"，对于地方不能竭泽而渔，否则政权失去民众支持，以此批评南宋承继新政弊端，取民太甚，敦促孝宗、宁宗在时政中利用好"渐复祖宗旧制之机"。太祖立国之本的遗产在于，"凡所以创业垂统者，莫非可传之法，而深仁厚泽、垂裕后人，则专以爱惜民力为本"。傅良阐释立国精神，"肇造之业，其道甚易知、甚易行。何者？艺祖治大而不治细，任逸而不任劳。大抵惩五代丛脞之失，再立朝廷，以还君道。君道得则朝廷正，朝廷正则天下理"，进而主张"陛下以艺祖之子孙而修艺祖之故事，此天意也"，也在大政措施上以艺祖法度精神来评价臧否，取法"艺祖故事"，"凡中外论建一以建隆诏书从事"。吕祖谦、陈亮、叶适之后的思考也呈现出同样的思考论说方式，如"亮当渡江积安之后，首劝孝宗以修艺祖法度为恢复中原之本，将以伸大义而雪仇耻"，且有更精深的阐释。

吕祖谦在为薛季宣撰写的墓志铭里（这篇文献对于确认季宣的政学地位与道学发展的反省极为重要），特别用"治体"概念总结季宣的政见，"治体有本末：愿遴三公之选，责以进人才，张纲纪，延端直之士，与之讲学问，求治道"。在同篇文献中，东莱特别把季宣之学置于晚周以来的政学传统中来看待，凸显其讲论"古先制作之原"的思想取向："自周季绝学，古先制作之原，晦而不章，若董仲舒名田，诸葛亮治军，王通河汾之讲论，虽有牾有逢，有支有别，千有余年，端倪盖时一见也。国朝周敦颐氏、程颢氏、程颐氏、张载氏相与发挥之，于是本原精粗，统纪大备"。

这一统绪，与本书所指出的治体、经制之关切，是相一致的，注重经制传统的历史研讨。东莱特意以北宋理学宗师承接之，也反映出他们所理解的理学之宽大气象，本自涵盖经制事功学的端倪。东莱与艮斋本都是豪杰之士，经世志向不拘泥于后来理学的心性思辨一层。

宋代立国时期的诸多精神和法度,是在这一视野中得到了富有纵深感和辩证性的思想辨识与肯认,从而形成审视政治传统演变、尤其是变革运动的智识前提。北宋中后期诸大儒的学思遗产,也在这个意义上得到检视。因此,我们把相应这一文明秩序构建的宪制性视野,而非仅仅是针对宪制更新的变法运动的思考,归类为立国思想。当然,立国思考必然会认真面对变法思考,然而后者并不能想当然地等同于前者。

治体论的勃兴,其实是这类政治思考的一个重要标识,意味着对于秩序构建的系统自觉开始成型。这个自觉意识的勃兴,又是与对于经制历史传统的强烈关注同步出现的,立国思想家对于宋代立国的充分探讨构成其历代典制研究的当代环节,显示出不同于主要依仗经学或诸子典籍重构宪制思维的取向特质。立国思想家的治体论,是近世早期政治智慧极为重要的思想成果,形成了从近世到现代转换的思维基础之一。

吕祖谦是南宋浙东儒者群体的核心人物。就经制事功学之治体论的兴起来说,他与薛季宣构成了最为重要的二元推力。然而,薛季宣享年短暂,在学术文化和政治上的影响力也比东莱逊色。东莱自身承载着所谓"中原文献之传"的政学统绪,这一点具有莫大的意义。"中原文献之传"的精义在于北宋形成的政学传统精神,而不仅仅是关、洛之学术。吕祖谦承载这一文脉,实际上是北宋政治传统和学术文化传统的南渡传播,也为立国思想家群体提供了中心性的智识和认同资源。季宣与东莱相友善,后者构成艮斋与理学家交流的桥道;陈亮则自称四海之内,知己推伯恭;陈傅良、叶氏与东莱长期过从,待之以师友。《宋史·陈傅良传》记载"祖谦为言本朝文献相承条序",中原文献之传本就以治体为核心主题,这构成傅良"实究治体"的学术渊源。水心在东莱逝世后被认为可接续吕氏统绪。东莱在理学家群体中又与晦庵、张栻、陆九渊等并立,被朱子认为学术涵括浙东群体的龙川、止斋二家。在当时思想界,吕祖谦还是连通江西之学、浙东之学、湖湘、福建之学的学人网络中心，"陶铸同类以渐化其偏"的精神被认为治学有宰相之量。因此，吕祖谦学人群可以说代表了立国思想家的核心部分。

从南宋理学与经制事功学的二者分流来观察吕祖谦，是学界习见的视角。钱穆先生在《宋明理学概述》里颇具洞见地将这种分流放在唐宋之变的社会文化脉络中来理解。吕祖谦承接深厚家学传统，风格斟酌协调，中庸温和，更有唐代门第贵族的风度，保泰持盈，不喜争较是非。而理学典型代表了宋学平民社会锋锐争胜的气质，喜计较原理更胜于历史传统。前者较为保守，后者更显革命。前者对于包括苏氏蜀学在内的诸大儒学问，开放包容，理学则要争辩一个道统出来。吕祖谦这样不偏不倚的门第旧传统气质，在宋代学风中反倒是孤调。但正是经过吕祖谦，浙东那一帮出身并非世族的儒者对于理学树立了异议叛帜，形成二水分流。"这一风气，却由祖谦引其机。这是学术思想史的转变中，一件至可玩味的事"。结合钱穆对于北宋学术中经术派和历史派的分野，吕祖谦可以说是更多继承了司马光一脉的政学遗产（张栻评曰"元祐间一等长厚之论"），浙东经制事功学与理学的分流可以说是史学与经术分野的另一种延续。当然，东莱也有宋学特质，既讲学风气，也扶持理学。

钱穆先生着眼于唐宋之变的长距离审视有其洞见，虽然聚焦处仍没有脱离传统学术史的理学与经制事功学之竞争视野。对于我们采取立国思想家这一观察视角，钱先生的洞见可以帮助我们进一步思考那种强调历史传统和典章制度的谱系，与政治实践之间天然的亲和关系、保守关系并非偶然。吕祖谦学人群体，在基本面上仍属宋代平民社会新起的学术思想群体，然而经由吕祖谦的接引，承继了关注历史传统和典章制度的较为博雅宽宏的旧传统风格，并在与理学的论辩中形成立国思想家的精神气质。宽泛地说，理学家群体中的大思想家，也一定程度上分享这种关系，如二程，如朱、陆。但是他们并未形成立国思想家那种系统性、深度传统性的保守成宪取向。以格正君心为本位的、以争辩天理性命为最高原理的理学治体论,当其与成宪传统耦合时,蕴含一种道德浪漫主义的抗议精神,而当这种耦合解组,就释放出令人生畏的道德理想主义革命精神。这是一种颇具道德宗教精神的新儒学,与更为传统稳健的治体思维构成了某种并生的二重性。换言之,理学思考中也可说含有立国思想家的思维成分,但更多地属于变革思想家的趋向。

二、宋学中的治体论范式:经制事功学与理学

薛季宣和吕祖谦是经制事功学两位关键的开端人物。薛季宣以其综合型的学术风格,荟萃儒、法、道、兵等诸子百家资源,既影响了浙东不拘一格、开阔广大的学风,又将永嘉之学的洛学传承引导向道法并重的经制思维。他对治体论的理学体用论提出异议,表现出义理探讨的低调态度,究心于治法制度的古今探讨,在时政主张上也显示出尊重太祖故事的取向,为立国思维深化提供契机。

吕祖谦是引领治体论转向的另一位卓异思想家,也是浙东儒者群的中心人物。东莱继承并开拓了理学的治体论意识,以其博雅汇通之学极大提升了治体论的礼法自觉和历史视野。他在经学、史论、时政主张中积极运用治体范畴,并透过"中原文献之传"深刻影响了浙东儒者群,使其正视宋代政治传统的合理正当,从立国根本和立国规模来审视政治变迁。他的治体论折冲于理学和经制事功学,不免呈现出两个理路下立国思维的差异(同时构成宋学立国论的内在二重性),对于心物礼法的认知蕴含了丰富的张力。

在薛季宣和吕祖谦引导下,陈傅良等人继续发展了经制事功学的治体论。陈傅良综合理学和经制学在治道、治人方面的洞见,深化了"兢畏"为中心的政治德性,批驳理学道、法二分的治体偏见。经由吕祖谦"中原文献之传",止斋着重提升了对于宋代政治传统的研究,推动经

制事功学走向精密化。在此基础上，他进一步把对于祖宗之法的治体讨论回溯向太祖代表的立国根本，以"恢复论"为大纲主张改革时弊，重现宋代立国的根本秩序精神。

唐仲友以经制为事功前提，对于《周礼》的阐释着眼于贯通"周易"精神，以治法为中心沟通"法三代"与"法祖宗"。他提出"因其势而利导之，探其本而力救之，通其变使乐而不倦，神其化使由而不知。待之以驯致而不迫，处之以忠厚而不暴。法若甚宽而其严不可犯如江河然，功若不显而其利不可胜计如天地然。此唐虞三代之所先务而五霸汉唐之所不及也"。唐氏主张利民、通变，实现治安目标，治安而后才能实现富强。

陈亮和叶适创立了经制事功学的两个高峰，将治体思维推升到了一个新的理论境界。他们的贡献在于对治体论的思考，覆盖治法、治道和治人三要素，演绎出立国思想家的华彩乐章。

陈亮充分正视法度在治体中的核心地位，透过以法度为中心的文明叙事提出对于治法的新解释，注重政治精英活力与人民生活自由这两个方面。对照理学家论政强调道德心性动机，陈亮透过法度引导人们关注政治的事功维度，也彰显出治体论中礼法秩序的基础地位。三代圣王的政德体现在如何编排礼法、安顿生民，使其有充分空间能够成德化俗。

以法度为治体论中心，陈亮还发展了以任人、任法、人法并行为范畴的治体类型学，并从共治主体和礼法主体的视角深入论述治人对于治法的价值。他的治人论深刻反省北宋儒学复兴以来的士风学风，将儒学复兴放在对法度束缚的体制反省中来探讨，摆脱了理学心性中心的单薄视界。

时政主张上，陈亮进一步推进对于祖宗之法的解析，突出强调立国初始时刻的艺祖法度，以"立国之规模不至戾艺祖皇帝之本旨"为国本论要义，显示出对于共治主体之王者维度的特别关注。这一发展，逼显出立国之本的第一根源问题,即围绕创始立国者,如何理解"太祖之法"、"艺祖故事"及其与后继政治传统的关系。艺祖本旨论,提醒人们关注法度传统的治人前提,为反思制度化的限度敞开来自创业政治家的实践技艺资源,在立国定势和规摹以外辩证吸纳"所以助其势"的治国技艺。陈亮认为真正的出路在于,"陈国家立国之本末而开大有为之略,论天下形势之消长而决大有为之机,务合于艺祖皇帝经画天下之本旨"。

叶适推波助澜,将宋学政治性维度予以充分彰显。他的统纪之学旨在强调政教体系中的政治中心,以克制理学代表的新儒学道德文教本位论。以对于义理的事理论解释为基础,水心指出经世政治应反省"务出内以治外"的理学政治逻辑,注重心、理、事物的整体实践关联,强调在情和势的基础上言事理。其治势观念极为精要地显示出一种儒学的客观秩序意识,侧重国家内外上下关系的纪纲法度。

与陈亮同调,水心深切批评宋代法度细密、人才萎靡的治体弊端,这一批评内置于他对于治法和治道、治人的系统思考之中。他重视立国精神和立国规模的系统分析,既提出以礼臣和恤刑为宗旨的国本论肯定祖宗之法的优良遗产,也聚焦纪纲集权过重、法度束缚过深批判立国规模的"矫失为得"。他和陈亮对于宋代政治变迁的透视,都强调了立国本末这一传统维度,深究立国原意,在国本论前提下审视政治作为的利弊得失。这一点将北宋以来的变革思维和"法祖"论述整合进了一个系统的立国思维之中。

其时政主张强调纪纲法度的分权活力,在郡县制格局下纠正任法任吏弊端,提升共治品质,实现共善意义上的大建皇极。水心洞察时代变迁,为治体论引入了具有协和开放气质的社会视野,并以此更新传统的儒法礼法辨析,充实提升了礼治基础上的规则观、法治观。水心的治体论一方面高度重视基于人性、民情、常理的经济、社会和文化秩序的演进,另一方面也从立国之道的治理角度正视政治权威、规则、教化对应这些要素的积极角色和功能。在权威、教化、规则与自由、"相依"、"交致"之间，他试图发展一种宪制性的整合关系。

在治人层面，水心提出人职观念，显示出政治德行论的位分维度。他对于理学治道的批评，传达了经制事功学在哲学理论上的事理气质，对于心和物秉持一种均衡立场，更注重事物、物理对于道的实践论含义。水心的人性观是一个比道德构成性远为丰富的概念，体现出一种广阔的法度演进性，或者说将人性论转换到了习性论的思路，与实践经纶的开物成务紧密结合一体。在秩序经纶上，水心批评学者是己非人、自智愚物，包含了对于理学末流轻视事物实践的批评，强调德智力兼备的实践主体面对事物经纶应有的谦逊审慎和多样才能。

宋理宗时期吕中在《皇宋大事记讲义》中对治体论进行了系统化总结，综合了浙东儒者群代表的立国思维，对于宋代政治传统及其变迁提出了史论结合的阐释。吕中对于治体、制度与国势的分析更为精密化，具体论述上也更显深入。如论纪纲变迁，太祖时期纪纲在人主威权，之后转移，至仁宗时纪纲在朝廷公论，对于治法变迁发展出了更为精致的理论逻辑。总体上，对于浙东经制事功学的治体论，进一步予以深化，对于祖宗之法的阐释，基调上积极肯定增强，批判性有所减弱，缓解了"法三代"与"法祖"之间的思维张力。从祖宗之法、立国本末来阐发政治思考，也可见于南宋史家李焘、李心传，以及宋元之际的马端临，而治体论的系统性，以吕中为典型。

经制事功学者于时政主张，也讲变革，振起事功。然而，变革主张背后的思维理路已不同于以经学诸子典范为主导、轻视现实立国本末的变革思想家。保守立国思想家的立脚点可称为以现实立国传统为本位，而非以三代立国为本位，这使他们的思考最大程度地面对实政问题的复杂性，也最大限度地调用经史诸子百家的思想资源，不似变革思想家，以经学和诸子典范的理想主义来对治现实。理学家喜用法家、纵横家、杂家一类标签来抨击经制事功学者的博雅综合学风，职此之故。

陈龙川曾用"触机"说来解释立国思维在思想学术上的取法多元。豪杰之士天资和目力高于常人,对于所谓异端思想,能够捕捉其颖脱独见,并不受偏见迷惑。"得其颖脱而不惑于背戾,一旦出而见于设施,如兔之脱,如鹘之击,成天下之骏功而莫能御之者,此岂有得于异端之学哉,其说有以触吾之机耳"。兵法、管乐功利之学、申韩之书、纵横之学,对于张良、诸葛亮、贾谊和魏征,只是其经世治体思想的促进性因素之一,"未可以一书而律之也"。经制事功学融汇法家、道家、兵家诸子,更能体现宋学中新儒学的广大通达气象。这本是出于以立国政治为中心的思维关切。

叶水心在《进卷·序发》中慨叹:"士之深识远见,卓然特出,有志于天地君臣之大义,而务尽其精微以兴起一代帝王之业者,虽以汉唐有国之长,其间不过数人而已。"自觉以立国之道为志业,且能深思熟虑有所立者,需有极其广博的知识体系、高远敏锐的政治见识和刚健深沉的精神情怀,诚极为难得。"不过数人而已",如汉以后贾谊、董仲舒、孔明、苏绰、王通、魏征这一统绪,在立国经制上又仿佛另一种道统。尤其是文中子以布衣讲论河汾,再现百家言以立王官学的孔子本旨。因此陈亮推尊王通,"天地之经,纷纷然不可以复正,文中子始正之,续经之作,孔氏之志也,世胡足以知之哉!"东莱与之商榷,"续经之意,世诚不足以知之,但仲淹忽得之于久绝之中,自任者不免失之过高"。

南宋浙东儒者群对于经典,特别重视《尚书》《春秋》和《周礼》,以三代帝王之道提撕世变,发扬孔子经世之本旨,推崇文中子王通续经传道的志业。他们在宋儒偏向内圣文教的潮流下,呼吁回归立国政教本身,关注治体建构,与汉儒经术以经世的精神更为相通。以往论者如梁启超、章太炎、刘咸炘,指认其注重历史、实用,极易忽视其经义大道的旨要。这一点须有澄清。

立国思维的代表性人物,思想上龙象驰骋,各有风采。然大旨,可撮其共识:大建皇极,尊王攘夷,推明经制,存正汉唐,究原国本。其大,其尊，其明，其正，其原，孜孜以求彰显立国之道。又因宋言义，因《宋文鉴》《建隆编》而言公道、公法、公论，寄寓天地常经、大道之全。

于政，反思变革、变法，主张考察现实政治体的立国本末源流，注重在立国传统中确立政治主张。与其变法，不如振起、除弊；与其剧变，不如缓进改良。政治举措，应思考是否损益立国精神。探求立国精神，需重视国本，重视立国时刻、立国之初的事迹和法度。立国政治家因此是关键处，他们确立的大略法度及其精神值得深入阐释。立国政治家与后世君主、立国本旨与传世法度之间的关系需要深入追溯。

他们在治道上肯认共治公忠，"法三代"与"法祖"应形成良性支撑，仁义与纪纲法度相辅相成。治法上肯定近世法度政治的必要性，重视纪纲法度，以儒家天理人情、兼以道家自然来融合礼法，追求政治的优良制度化。儒家政治的法度化，以礼治为本源动力，涵摄了儒家的法家化，对于尚法任法政治，从政学相维视野有承认，也有转化提升。在权力架构上注重上下内外的相维相制，各权力系统间保持均衡、不得独大。如君主、宰相与台谏之间，台谏不能凌驾执政，君主不能独断破坏成宪，宰相系要防止专权或职业不振。对于任法之弊，解决之道在于充分激活治人主体的活力，分散下放事权，法度需宽简简易。地方应充实，权力要适当分散，对于社会建设的活跃力量要逐步肯认吸纳到政治体系之中。在治人主体上，君臣等政治家要德才兼修，君主取法先王祖宗而确定适当的政治方略，体貌大臣、礼臣，大臣振起事功，士大夫在道德义理之外要培养多方面的实践才能。政治精英的参政能力与民众生活的自由活力，是优良秩序的两个基本指标。

可以说，经制事功学的立国思维和治体论，充分显示出近世共治传统的经世精神。这是一个实践的传统，也是一个不断深化思考和诠释的传统。他们彰显出治道的天理公共精神，强调事理秩序的自然和精实，大力彰显纪纲法度的中心价值，引导人们追溯立国时刻开国政治家的意旨法度，从国本传统审视变革方略，并在君主和士人的双重维度上激活治人的主体参与能力。

学术上,他们一方面继承宋学兴起推动的经世义理精神,另一方面不断反省新儒学产生的各种弊病,如空谈心性义理,浮夸竞轧,朋党营私,强调重厚笃实、刚健有为。基于立国实践,他们更倾向多元吸取传统思想资源,尤其是历史制度之学,与经学诸子结合,开掘其中的新事理。豪杰英雄和圣贤君子,共同成为他们的理想人格。

相比起来,南宋理学的治体论固然也承认纪纲法度的重要性,思维重心乃在心性修身、治人主体的道德文教之上。在治体论原理层面,理学继承发扬了区分治道和治法的本末体用论,趋向于强调修身格物,而轻视治法。治道层面,理学充分重视公私、义利、德刑之严判,近世公共意识由此有大的发扬,实践实学意识也蓬勃发展。而在治法层面,理学继承北宋潮流,以"法三代"严格衡定祖宗之法。朱子对于祖宗之法以批判质疑为主导的思想,与他在和陈亮论辩王霸之际对于汉唐政治的大力抨击乃声气相通,也是王安石以尧舜引导神宗的思想背书。这一点构成理学历史政治哲学的变革思维根基。而以三代内圣之道为本位构想立国典范,隐然包含了一类理想主义立国思维,重在治道原理的大公至正。三代理想主义和现实保守主义缩合而成宋学立国思维的内在二重性。

相比保守取向的立国思维,理学家的治体论于社会基层创制见精彩,对于国家纪纲法度关注不足。这一点也造成现代中国转型过程中士人经世之学的明显短板,单纯依靠理学本位的事功论已经不足以应对三千年未有之大变局、大变法。有识之士于是复兴经学、诸子,大力引入西学,对于理学之外经制事功学代表的治体思维则生疏隔膜,不能善为开掘。

经制事功学的立国思维向我们揭示出近世家国秩序的法度化趋势,这是在北宋再度建立强有力中央集权和发达文官体制之后在国家发展中形成的突出特质。南宋浙东学术为我们认知和审视这个特质提供了极为重要的罗盘与标尺,今人对于这个时期诸多秩序演变的把握仍然倚重保守立国思想家们奔驰于现实场域中的洞察。

对于理学政治思维的透视,也应当彰显这个共享的秩序场景。据此,理学家的道德形而上学维度与秩序法度化的历史关联才有可能逐渐清晰,他们对于公共性、公道、公论和公法的思索由此可获得切实的时代指向。朱子依据天理对于立国政治家的道德期待、道德主义化的皇极新解,正是要在立国立法的创制根源保障其光明正大、大公无私。尽管这一期待难免浸润德行乌托邦气质,却的确能够为现实经验树立一个崇高的判别标杆。理学家对于民间社会秩序组织的贡献,也代表了法度繁密之世源自儒者的小共同体创制能量,其中涌动着源于中华文明传统根脉的礼乐构造精神。

然而,在近世政学相维的家国法度化脉络中,我们也能发现理学发展趋势里面有某种历史的掉转。这表现在三个方面:第一,理学对于王者内圣、道统独立性的强调,易于在现实君主自满于当下事功之际,掉转为内圣外王的"道成肉身",当下即是圣王理想和三代盛世,进而丧失、磨灭其道义批判和抗议精神。明清儒学见证了时君的圣王化,一身兼主道统和治统,即其明证。这其中固然有君主跋扈专制的人病因素,也有来自理学自身法病的助缘。第二,理学对于治法的轻忽,导致其公共法度的思考和实践能力弱化,在现实中反倒易于掉转为对于法家治术的运用,高标入云的道义德行与申韩之术结合。王夫之痛切批评朱子等人,剖析"申韩之儒"的理学弊病,值得深思。第三,由于对国家纪纲法度欠缺系统思考,理学家的道义论述和社会秩序创制易于被国家体制收编,服从于后者的政治逻辑,原先的自发自由活力逐渐丧失在形式化的国家法度之中。如果缺失了"得君行道"共治精神和公共精神的支撑,"觉民行道"的下行逻辑、小共同体的秩序构建有其瓶颈限制,局限于秩序的社会叙事,难以撬动中央集权和君、相士人体制的改良路径。时君的自我圣王化、道义理念的法术化、社会创制的官方形式化,分别对应治人、治道和治法,形成了理学演进逻辑的诡异掉转。其根源,恰恰在于现实立国思维的重大缺失。纪纲法度的立国标尺,能够使我们避免轻信治人主体的神圣圆满,对法家治术依据礼法传统加以辩证对待,并且打通国家宪制结构内部政府与社会的联结。在南宋以降由理学主导的政治文化内转和地方社会重要性上升的近世脉络里,浙东儒者依然保持对于立国之道的优先关注,这既是对于北宋大规模国家变法运动的思想省思,也为未来大转型预备了极为珍贵的薪火。

当然,理学治体论的治法观有其多面性,陆象山基于传统演进原理从天理层面阐发三代之道、先王之法的礼法精神,并从心学心法强调对此道理典宪的扶持维系,显示出积累渐进、协调斟酌、兼用规划和调适的实践智慧。这显示出在三代之法与祖宗之法之间,除了对峙对立,理学治体论还有斟酌贯通的缓和地带。"理之所在,固不外乎人也。而人之生,亦岂能遽明此理而尽之哉?""理之所在,有不能尽见",象山发抉的治道精义与水心一系之事理论相契通,这也代表了近世治体论的可贵共识。

治体思维自西汉贾谊起,积极运用于政治实践分析,之后经历了长期演变。宋代中期兴起的新儒学代表了宋学精粹,以一种追求经世义理的高远旨趣将治体论述大大提升,致力于治体论的思维建构。理学家运用体用论开辟了治道、治法、治人之构成关系的新思路,而浙东儒者群体整合北宋儒学资源,在对变革思维深入反省的基础上有力推进了立国思维的成熟,即立基于政治体的现实经验传统、以现实立国传统为本位来追溯其本末源流,充分正视其合理正当。这一思维更新,对于治体论的近世成熟意义卓著。它相对理学侧重主体修为的政治理解,引入了一种客观的政治系统意识,注重纪纲法度的制度性构成与变迁,对于治道和治人的理解也凸显出以治法为中心的思维特征。

它引导人们在辩证肯定现实当下政治传统的基础上调用经史诸子资源,对立国传统进行经史经世意义上的再度义理化,而非悬空地张扬

理想主义精神对现实政治进行消解和否定。朱子直指问题要害，否认
"建立国家，传世久远"可以等同于得天理之正，强调要追究政治背后的
道德心性，而经制事功学正是要探析"一代之治体，必有一代之家法"背
后的事理逻辑。是今，非今，显现出政治意识取向的根本问题。经制事
功学鼓励人们更为稳健审慎地对待现实政治世界，彰显了传统性和系
统性两个思维进路，对其进行本末源流和要素整合的分析。可以说，治
体论从一种较为零散、模糊的言说状态转变为更为自觉、周密，更富解
释力的观念形态，得到了宋学由变革思维向立国思维转进的精神洗礼。
这个思想转进，为广义的儒学政治传统揭示出新境界，原有政治理念如
仁礼、经史、宽猛、势术、文质、理事、心物、三代之法（法先王）和祖宗之
法（法后王）等等由此得到升级深化，印证了近世新儒学的创新能量。

　　重新揭示近世早期的治体论环节，不仅是为了学术思想史的钩沉
发覆。经制事功学的保守立国思维，敏锐地揭示出了近世家国再造的
秩序特质，如政学相维，如再立朝廷、君道再还、制置职业，如以法为治。
政学相维下的家国法度化，是我们认识中国由近世向现代演进的中心
议程。公道、公法、公论等主题变奏下对于公义承担者的选择和验视，
其回响不断浮现于现代中国。在此意义上，治体论的立国思维是我们
认知近世以来政学地图的罗盘和标尺，为我们审视近世思想演进指示
出了根本性的历史政治条件。相对于理学、阳明学主导下政治思维的
主观个体化、社会化、浪漫化，经制事功学上承汉、唐、宋儒学治体论之
精华，系统呈现出平民化社会中共治理想的家国法度构造，使主体性的
"精神之运"不致迷失方向。从中国政治传统的整体进程来看，这一环
节与汉代公羊春秋学精神呼应，以经制事功学直面立国大业，其要素和
潜流始终蕴藏在近世以来的思想学术中。在历史进程中，以家学家言
而谋求经纶一代政教，理学后来因进入国家意识形态和基层社会秩序
得以盛行，正视立国纪纲法度的经制事功学则成为先显后隐的无冕王
官学。

三、宽猛之辨:治体论视野中的明代立国思维

元明以后的政治思想发展见证了治体论的进一步演变,理学与经制事功学、性理与经制的融汇是这一期治体论创发的主要动力。我们可以从有明立国、建文改制、张居正变革、明清之际这四个历史节点来做观察。

"明太祖起布衣,定天下。当干戈抢攘之时,所至征召耆儒,讲论道德,修明治术,兴起教化,焕乎成一代之宏规。虽天亶英姿,而诸儒之功不为无助也。"明代立国对于之后的清代、民国、中华人民共和国立国产生了长期影响。

以治人和治法两端来论,明初立国一改元代轻儒风气,召士甚迫,待士也酷。钱穆先生曾比较宋、明二代,"明初既用士无制,而诛士亦无度,革命之际,一切草创。五季无士,宋祖乃以'不戮士人'之家教传誉后代。元末多士,明祖乃以草菅士命贻讥载籍","明祖居草泽,知慕士,而未必知礼士","明祖之崇儒,其志终是偏重于吏治,而微忽于尊贤。知用臣,未尝知崇道。故儒道之与吏治,其在有明一代,终无沆瀣相得之美,较之两汉、唐、宋皆逊"。

以纪纲法度论,明太祖认为宋元之治皆有宽弛之弊,因此应强化法度。他曾与大臣说,"卿等为生民计推戴予。然建国之初,当先立纪纲。元氏昏乱,纪纲不立,主荒臣专,威福下移,由是法度不行,人心涣散,遂至天下骚乱"。明太祖政治的一大突出特征是高度重视礼法以维护等级秩序(所谓"防"),"礼法,国之纪纲。礼法立,则人志定,上下安。建国之初,此为先务"。有学者认为,洪武改制的基本原则是"上下相维,大小相制,防耳目之壅蔽,谨威福之下移,则无权臣之患"。这是自司马光《上体要疏》以来就十分流行的治体思维,对于治法的高度重视表现为强化君主代表的主权主势、防止权臣专擅。谈迁曾评价明祖之治:

"重典刑乱，至移之功臣大吏，市血陈殷，殆同秦、隋，而天下宁谧，奸盗慑息，则爱民之心，天地鬼神深为谅之，国祚灵长，职此故也。"

明太祖朱元璋与其文臣集团的治国理念至为重要，后者又以宋濂、刘基、王祎、胡翰等浙东儒者为代表。南宋浙东学术促成了近世立国思维的一大突破，这一突破在明代政治实践中可以说获得了历史机遇，见证并参与了立国、改制、变法和易代的政治变迁。

宋濂作为"开国文臣之首"，在 51 岁（1360 年）以后参与了明代立国的政治实践。他对于太祖及其太子的建议和指导重视《尚书》"洪范"、《春秋》大义，强调"民者君之天"（《燕书》）、民富民本的优先性，主张以儒术革除元末以来的吏治弊政、整肃官吏风气、恢复乡举里选的古法，重视治心寡欲、推重《大学衍义》的内圣外王之道则显示出理学治体论的取向。

从学统上看，宋濂是元明之际传承理学和经制事功学的关键人物。他尊崇宋代理学诸儒，思想上有调和朱、陆理心二本的趋向，继承了主敬涵养等工夫论主张。更为重要的是，宋濂再度标举南宋浙东学术的重要性。作为婺州儒者，他指出以吕祖谦为中心的浙东学术后继乏人，在与王祎的讲学中表示愿意复兴吕学。他认为相对于陈亮的事功王霸之学、永嘉的经制治法之学，吕祖谦的中原文献之传讲明宋之文献传承，以立国政治为中心关切，对于陈亮和陈傅良等人产生了直接的学术影响。王祎对永嘉经制之学、婺州经世事功之学大力表彰，认为"经制之讲固圣贤之所以为道者"，可以"涉事耦变以适世用"。他对于东莱吕氏家学尤为敬服，称道其文献渊源、四方师友讲习，"其著书立言皆以羽翼六经，而尤长于史，无非明民至理，经世大法，推而广之，足以尊主而庇民；引而远之，足以立教而垂世"。

《元史》第七十八《良吏传》首云，"自古国家上有宽厚之君，然后为政者得以尽其爱民之术，而良吏兴焉。班固有曰：'汉兴，与民休息，凡事简易，禁罔疏阔，以宽厚清静为天下先，故文、景以后，循吏辈出。'其言盖识当时之治体矣。元初风气质实,与汉初相似。世祖始立各道劝农使,又用五事课守令,以劝农系其衔。故当是时,良吏班班可见,亦宽厚之效也。然自中世以后,循良之政,史氏缺于纪载",从其论治体也可窥见宋濂、王祎这两位主编的政治观念,与东莱治体论尚宽相通。王祎在朱元璋即吴王位之际上封事,指出君主修德法天道、顺人心,应以忠厚宽大为要,这也是周、汉立国的治道根基。对应明太祖强调严猛威强的治道基调,治体尚宽也有以仁礼匡引重典的谏议价值。刘基、王祎等人针对朱元璋以严猛对治前朝宽失,都反复强调宽严之间的平衡性,希望避免偏执一端。宋儒吕中对于儒家宽严、宽猛之论已经从仁意与纪纲的辩证角度有所辨析,提倡严猛很容易趋向法律严酷的尚法之治,而忽视仁意与纪纲的一体性,忽视礼义对于法律的前提价值。

宋濂称道东莱之学,"盖粹然一出于正,稽经以该物理,订史以参事情,古之善学者,亦如是尔",金华"主于下学上达",朱子主于知行并进、张栻严于义利之辨,在南宋理学格局中鼎立而三。杨维桢在追溯宋濂学术渊源时,更倾向于以婺州吕祖谦、陈亮和唐仲友等"宋子"为其学术旨归,显示出对于宋明学术连续性的确认(《宋文宪公全集序》)。

宋濂在《龙门子凝道记》"段干微"中对于宋代儒学进行了评论。王安石金陵之学被认为以一己私意穿凿六经,掺入佛老,倡功利开利源,摇动天下,不善于为国。蜀学纵横捭阖,弗知先王之道,若得国则为祸不下于荆公。他对永康和永嘉之学都有评价,肯定先贤对于经世事功和经制治法的研究,同时认为他们对先王道德重视不足,制度讨论沦为琐碎。这类批评更多折射出朱子视角对于宋儒和浙东学术的偏见,对经制事功学的了解实则不够充分。从宋濂多元并蓄的思想风格上观察,其并重经史、重视性理和经制融合(乃至吸收佛学精神)、提倡"真儒在用世"的事功精神,确实显示出与东莱之学相近的特质,也颇能代表明初立国诸儒创制综合的思想精神。

刘基学术上远绍永嘉薛季宣,接续浙东陈亮"成人之道",并重经史，淹通九流，广泛吸取道教、民间信仰因素，同时承继宋代理学道统，兼蓄朱、陆。其《春秋明经》以天人感应、尊王攘夷、明礼重民为宗旨。作于元末的《郁离子·千里马第一》"抟沙"以沙喻民，指出"有天下者惟能抟而聚之耳"，尧舜、三代、霸者、后世，分别是以漆、以胶、以水、以力（手）抟沙聚民。为君者要讲求聚民抟沙之道。萧公权先生表彰其民本论，以为继承孟子遗教而批评元季苛政，据民本而明革命大义，然而未及夷夏之辨。

钱穆先生论曰："余于明初开国诸儒，必推胡仲子为巨擘焉。然仲子未获向用，未能稍有所展布。求能与仲子相肩随者，得一人焉，曰：方正学孝孺。"胡翰有六论，曰《衡运》《正纪》《尚贤》《井牧》《慎习》《皇初》，钱先生称其"体大思精"。《正纪》超乎明初诸臣，明人纪之大本大原，在于君命出于公义、夷夏不可混淆。天地之纪不明，人纪不能独立。《尚贤》篇与黄宗羲《原臣》《置相》同调。钱先生认为胡翰思想本于宋儒，讲求治道，下与黄宗羲、顾炎武同。明祖"悯其老儒"而未大用，实求贤而不能容贤也。

方孝孺作为宋濂高足，被后者赞为"孤凤凰"（《送方生还天台诗并序》），"恒以明王道、致太平为己任"（《明史·方孝孺传》）。黄宗羲承刘宗周之洞见，从精神史的意义上，以方正学为明代理学开山（"持守之严，刚大之气，与紫阳真相伯仲，固为有明之学祖也"，"宋人规范犹在"）。在明初立国演变中，方孝孺是江南地区尤其是浙东地区与君权合作、对抗的士大夫典范，以道事君，以身殉志，其悲剧性命运标志着宋学事功精神的一大挫顿，辗转激发阳明良知学的兴起。

正统论是方孝孺政治思想的一大贡献，这方面他继承了宋儒欧阳修、陈亮、朱子以来的论述，注重依据《春秋》强调华夷之辨、君臣之等和天理人欲之辨。《释统》三篇与《后正统论》对于推翻元朝统治的明代立国予以正当性肯认。取天下、守天下以仁义礼乐，则为正统，如三代，汉唐宋可附之于后为附统；反之则为变统，如篡僭政权、施行暴政，南朝与秦隋是也。夷狄入主,亦为变统,方孝孺特别致意攘夷。相对国势权力,强调正统论的道德精神和华夷之辨,这体现出方孝孺思想的理学特质。钱穆先生在《读方正学集》中特别揭示出方孝孺正统论相对既有天命观的理论价值,在于明确元朝的变统地位,对明代立国做出合乎治道原理(先王旧章、尊王攘夷)的证成,肯定其创制立法、大政宏纲的仁义进步性。否则,"一切创制立法,兴礼乐,明教化,选贤择相,与民更始之大政宏纲,乃举无本原可言","能承仲子而重申正统大义于天下者,则正学也"。方孝孺正统论对后继之丘濬、黄宗羲和王夫之都产生了长期影响。

萧公权先生以方孝孺为明初政治思想巨擘,攘夷论前所未有,论政治本原以政教补救人生来之不平等,政治制度以人为不平之礼法施展功用,救济自然之不平,教化使此礼法内在化。《君职》篇指出君位本身乃以尽职为尊,在于为天养民。民职奉上,君职养民。君不修职,天殛绝之。君职所需权位实与工匠资于器具相类。这一职分论,我们在宋儒如叶适那里可以见到已有长足发展。公权先生又将其溯源至孟子。方孝孺极为重视民众力量,认为人民乃天下之元气,秦以后亡人之国者大多皆民。论者多从此指点出方孝孺与后世黄梨洲《明夷待访录》"原君"的思想相似性,以正学为后世先声。

《明儒学案》记载方孝孺论政,"为政有三:曰知体,稽古,审时。缺一焉非政也。何谓知体,自大臣至胥吏,皆有体,违之则为罔。先王之治法详矣,不稽其得失,而肆行之,则为野。时相远也,事相悬也,不审其当,而惟古之拘,则为固。惟豪杰之士,智周乎人情,才达乎事为,故行而不罔,不野,不固",可见其论政申明治道与治法。正统论、君职论都属于治道"知体"层面的重要原理。

方孝孺对于先王治法的尊重反映出明初政治复古之氛围,其演说又有针对时政弊端方而救济的用意。朱元璋振作末世衰风,提倡尊贤重儒,整顿风俗,而方孝孺慕古王政,讲行先王之典,按照三代先王典范来评价太祖作为，践行以道事君的理想。井田、宗法等古制在方孝孺看来可以抑制土地兼并、树立秩序基础，有望在明初立国之际施行（或曰"稍取先王之意为之法"）。他还设计乡族制度激活人民互助自治精神以养以教，在理学社会创制传统中又增新意，更看重民间自治活力。

同时，方孝孺推尊《周礼》，作《周礼辨疑》，认为文、武、周公之遗法微意，可由此而推。建文帝官制改革计划有其思想谋划的作用，他在《周礼考次目录序》中批评太祖废除宰相制度，寄寓其恢复优良政制的良苦用心。另外，方孝孺提出，"国之本，臣是也，家之本，子孙是也。忠信礼让根于性，化于习，欲其子孙之善，而不知教，自弃其家也"。《深虑论》第九、第十篇特别强调君主择贤共治、礼贤礼臣的重要性，主张创业垂统之君主振作好名喜功的风气，任用贤良。这里的国本观，蕴含礼臣之意，近于叶适水心《进卷》中的国本礼臣论，在明代待臣严酷以刑的政治环境中也显示出矫偏之义。

方孝孺聚焦"深虑"，指向立国问题。他指出立国长久之道，在于至诚大德的积累，而非智虑法术。法制用以备乱，立国最根本的还是人民，君主顺逆人民之道决定了国祚长短。

方孝孺的法度概念似有广狭两义，狭义直指庆赏刑诛，广义涵括治理的广泛方式和制度。前者如云"政之弊也，使天下尚法；学之弊也，使学者尚文。国无善政，世无圣贤，二者害之也，何尤乎人？"后者如"古之为法者，以仁义礼乐为谷粟，以庆赏刑诛为盐醯，故功成而民不病"、《民政》篇论"为治之法"非"徒任刑罚以劫黔首"，其要义在以广义礼法对治狭义尚法、任法的弊端。圣人之法，对于人民以养以教，安民而非虐民，才能避免其触犯刑律（"治之于未为之先"），避免以刑罚为治。

方孝孺对于法度与治人主体的关系进行了系统梳理。他提出"创业者责任"（创业者之责、之德）在于确立使民众得以安顿调和情性的礼法，立法优良，守法恪遵。创业者应优先关注风俗教化，而非刑罚。法度对于政治体命运至关重要，有优良法度而能遵守成宪，才能确保长治久安。周的历史表明,其衰败在于守法者非其人,而弊不在法。汉唐之法驳杂疏略,政治家的主体因素变得更为关键,政治衰败不能专罪守法非人。而秦之法度,即使贤能政治家继承始皇,也难以为继。概言之,周的法度最佳,汉唐次之,秦隋又次,这与方孝孺治道论层面的正统辨别相一致,也体现出与南宋经制事功学治法论立国思维的延续性。

"智者立法,其次守法,其次不乱法。立法者,非知仁义之道者不能。守法者,非知立法之意者不能。不知立法之意者,未有不乱法者也"。最好的政治是以仁义为根本,治法乃推行仁义的手段方法。或如孝孺论周法得民之"治具","寓控制天下之道于迂远不急之法,使人阴服乎上而不自知者","圣人之治天下,立法也严,而行法也恕。严者所以使民知法之可畏而不犯,恕者所以使民知刑罚行于不得已而不怨。斯二者其为事不同,其至仁之心一也"。这一点就是治体论所指的仁意与纪纲相维系。他引导我们思考立法的根本标准、法度的义理前提。立法的目的,不在于利国,不在于子孙传授,而在于利民(人民乃国之元气)。如果不能利民,即使是先王之道,也不足为取。对于民众利益、公义公利的强调,在这里成为方孝孺治法论突破传统路径依赖的一个动力因素。

方孝孺又论,善于守法,在于守其善者,更改其不善者,不以一己私意去破坏法意。方孝孺对于政治法度的历史变迁,重申儒家承继损益之道,强调对于政治传统的辨别选择,反对"必使其一出于己而后为政"。三代之后的国家败乱,都是由于不明智的政治家以私意改革政治,丧失公天下之心。萧规曹随,乃是善于立法守法的典范。"以私意为天下者,惩其末,而不究其本者也"。方孝孺以周为例,指出秦政自以为应据强猛惩治周之弱宽,实在是误判了周的立国法度,没有看到晚周诸侯正是违背了文武周公的宽大仁厚精神,肆行暴政。秦不思恢复宽仁,却以火济火,以强猛加剧强猛,导致二世而亡。叶适批评宋政,一味惩前代之失,而未能彰明所以得天下之意。方孝孺的观点,承此而加以更为清晰的公私之辨。他对于宋元明政治变迁也有类似剖析，指出宋政教宽厚淳美，元不能复，大坏之，继起者不能加重颓势。"言治道者不求其本，急近功，则谓德不若刑，务教化，则谓刑不若德，皆近似而不然也"。任刑与任德，不能兼治君子和小人，都不足以致治。德本刑辅，"则宽不至于纵，猛不至于苛，而治道成矣"。他对政治家以私意改变优良政制、宽猛未能相济的深度反思，放在明太祖废除宰相、以刚猛严苛治国的历史脉络中无疑是十分犀利的政治批评。

方孝孺在治法和治人关系上，强调治法的优先性与二者的相承性，"欲天下之治，而不修为治之法，治不可致也。欲行为治之法，而不得行法之人，法不可行也。故法为要，人次之。二者俱存则治，俱弊则乱，俱无则亡，偏存焉则危"。强调纪纲法度的本位性，又反对任法而轻视治人，这一点与南宋浙东儒者相通。

方孝孺《君学》篇论述治人主体，从政学关系探讨君道。他指出近世以来学术分为性理、事功、文章与制度，人君之学不同于儒者书生之学，需要将理学的正心为本与经制事功学的多元才能结合起来，从治心和立政两方面论述人君之学。这无疑显示出理学与经制事功学二系的某种整合，对于帝王之学的特质强调与陈傅良、叶适、陈亮十分近似，对于正心的定位与理学同调。他主张人君致力于圣贤之学，"邈乎无为，澹乎无谋，以任天下之才智，而不与之争能，则功之出于人者，犹出于己也"，正心而兼用仁智勇、才能之士，择贤共治，才是君道之正。方孝孺提出"君量"说，指出在君主智力、资质、计术之外，以学充量，操持者大，涵蓄者远，事物不得乱其中，量足以容天下。方孝孺于此重申孟子"行其所无事"的智慧，浙东薛季宣以降多称之，以其显示出一种秩序自觉意义上的事理自然妙用。《君学》《君量》《治要》等篇，颇有陈龙川汉论神韵，思维上也多一脉相承。

方孝孺政治思想展现出其深受宋学精神的淘浸，所谓"宋人规范犹在"。他在治道层面伸张正统论、君职说、人民元气说、宽猛之辨，在治法层面凸显礼法秩序的"深虑"意义，从立法、守法角度系统考察政治变迁，据此强调创业政治家和守成政治家的德行和责任，强调对于优良政治传统的尊重，对于治法和治人的论说延续了经制事功学的治体思维。相对于明初政治重视礼法以寄托防制之义，方孝孺揭示出礼法的仁义大本原，强调防制不能偏于刚猛一端，流于任刑。宽大忠厚，对于立国法度有其根本价值。在治人主体层面则并重治心和立政，注重君学、君量。从立国思维上来看，方孝孺整合了理学与经制事功学两个脉络范式，推重周礼、周制显示出依据经制理想以立国的王道太平精神，继续发扬了宋学实践中共治、尊法的优良传统，这既生成了他对于明代立国的基本肯定，也促发了对于其中弊政的敏锐批判。后者随着建文改制的展开而获得一实践机遇，也伴随其失败而带来宋学理想主义的一大顿挫。

钱宾四先生论曰："不幸而仲子既不获显用，正学又晚起，靖难之变，以身殉之；而文禁又严，其门人藏其遗文，至宣德以后而始稍传于世。遂使明代之治不能稍复于古，不惟不逮汉、唐，抑且视宋而有愧焉，则岂不由其无儒乎？岂不以夫道统之失而不振乎？"又曰，"历代开国，儒士之盛，明代为首"，方孝孺之后，"儒统遂绝"。此后明代学术"狭小拘碍"，即使阳明有大事功，也"未能大通于人纪之全以上达于天纪"，直至顾、黄、王诸大儒起，方得接续正学格局。

方孝孺对宋之政俗颇称美，"至于近世，惟宋之俗为近古。尊尚儒术，以礼义渐渍其民。三百年之间，宰相大臣不受刑戮，外内庶官顾养廉耻。虽曰纲纪未备，其所崇尚，远非秦汉以下之所能及。……虽三代之亡，未闻忠厚恻怛有若是者"，宋风俗淳美，政教宽厚，大益于国。元代风俗大坏，新朝若因乱国之俗而致治，"用元之法而欲致古之治"，势所难为，需要"重鼓而铸之"。方孝孺提出"变俗"的建议，"三代之变俗，各视前代而变之。元之俗贪鄙暴戾，故今宜用礼义为质，而行周之制"。明初治法建设虽有起步，如学校、乡饮之礼，但是效果仍未彰显。方孝孺指出，最紧要处在于"灼然示之以所尚"，治道精神的根本导向还需明确，即灼然示之以礼义。御史之职不止于弹劾、守令之职不限于兴利增户，而需提升其礼义导向，"使小民皆知朝廷之意在乎成俗，而不求利，在乎任德，而不任刑，则信让立，而廉耻兴"。这是治法建设升级的重要前提。

考察明代立国思想的第三大关节是隆庆、万历时期的张居正大变革。这是继北宋王安石大变法之后中国政治传统中的又一次大规模变革性事功。江陵思想有承于阳明者，其纠矫理学偏弊有其合理性，弹压讲学运动，则为世所诟。若就其政治理论大体而言，江陵可谓代表了近世立国思维的另一个保守进路，将宋学中浙东陈亮、叶适经制事功学思维的权威、质实一面充分张扬，与方孝孺代表的偏理学型立国进路势成颉颃。

江陵对于明代太祖立国的治体合理性高度肯定，由此对尊宋扬宋的立国更化思路大表非议，并在此基础上形成自身的执政理念，所谓"治体用刚"。

朱元璋立国，以宋元政在宽弛，权臣专擅威福，君主权势下移，因此特意强调纪纲法度的礼法建设强化上下之分，突出严猛刚酷。江陵对此精神明确肯定，指点明代立国精神正在于君主"刚明英断，总揽乾纲，独运威福"，"高皇帝以神武定天下，其治主于威强"。

江陵从历史政治传统的演进来解释明祖立国的合法性，所谓"神圣统天，经纬往制，六卿仿夏，公孤绍周，型汉祖之规模，宪唐宗之律令，仪有宋之家法，采胜国之历元，而随时制宜、因民立政、取之近代者十九，稽之往古者十一，又非徒然也"。一方面选择继承历代优良制度，另一方面又能够"随时制宜，因民立政"，更为注重近代政治传承。

在前一方面，江陵屡有对照引申，如论明立国近似于殷商，认为惟商之规模法度，最为整肃，成汤、伊尹创造基业，国势强大，"本朝立国规模，大略似商周，以下远不及也"，立国精神在于用威。江陵对于秦以降政治演变依据文质相胜观提出迥异流俗的看法。他高度肯定秦、元二代对于各自后续之汉、明的积极开辟价值，周和宋都代表了政治法度形态趋于礼文极弊的历史阶段，秦、元二代，推重质实简严而抑制礼文，都是出于政治上克制演变弊端的必然性。这种崇质实而抑文华的历史政治基调，我们在陈亮思想中已见证其对于宋代立国演变的检讨，在后世清代前期政治思想中仍有强劲的表达。

后一方面则透露出江陵作为政治家对于现实政治传统的合理性自觉。他从人情在历史情势中的积习惯性来领会这个合理性，所谓"久而习之，长而安焉，亦自无不宜也"。法度的合理性标准主要在于合乎时代与民情风俗，"法无古今，惟其时之所宜与民之所安耳。时宜之，民安之，虽庸众之所建立，不可废也"，"法制无常，近民为要。古今异势，便俗为宜"。陈亮以为法度"至公而时行"，江陵更凸显出后者的时代性精神。浙东经制事功学发展保守立国思维，至江陵处，从儒家传统中为此点拨出诸子理论根基，即荀子之"法后王"。南宋浙东诸儒对于荀子此点并无明确肯认，有学者将其理解为"显学隐传"。而江陵则明确辨析孟荀，并以为后者立场更可取。方孝孺则批评荀子"似乎中正"、"似是而实非"，虽未直指法后王论，其尊孟贬荀之立场十分鲜明。

方孝孺尊宋，背后是以三代为典范的法先王思路，而江陵对此类做法大加抨击。如谓腐儒不达时变，动称三代云云，这是"宋时奸臣卖国之余习，老儒臭腐之迂谈"，"近时迂腐之流，乃犹祖晚宋之弊习，而妄议我祖宗之所建立不识治理者也"。江陵认为宋代政治议论繁多，文法牵制，不能用磊落奇伟之士，如张乖崖张咏等有王霸大略之豪杰。这个意见，显然也是承继龙川而来。张氏指出，本朝立国规模威德并施，纲目兼举，超越三代汉唐。他特别批评宋代宰相卑主立名，违道干誉，末季腐儒，摇乱国是，而明代治体克服了宽纵之病。站在肯定秦、明立国法度的基础上，江陵对于扶苏、建文都表达异议，认为他们并不能有效继承和巩固立国规模，如踵衰宋之陋习，纷更高祖约束，实在是政治的大不智。

　　落实到隆、万时期的大变革，江陵对于政治问题的诊断与对宋政的批评有相通处，如谓其议论滋多，纪纲倒植。他的变革宗旨可概括为：一切付之大公，修明祖宗故事。强公室、杜私门，省议论、核名实，尊主庇民，主德既成，治具毕张。在治道精神上强化国家政权所代表的大公大义，在治法上重现太祖立国规模中的威猛刚强，彰显君主和中央政府代表的在上之主德主威主势，整顿吏治，抑制豪强，纠治士大夫好议论讲学的风气，重视民生福利。建立一个强有力的政治社会中心，改进士民社会的政治文化风气，可以理解为治道和治法变革的治人指向。这种"治体用刚"的大政思路在江陵看来，正是对于明太祖立国规模的致敬和发扬。

　　熊十力先生极为推崇张江陵政学对于现代中国的价值，以为其思想以儒佛为本，辅之以道家、法家。熊先生特别针对将江陵视为法家的流俗意见，指出简单套用诸子范式理解近世政治人物的谬误，未能把握到近世法度化的主题。

　　马骊教授在考察朱明政权时，从合法性角度将其视为一种"合法的绝对权力"。西方学者对此曾提出"亚洲专制主义""东方专制主义"与"开明专制"两种不同的解释概念，后者认为专制权力可以在为广大民众谋取公共利益的意义上建立并维护一个缺乏实质制衡力量的政权，这个政权在公共目的和形式上又是合法的。马骊提醒我们注意人类统治类型的丰富性，朱明政权作为专制政权缺乏抗衡势力，却可以通过自我约束或巧妙宣传保持统治，凭借为民众谋求福祉而获得合法性。对这种绝对权力的约束主要来自尊重社会习俗，尊重主要宗教及社会目标，保障民众最基本的社会需求，以及，合法性代表群体如士人的评判。绝对权力的合法性并不稳定，易于趋向滥用高压恐怖，进而丧失合法性。马骊将朱元璋政权视为开明专制的一种雏形，利用儒家关注政权与民众之间的关系以建立政权合法性，吸收法家关注政权组织尤其是君主与官吏之间的关系,注重官与民的区分对待("严以治吏,宽以待民"),君权经常凌驾于法律之上从而显示出更为专制的一面。这也构成了其致命弱点,即权力失控,缺乏有效补救。

开明专制或"合法的绝对权力"之说,可以帮助我们观察明代立国精神,然而仍不免有熊十力所指出的认识盲区。从近世历史脉络中的治体论来看,明代在治人主体上的尊君抑臣、共治精神萎缩,在治法层面的乾纲独断、防制为重,与开明专制论所强调的缺乏制衡势力可以相互解释。而治体论之治道层面的阐释,如基于长时段历史演变基础上的文质宽猛之辨、政学关系形态、夷夏之辨与正统论,在以政体论为中心的视角中难以得到恰当的凸显。

聚焦到治人和治法这两个层面,宋明立国思想都见证了近世法度化、宪制化的充足发展,只是法度化的模式蕴含有显著变化。初看起来,宋代治人主体强调共治化,明代强调主势、主德、主威,这一差异的产生又来自历史演变的自然理势,前后正反相惩,辩证发展。而吕中《皇宋大事记讲义》曾提醒我们注意,宋代立国,其实也经历了从国初太祖以君主威权为纪纲,到仁宗时期以公议共治为纪纲的治法转型。这一内在转变,在明代政治自身,也有相类似浮现,即明代中后期阳明学兴起之后讲学公论运动蕴含的议政与变革冲力。这正是张江陵所忧惕警视者,他看到了近世政学传统中某种结构性冲力的不断浮现,试图激活"治体用刚"的立国法度精神来避免故宋覆辙。

宋学中的经制事功学已经向我们指出,权威与共治的整合其实是近世立国议程中核心主题的第一义,这是秩序的首要赋权。叶适透过"治势"概念强调近世国家政治权威的法度特质,即由君主及其中央政府建立起集权化体制,其特征是矫失而密察。这与明祖立国的防制精神实则一脉相通。浙东儒者指出了宋代的这一趋向特质,更重要的是,他们同时概括了礼臣、恤刑的国本地位。后者正体现出对于共治力量的尊重和吸纳,也是宋代立国所谓宽大仁厚的要点之一。在陈亮、叶适等宋儒看来,在上者政治权威的强化与共治力量的积极参与,二者整合,正所谓大建、共建皇极,树立起了近世平民化社会的政治社会中心。这一政治社会中心,蕴涵了尊尊与贤贤两重力量。任何一者,无论是"尊尊"所指向的国家政治权威强化,抑或"贤贤"指向的共治参与兴起,均不可忽视。

明祖威强立国,乾纲独断,江陵治体用刚,尊主庇民,凸显出了这个政治社会中心的政治权威维度,以主德、主威为公义主要担纲者(所谓"尊君"),尊主所以庇民,惩奸而未能礼臣。方孝孺等人,似乎又偏向强调宋代宽大、共治的一面。相比起来,南宋浙东儒者的立国思考把握到了权威与共治的整体均衡。由宋代权威与共治的相对均衡,演进到明代立国主调的权威凸显、共治萎缩,是近世政治社会中心的模式蜕变。而权威与共治之整合,体现公道公义,需要落实为纪纲法度,由是而引出公道公义法度化的进程。

公共道义的法度化,即政治权威与共治之整合的法度化宪制化,构成近世立国核心主题的第二义。从治道、治人与治法关系审视,公道公义的法度化并不能完全避免政治权威的超法度化与非法度化,前者如陈亮立国本旨论中先于法度化的立国行动及其精神,治道和治人要素本就蕴含着不能完全化约为法度化的部分,如主体化的意志和技艺、政学关系的文化传统。后者如政治权威非理性、私利私情下违背法度之劣习,属于权力幽暗部分的发作。换言之,合法的绝对权力或开明专制论指向的政治活动,包括政治权威合乎治道原则(如夷夏之辨、民众福祉)、法度化,体现治人技艺的实践智慧,但是未能兼顾权威与共治的整合。

重要的榫卯：焦竑及其法哲学

屠　凯[*]

　　焦竑，字弱侯，号漪园、澹园等，祖籍山东日照，明世宗嘉靖十九年（1540 年）生于南京，殁于明神宗万历四十七年（1619 年）他八十寿诞之夜，据载"然本年冬十一月，行年八十，士大夫方歌颂为寿，夜啣杯而晓闻易箦矣。"焦竑的家族在南京世袭旗手卫千户，是明代的中下层军官，饱暖无忧，他因而具备基础的学习条件。待 23 岁时，焦竑遇到以监察御史身份到南京督学的耿定向，此后一直师事耿氏，也得其提携跻身晚明王学人士的行列，并陆续和罗汝芳、李贽等均有交往。焦竑中举很早，但自 25 岁后会试屡屡落第，几乎"蹉跎"一生，而终于在万历十七年，时届五秩，高中殿试第一甲第一名，大魁天下。声名带给焦弱侯新的际遇。万历二十二年，皇长子朱常洛出阁读书，焦竑被委任为讲官之一，授课和编绘图文并茂的教材皆倾注心血。也正因为如此，他不可避免地加入了明末的国本之争，既不可能受到对立之朱常洵系的欢迎，同时遭到朱常洛系同僚的嫉妒。万历二十五年，神宗皇帝越序钦点焦竑担任顺天乡试的副主考。焦竑的敌人便借口科场舞弊，诬蔑焦竑收受贿赂、所举非人。这场构陷的结果是焦竑被贬至福建任职"同

　　* 屠凯，清华大学法学院副教授。

知"。至 60 岁时,焦竑辞官归里,在江南园林的山水间读书写作。在南京家居时,焦竑的学生徐光启还介绍利玛窦前去拜访他。焦弱侯一生著述宏富,如《澹园集》等,无论内容和风格都充分体现出状元公的雍容风度。

诚如林桐城所说:"焦竑以学识宏博见称,所涉及之研究领域极广,包括有阳明心学、老庄哲学、史学、考据学、文学、声韵学与目录学,乃明代阳明后学当中成就最为卓越者。其学术思想有承先启后之功。"既往对焦竑的研究集中于对他思想性质的判断以及与后世的关系,学者普遍认为焦氏乃晚明向清代乾嘉之学嬗变的关键。容肇祖曾称焦竑是"王守仁、王艮一派的后劲",指出他与李贽之学十分接近。张学智则分析焦竑其实有别于王艮、李贽,乃至其师耿定向,总体而言持一种温和态度,"其学有极浓的学院气息"。当然,焦竑的这种折中倾向,也难免引起李剑雄所谓的"两截"之感。于后世学术,余英时提出"明中叶以后考证学的萌芽"是"儒学在反智识主义发展到最高峰时开始向智识主义转变的一种表示",而焦弱侯透露出这一内在转向的消息。钱新祖则建议把"比较明显的焦竑,以及不那么明显的戴震与章学诚都放置在陆王传统之中"。这一分别的要害在于,清代考据学究竟是朱子学还是阳明学泛衍的结果,是理学的新波还是反理学的异流。无论如何,焦竑显然已经成为寻求中国学术思想内在连续性者必须发掘的重要环节。

在此基础上,本文希望探讨的问题是,焦竑在其他学科研究中所呈现的矛盾、过渡姿态在法哲学领域是否也存在,以及如何存在?不同于思想史的描述性范式,法哲学另有规范性的不懈追求,即希望在人物作品中提炼出系统性、条理化的话语,以其对观念与行为是非对错的清晰认识应对实践挑战。为此,必须赋予焦竑的古典思想以现代的分析的形式,由此将其引入理论法学的论域,并和此间的其他学说发生联系。概言之,焦竑认为规范首先来源于寓于人类个体的"性",其次才是

"心",虽然在身份上属于王学后劲,但在思想上预示了朱子学式他律倾向的回潮。他反对道德相对主义的观念,坚持仁孝敬慈等价值,这和王艮一系显有距离。在应用规范的问题上,焦竑强调向内用力,去除情欲和意见对判断能力的牵扯。但是,正心复性的结果并非获致具体的伦理规范,而是一种毫无偏颇的心理状态。此说又和阳明学的自律倾向保持了一致。焦竑相信历史经验的现实作用,鼓励研究经典文本,包括解析其中的名词字句,似乎重视权威。但是,他的具体政治主张又带有比较浓重的自由色彩,希望由民自治,量入为出,反对内外战争。焦竑真不愧为后世和晚明学术之间极为重要的一个榫卯。

一、规范的来源

明代自曹端、吴与弼开始,"心"在人们各自哲学体系中的地位即持续上升,及至王龙溪和罗近溪,终成最高本体。与此相对,原本十分重要的"性"则渐渐少被提及。但在焦竑哲学中,"性"之概念再次夺回至尊宝座。

具体而言,在讨论心性之别时,焦竑说:"心性原无分别。然既有此一字要说,分别亦得。古人谓'性如水,心如波'。又云:'静谓之性,心在其中矣;动谓之心,性在其中矣。心生性灭,心灭性现。'"盖焦竑认为,心和性本属一体,但如需予以分辨,则心还是第二位的。他的这一构想在《大学言心不言性,中庸言性不言心,孟子兼言心性解》一文中阐述得特别清楚:

> 盖人生而静,天之性也;感于物而动,心始生焉。忧患、忿懥、爱恶、哀矜,皆心也。心既动,性斯隐矣;心不作,性斯见矣。……圣人非无心也,如鸟游空,如影涉水,有心而实无心也。众人非无性也,心之所动,交相攻未始有穷,终憧憧而莫睹其性焉。

但这个"性"过于抽象以至于无法定义。焦竑承认："顾知性亦难言矣。《记》曰：'人生而静，天之性也。感于物而动，性之欲也。'譬之于水有源有流，圣人所为教者多其支流，而于源则罕言之。非不欲言，不能言也。"

焦竑哲学中这一不可言说的"性"其来有自，深受释家的影响。有时，他比之为大海。所谓"佛与众生，自心常寂。妄计有心，遂成河汉。岂知清净海中，有一微尘，可作修证，不思议解，犹为说梦"。有时，又比之为圆镜。所谓"然此大圆镜中，死生去来，不啻如过影然。知道者非其轻视之，盖世有睹溟渤之全，而谓一沤之起灭，能为窒碍者，未之有也"。但更多的时候，人之"性"是所谓"本地风光"、"本命元辰"。焦竑说：

> 因此一片本地风光，无径可寻，无门可入，才有所重，便成窠臼。故曰："非有道不可言，不可言即道；非有道不可思，不可思即道。"学者于口耳俱丧之余，言思路绝之际，蓦地一下，任伊说有说无，说无为真空，说有为妙有，信手拈来，何所不可？未曾实证此理，若靠些子知解，为本命元辰，不知此知头出头没，时灭时生，生死流浪，辗转不休，于所谓无生法忍，还相契否？

这一拒绝流浪生死、辗转不休的所谓"无生法忍"、"本命元辰"，在王畿哲学中也出现过，而龙溪使用的说法是"历劫不坏先天之元神"。不过王龙溪是把此物和良知等同起来的，而焦竑句中"此知头出头没，时生时灭"的表述似有不同。毕竟，王畿的良知"一念灵明"太过活跃，而焦竑的"性"则永远静谧。焦竑说："人性湛然，本无一物，不知者至多以意识以蔀之，蔀去而性子若，非能有增也。"

焦竑既然想挽救"性"这一范畴，就必须对作为阳明学核心的"心"有妥当安排。首先，焦竑继承了将"心"抽象化的传统，区别"血肉心"和

"真心"。焦竑在回应"心只在方寸间"的说法时,明确表示:"此血肉心,非真心也。"那么,到何处去寻找这一真心呢?焦竑一方面宣扬:"盈天地之间皆心也";另一方面也指示了真心的所在。第一,超越时空。他说:"此心不为尧存,不为桀亡。"第二,与生俱来。"盖赤子之心,人所有也。"焦竑描摹之说:"如婴儿之未孩。"又说:"婴儿之始生也,不以目求乳,不以耳向明,不以手任行,不以足探物,此岂待于外索哉?"在强调心的这一特征时,真心也可称为初心,所谓"吾之初心是已"。此外,心还自我呈现,特别是在适当的条件下。焦竑说:"即夜气未亡,亦自有不安且信者,良心固在也。"他自述:"近于五更睡醒时,觉万籁俱寂,独此知在耳。因思万形有迁改,而此知不灭。即《楞严》波斯匿王论见恒河性也。乃或流浪转徙,自失其本心,岂不哀哉!"显而易见,这种心又名良心、本心。如此看来,焦竑哲学中的"性"不可言说,只可比喻,而"心"业经体验,稍显具象。心的"第二位"促使它更容易发挥作用,"性"反倒完全隐藏于帷幕之后了。正所谓"人总三才,厥资也深。旁魄变幻,皆君于心"。

在此框架下,焦竑才讨论"善恶"的问题。究竟言之,焦竑认为规范性是自最高存在派生的,但最高存在本身无所谓什么规范性。他说:"论性之本体,善亦无有,何有于恶?《孟子》为战国时人心驰骛功利,丧失其良心,特提掇一'善'自以示之,终不如先师'性相近,习相远'之语,更觉浑然。"规范性展现了最高存在。焦竑说:"《易》云:'继之者善。'继如子之继父,绳绳一脉,然因子以见父则可,谓子即是父则不可。善学者当自得之。"那么,继性而生的善恶是什么呢?焦竑借用他人的话说:"若论其实,凡起心动念,但欲利人皆善也;但欲利己皆恶也。事或利人,虽怒詈摈斥,皆善也;事止利己,虽安舒承顺皆恶也。"他并且特意指出:"余友袁了凡著书,尝推此类具言之,最当参看。"以利人利己之念头区别善恶,这像是回到了明初的说法;而以《了凡四训》作为最重要的事例,则更趋于简化,近似罗汝芳等人的方便法门。

但是,要用这些老生常谈的教条定义最高存在,无疑严重缺乏想象力和说服力。焦竑当然深知其弊,所以还要向抽象的方向说回去:"善,自性也;而性,非善也。谓善为性则可,谓性为善,则举一而废百矣。"为了求得他律和自律之间的一种动态平衡,焦竑坚持此说绝不等于当时通常所说的"无善无恶"话头。他区别了自己坚持的"至善"概念和所谓"无碍禅":

> "至善"是绝好处所,"止"是安顿之意。如邦畿千里,是百姓安顿至善处,丘隅是黄鸟安顿至善处,仁孝敬慈信是学者安顿至善处。悟后之人安身立命,得此归宿,方是好结果。近世一种谈无碍禅者,一知半解,自谓透脱,至其立身行己,一无可观,毕竟何益? 此正小人而无忌惮者。

须知,耿定向深恨这种人,焦竑在和乃师交流时果然又重复说:

> 彼其以多欲之心,假道于"无碍"之语,而不知其不可假也。某请有以诘之:为恶无碍也,为善独有碍乎? 为善惧有着心也,为恶不惧有着心乎? 以彼所托,意出禅宗。顾禅宗无是也,内典云:"无我无作无受者,善恶之业亦不亡。""无作无受"者,言于有为之中,识无为之本体云耳。未尝谓恶可为,善可去也。又云:"善能分别诸法相,于第一义而不动。"言分别之中,本无动摇云耳,未尝谓善与恶漫然无别也。

盖焦竑完全识破相对主义的自我悖论,若一切均为相对,则此相对主义的主张亦当以相对主义视之。他还釜底抽薪,说明即便禅宗希求无作无受者,也承认善恶之业并不落空,决不允许去善为恶,多欲无碍。可见,焦竑与"无善无恶"之"谈无碍禅者"恰恰相反,仍然提醒儒者应当在仁孝敬慈处安顿至善。

二、应用规范的判断

既然善恶不废,如何应用之呢?虽然焦竑谈到《了凡四训》,但是并没有走向那种以因果报应强制人循规蹈矩的道路,在讨论规范判断问题时,他更强调向内用力、复性正心的工夫。焦竑认为,干扰人进行规范判断的因素是情欲和意见。焦竑说:"性自明也,自足也……故明也而妄以为昏也,足也而妄以为歉也,于是美恶横生而情见立焉。情立而性真始梏,故性不能以无情,情不能以无妄。"关于情绪,焦竑比之为对本体的搅动。所谓"性,水也;情,波也。波兴而水浑,情炽而性乱。波生于水,而混水者波也;情生于性,而害性者情也。故曰:'君子性其情,小人情其性'。"关于意见,焦竑则讲了一段禅家故事:"思虑未起,鬼神莫知。一落思为,便是后天境界。昔一僧雪中下山,失足将坠,得伽蓝神以手托之,因大愧曰:'老僧修行无力,为鬼神觑破。'故知此向上一着,是鬼神觑不破之机,生死不相干之路。"既然情欲和意见为害如此,便当清除之。他此处用了"洗"字以表述这个过程。他说:"日用间有少执滞处,少窒碍处,总是习见之累,徐徐涤除之,当下了即当下彻。"此说无疑有吴与弼、陈献章的影子,但更是佛家法门。正所谓"一弹指洗千劫障,同证妙明寂灭海"。

去除情欲和意见之后,人之规范判断能力便不再受到牵扯,达到复性正心的结果。对于"性",焦竑说:"今人情欲意见,牵缠不休,何以复性?人情易溺者莫如床笫,故言剥笫以足、以辨、以肤,剥之又剥,至于剥肤,所谓吾丧我也。可剥的尽力剥去,只到不可剥处,真实自见,所谓硕果不食也。"对于"心"也是如此。他说:"情计两忘,不为谋府。冥心一观,胜负都捐。故心志保安,合同于道。"又说:"观有所恐惧,有所好乐,为不得其正,即知无心为正心。"但是,在焦竑哲学中,复性和正心的层次是不同的。焦竑申论之曰：

> 性犹水也，心犹波也。水至清，波能摇之；澄其波而水自定矣，然不
> 可谓波非水也。性至静，心能扰之，澄其心而性自复矣，然不可谓
> 心非性也。至《孟子》而其说长，彼以谓无不善之性，而有不正之心
> 也，特别白而言，不欲以人化物者，而淯性真也。故由恻隐以识性
> 仁；由羞恶以识性义；由辞让、是非以识性礼、智。约心归性，即恻
> 隐羞恶无之而非性，奚根杪之辨焉。夫心曰正，犹得而倪之，正与
> 不正，性皆无有，则善不善，二皆离矣。

在焦竑哲学中，正心复性的结果并非获得什么具体的伦理规则，而
是一种空洞寂静、毫无偏颇的心理状态。他肯定地说："吾性空洞，本无
一物，只是自生意见，捏目生华，迷头认影，转觅转远。今欲深入，知地
别无奇，特惟取从前一切知解，尽情休歇，直下便归家乡。"又说："盖此
心空洞无物，即名为道，名为极，非无偏无党之外，更有王道也。"

一旦获得这种心理状态，自可随时随地得到正确的判断。焦竑说：
"吾人应事，虽属纷纭，乃其枢纽之者却是一物。所谓'随事体验'云者，
于纷纭中，识取此一物而已。得此入手，如马有衔勒，即纵横千里，无不
如意，此颜子之所谓礼也。"又说："斯视听言动，靡不中礼，心空矣。斯
三千威仪、八万细行，弥不具足。"这种作出规范判断的过程好似灵感来
临时的作者，所谓"心之所契，身之所履，无丝粟之疑。而其为言也，如
倾囊出物。借书于手，而天下之至文在焉"。焦竑又说："古之艺，一道
也。神定者天驰，气全者调逸，致一于中，而化形自出，此天机所开，不
可得而留也。"所以他对明代以来的文学复古运动不怎么认同，他说：
"余观弘、正一二作者，类遗其情，而模古之词句；迨其下也，又模模之者
之词句。"除了写作，正确的规范判断过程也像名家书法，"夫神定者天
驰，气完者材放。时一法不立而众伎随之，不落世检而天度自全。譬之

云烟出没,忽乎满前,虽旁歧诘曲,不可以为方,卒其所以为法者,丙丙如丹"。

　　焦竑的这种理解当是深受其时"良知现成"说的影响。在论断狱时,他讲了这段话:"人能反求,如窭人骤还富家,一旦取之无尽,用之不竭,何乐如之? 盖此理不离人伦庶物,能明察之,则信手拈来,无非仁义,所谓'由仁义行'也。若不著不察,不免挨傍格式,所谓'行仁义'也。"焦竑又说:

> 今人劳劳攘攘,似件件都欠缺的一般,岂知性中无所不有,所以孟子说:"万物皆备于我。"我实备之,我不能受用,却逐逐然向外寻求,此所谓"抛却自家无尽藏,沿门持钵效贫儿"也。果能回光返照,瞥地一下,见得现现成成,原无亏欠,是大小快活。故曰:"反身而诚,乐莫大焉。"

但与一般所谓"良知现成"之说不同,焦竑深知完善的心理状态是很不容易得到的,所谓"理须顿悟,事则渐修。顿悟易,渐修难"。要维持之,则必须"学"。所谓"夫圣人之道,性自有之,然必驯扰磨揉,从容迟久,至于礼让与行,风俗纯美,而后为学之成"。他说:"先师所谓讲学者,大约在知性。性未易知,须假方便以通之。博学、审问、慎思、明辨、笃行,皆知性之方便法也。""学"的目的也正是达到完善的心理状态而非其他。他说:"夫学,知性而已。性之弗知,即博闻强识,瑰行尊伐,衔耀千古而不能当达者之一盼。"而学习的内容,主要是伦理规则。他说:"人伦明则良心固,机智不生,然后能外成败而自信其守,故古荐绅先生抗志权奸,乃心王室,有废锢摧抑而其操弥厉者。"又说:"学须有根本。根本既得,便要存养。如种树者,已有生意,灌溉之功亦何可废? 古人耳之于药,目之于礼,左右起居,盘盂几杖,有铭有戒,动息皆有所养。今已无之,独有理义可以养心耳。"不过,焦竑之学也包含了实践。他说:

"先儒言，才学便有着力处，既学便有得力处，不是说了便休。如学书者，比执笔临池，伸纸行墨，然后为学书；学匠者，比操斧运斤，中钩应绳，然后为学匠。如何学道，只是口说，口说不济事，要须实践。"这是焦竑的可贵之处。

三、经 世 之 学

焦竑相信历史经验对当下的作用，尤其留心"经世之学"。焦弱侯说："余惟学者患不能读书，能读书矣，乃疲精力于雕虫篆刻之间，而所当留意者，或束阁而不观，亦不善读书之过矣。夫学不知经世，非学也，经世而不知考古以合变，非经世也。"而经世之学的重点即"考古合变"，古为今用。他希望做一个真正的医国者，研究古方，发挥功效。所谓：

> 古之善医者，于神农、黄帝之经方，秦越人之《难经》《灵枢甲乙》，葛洪、陶隐居之所缀缉，咸洞其精微。其于简策纷错，《黄》《素》朽蠹，老师或失其读，与曲士或窜其文者，无不贯穿而辨晰之矣。又必乐义耐事，急于生人，而亡虞主人之夺糈，斯能动而得意，攻邪起仆，如承蜩而掇之也。藉令不由经论，而以情揆疾，曰："古法新病，不相能也。"而第多其药以幸有功，则相率以趋于毙而已。

理论上讲，如同古方收于医书，治国理政的经验教训、原则方法当载于经典，即"技近于道，道载于经"，而且"夫道非一圣人所能究，前者开之，后者推之，略者广之，微者阐之，而其理始著，故经累而为六也"。而遵循经典，就像遵循医方，也像遵循法律，不能任意更改。焦竑说：

> 盖经之于学，譬之法家之条例，医家之难经，字字皆法，言言皆理，

有欲益损之而不能者。孔子以绝类离伦之圣，亦不能释经以言学，他可知已。汉世经术盛行而无当于身心，守陋保残，道以寖晦。近世谈玄课虚，争自为方。而徐考其行：我之所崇重，经所诎也；我之所简斥，经所兴也。向道之谓何？而卒与遗经相刺谬。此如法不禀宪令，术不本轩、岐，而欲以臆决为工，岂不悖哉！

但是，要想真正学到经典所载的经验教训、原则方法，首先必须读懂其中名词、字句，否则岂非"世无一物不识与书，而实无一人能谙其义，良可叹也"。焦竑进一步说明：

昔圣人虑人溺于物而莫之瘳也，故以上下为道器之别，然离器而语道，舍下而言上，又支离之见，而道所不载矣。故制器备物，多识于鸟兽草木之名，往往为学者言之。岂非通其理则器即为道，溺于数则道亦为器，顾人所心契谓何耳。

焦竑促人识字，所谓"未有不通古人之字而能知其经者"。他说："盖自籀篆变，分隶兴，学者骛其支裔，迷厥本根，而柄文者亦复泾渭同流，淄渑莫辨，至于今而灭裂甚矣。"焦竑促人知音，所谓"《诗》必有韵，夫人而知之。乃以今韵读古诗，有不合辙归之于叶，习而不察，所从来久矣"。他说："韵之于经，所关若浅鲜。然古韵不明，至使《诗》不可读，而正得失、动天地、感鬼神之教，或几于废，此不可谓之细事也。"总之，研究音义，"足以订经疑，识乱始，其益非浅鲜也"。这即是孔子所谓"博文约礼"的真意："孔子之博学于文，正以为约礼之地。盖礼至约，非博无以通之"。

除了经典之外，历史经验当然也可向历史著作本身寻求，"盖赋事行刑，必问遗训，而咨故实，史职尚已"。而且，有时候历史比经典好用。焦竑说："唐宋以来，斟酌损益，代有不同，而适物观时，类有救于崩敝，亦何必身及商周,揖让登降于其间,乃为愉快乎哉!"但遗憾的是,一如经典本身,历史同样晦暗不明,"史之难言久矣"。可以为后世提供经验教训的历史写作,本当择人专任。他说:"史之职重矣,不得其人,不可以语史;得其人不专其任,不可以语史。故修史而不得其人,如兵无将,何以禀令? 得人而不专其任,如将中制,何以成功?"如此方能最终达到"可逭于王诛,而卒莫逃于史笔"的效果。最后,也还有当代的制度可以研究。有时候他也会说起:"居官以明习国朝典制为要,衙门一切条例既能洞晓,临事斟酌行之,滑胥自无所措其手矣。"或者:"士大夫学问,以国朝制度典章为第一。近世宋文宪之外,郑端简、雷司空皆其人也。后生学文,徒猎古人唾余,以相贲饰,而实用微矣。"但这似乎主要是针对一般官吏的要求,较之经史还稍逊一筹。

四、现实政治秩序

关于现实政治秩序,状元公焦竑的主张带有比较浓重的"自由"色彩,讲求"无为"。他说:

> 古圣人之治,非吾有以为之,而能不为也;非吾无以为之,而能有为也。吾无以为之,而民亦无庸于吾为之也。故伯乐之治马,烧剔刻雒,羁絷而阜栈之,则马毙十三;驰骤整齐,概饰而鞭策之,则马毙十五。而襄城童子之论养马也,曰:"去其害马者而已。"以彼幼兴除,设采色,繁科指,举吾民而羁絷概饰之,岂不治理为兢兢,而孰知皆害马也。

焦竑此说当然有感而发。他观察到:

> 格物致知,知然后好恶形焉。好恶无节于内,知诱于外,而大乱乃

作。圣人独持无为之柄,而还民于朴。以谓朴者,性之固然,而为
之者之无以为也。试观五都之衢,好恶相倾,巧伪蠭起,而郡邑之
小则朴矣;去而疏遫阻深则有益朴矣。譬之于水,扰之则浊,而澄
之则徐清;譬之于木,摇之则伤,而委之则日茂。圣人知其然,故因
人性而遂之,体纯素,尚宽简,不眩聪察,不役智能,尸居而天下
自化。

焦竑对于四方之士反复叮嘱不要扰民,由民自治。他说:"岂不能
毕其智力,取斯民而磨砺之,以市赫赫之声哉?不知赫赫之声至,而民
之病已甚矣!君不居赫赫之声,而宁为闷闷之政,盖知民固自治,而毋
吾治之以也。"正所谓"治憔悴之民,独持太阿之柄"。

关于财政,焦竑赞成"量入为出,岁有恒度,一切漏卮旁出者无所
容"。焦竑不支持万历朝派遣太监四处征税的做法,在"今民若商困"
的局面下,欣赏友人"一意以宽商惠民为计,力言于抚巡,尽改中人苛
税,归之有司。已而宽减其科条,爬梳其敝垢,苟可便人,盖不汲汲于
取盈然者"。在他看来,急于聚敛的做法无异于有病乱投医。焦竑说:
"夫善为医者,比识病情。识病既真,故药之所投,应手而差。后人不
能识病,徒多其药物以求中,如猎不知兔,广络原野以幸一获,鲜能
济矣。"

但是,众所周知,万历朝中后期的经济危机有着复杂的世界历史成
因,至少,四方多事必定要多费国帑。焦竑看到了这一点,所以反对在
边疆用兵。针对援朝战争,他评论说:

倭夷自国初以来,垂三百载,然闽、广、浙、直屡罹其毒,而一至辽
海,尝尽其类歼焉。登莱闽浙,其濒海等耳,何东南祸频年而不已,
西北一入寇而不能也?顷平秀吉篡逆,权使洲岛,辄欲并吞朝鲜,
蹂躏其国主,上特令将吏往援之。自平壤一战,倭奴遁迹,其于摧

强恤小，几无遗憾。乃议者梦梦，求多而未已，此果何说欤？吉以羁旅篡人国，众未服，得无虑人之乘其后乎？何议者犹恐其远出为边鄙耸也？

焦竑认为，丰臣秀吉倾巢出动，国内反对者定会螳螂捕蝉黄雀在后，发生内乱，至于朝鲜半岛只要收复平壤，其国究竟何人统治，无关紧要。针对南方土司，他则认为"向日土官应袭者，皆教养于沐氏，异时承袭，自有臂指相使之势，恩威兼摄，此妙机也"。对于任意更改明代对沐氏的安排之举，焦竑也很不以为然，担心"沐氏轻，人心解"。

仅凭上文判断，焦竑也可能是个抱残守缺的书呆子，只是讨厌多事而已。但恰恰相反，焦竑乃是真正的战略家。和对援朝战争的消极态度完全不同，焦竑反复呼吁明廷重视备荒弭盗、俺答封贡、早定国本三大问题。他说："天下事有见以为缓，而其实不可不蚤为之计者，此狃目前者之所狎视，而深识玄览之士所蒿目而忧也，则今之备荒弭盗是已。"所谓"国富民殷，善良自众；民穷财尽，奸宄易生。盖天下大势，往往如此"。令人震惊的是，"乃吴楚之东西，大江之左右，近而宛洛，远而闽蜀，饥馑频仍，赤地万里，山岨水涯，群不逞之徒钩连盘结，时戢而时动，此非盛世所宜有也"。如果说"备荒弭盗"还是一般才能之臣所共知的，那么对俺答封贡之后北方边防问题的关注就是焦竑的远见了。他感慨："自虏酋款塞，中国藉以息肩者二十年所，当时固谓可乘时修备，非欲其因循堕怀，一至此也。"又说："国家九边，皆属重地，而宣云密迩畿辅，尤称要害。自虏款塞以来，或阑入杂居，驱之不能，留之不可，识者抱辛有之叹。乃当事者，往往奉法循理，取营目前，自非度外之士，靡能消来繁收长策也。"作为当事人，焦竑更懂得"国本未定，上深居法宫，诸事稍稍萌芽矣"。皇位继承顺序遭到破坏，人心不稳，便是"上册储命未下，怀奸窥伺者四出"的无尽乱象。加之，后金取道蒙古绕过榆关直达北京城下，反复蹂躏华北各省。天灾民变,明社乃屋。在哲学家中,焦公可能是预言出这幕历史悲剧的第一人。

五、结　语

焦竑在作品中经常回顾有明一代的前哲,并对他们作相当准确的评价,说明他非常熟悉薛瑄、陈献章以来的学术传统,这当然和他本人深具历史感不无关系。耿定向是焦竑的老师,二人的哲学本当最为接近。焦竑后来回顾师学也说:"国朝白沙、阳明二公,特起于千载之外,明孔子之学,以牖后之学者,可谓盛矣。而承学之士,浸失其真,溺清虚之旨而荡于检柙,守循习之辙而迷其宗趣,贸贸焉非一日也。"耿定向的做法则是"取简书所云崇正学、迪正道者,准为功令,赏殿罚最,一奉无私以行之",有其肃杀的一面,也有其还于质朴的一面。焦竑哲学继承了耿定向对伦理和威权的重视,但较之耿定向显得深邃、宽和而灵动。耿定向之外,对于王艮一系,焦竑也感到亲切。他说:"国朝之学,至阳明先生深切著明,为一时之盛。是时法席大行,海内莫踰于心斋先生。传心斋之学者,几与其师中分鲁国。而维德罗先生衍其余绪,则可谓横发直指,无复余韵矣。"但焦竑似乎不如罗汝芳那么急切地宣传仁道,那么集中地鼓吹孝悌,焦竑是学者、官员,而不是讲师、使徒。焦竑肯定王艮"盖其人不由文字,超悟于鱼盐之中,可谓旷代之伟人",但焦竑本人则不废名物,约礼和博文始终相辅相成。在阳明学的周遭,焦竑称赞"自整庵以至双江,其于名理多所悟入",认可"甘泉门人满天下,大都多谨守先儒之矩矱"。但焦竑之哲学,既不主张脱离社会,也不主张随事体察,一个过于消极一个过于累赘,他自己仍然属于阳明学的范畴。倒是对薛瑄,焦竑评价说:"人知敬轩公职笃行而已,然其学以'复性'为宗,非浅浅者。"这显然是因为"性"之一字,在明中期后已经消退色彩,而薛敬轩乃是焦竑难得的隔代先声。

焦竑有一首《自题小像》:"几人高阁画麒麟,丘壑翩翩四十春。宿世不贪调御位,应缘聊见净名身。梦残白日双眸豁,老去清风两袖新。皂帽窥园吾愧否,依稀重睹汉天民。"——这位德高才硕的状元公,当然无愧为世所罕见的麒麟之比。而且,他所处的历史节点及其博雅的学术研究已然注定,包括法哲学在内,任何寻求中国思想学术内在连续性的努力都必须持续关注之。

慎终追远：现代中国的一个童话

吴 飞*

一、引言：当代丧礼的乱象

2008 年，清明节、端午节、中秋节等传统节日被国家正式确定为法定假日。比起其他几个节日来，清明节的确定有着更加不同寻常的意义。从此之后，每年的清明时节都会出现一些新的现象：扫墓的人群拥挤不堪，常常会导致阻塞交通；关于清明的含义和过法的讨论充斥着各种媒体；而更重要的是，关于当前丧葬业的争论，在这个时候总是显得特别的引人注目。在现代中国人的生活方式中，丧葬已经成为一个极其敏感、非常忌讳，而又矛盾百出的话题。人们一方面深知生死事大，但另一方面又讳言丧祭；一方面以丧事简办为意识形态，另一方面又不忍将亲人草草埋葬；一方面把丧礼当作交际朋友的重要场合，另一方面又无法堂堂正正地谈论和思考丧葬。在传统中国文化最重视的这个地方，现代中国人已经彻底丧失了谈论和思考慎终追远的空间。

---

* 吴飞，北京大学哲学系教授。

清明节为人们重新理解和讨论这个话题提供了一个机会，有可能面对这个问题和它在当下中国的种种困难，已经是一个巨大的变化。但人们还远远没有突破这个话题上面笼罩着的各种含混与神秘。而清明时节的争吵却足以使我们看到中国丧葬问题中的种种乱象了：在当代中国城市中，丧葬渐渐从公共生活的视野中淡出了，在大城市里，人们已经很难在大街上看到出殡的情形；但在农村乃至很多中小城市中，丧礼却顽固地坚持着它的传统形态；随着各种宗教的复兴，与丧葬相关的法事、道场也越来越热闹。一方面，丧葬业变成非常暴利的行业，人们总是哀叹死不起人；但另一方面，丧葬越来越成为一个极其边缘的行业，只要有机会找到正当职业的人，往往不会选择去埋死人，丧葬行业的从业者常常腰缠万贯，却连对象都找不到。一方面，地方政府以打击封建迷信的名义平掉乡间原始的土坟；另一方面，拔地而起的城市墓园又让人们越来越忧虑未来的环保问题。人们不知道怎样为死去的亲人寻找一个平静的安身之处，不知道该如何对待那些亡者的宛在音容，更不知道自己百年之后的葬身之处何在，只能在一年一度的争吵声中，用越来越少的纸钱寄托一点可怜的思念之情。

丧礼问题上的尴尬，是中国现代文化尴尬处境的一个缩影。人们似乎早已忘记了诸礼"重于丧祭"的古训，但又不能真的像扔垃圾一样抛弃掉父母的骨灰；推行丧事简办的官员，在自家的丧礼上却很难践行自己宣扬的那一套；以唯物主义者自诩的现代中国人，若不保留一点传统的习俗，似乎就很难真正安心；很多人信誓旦旦地自称，将来死后可以不用任何遗留，但在面对故去的父母之时，又不忍心真的这样去做。在关于现代丧礼的种种争论中，很多人不仅不知道自己真正希望的是怎样的生活，更不知道自己不想要的是怎样的生活。在这个问题上彻底的失语，恰恰是因为他们心中总有些终究意难平的不甘。清明节的恢复，为他们发泄这种不甘提供了一个契机，是因为他们终于有了一个堂堂正正的理由，在一个最低的层次上，践行慎终追远的祭祖之礼。

　　可是另一方面,现代中国人所无法言说的丧礼,却顽固地保留着很多古老的内容。在传统中国的礼制体系当中,丧礼大概是唯一还有较多遗存的一项。冠礼早已荡然无存,婚礼已经自觉不自觉地变得极为西化,祭礼的各个方面都随着打击封建迷信而销声匿迹,乡饮酒礼在各地的酒桌上还能见到一些痕迹,射礼早已不复存在,朝聘之礼更随着社会制度的变迁而无从谈起。唯独丧礼,虽然是现代政府曾经采用各种方法,借助各种理由,拼命改变的,因为丧礼而引发的冲突此起彼伏,不绝于耳,但是,时至今日,《朱子家礼》中描述的丧礼过程,仍然比较完备地在大部分农村地区,甚至一些小城市中进行着。虽然丧服已经与古不同,虽然已经加入了很多现代的元素,虽然在许多方面都有了不小的调整,但传统丧礼的基本程式和架构,仍然抵抗着政治和商业的各种诱惑,在对自己极其不利的现代处境中,在几乎得不到任何认同的主流话语的夹缝之间,顽强地生存了下来。

　　比起另外几项来,这大概是现代中国人与古典礼制唯一的联系纽带了。这又意味着什么呢?中国的知识分子大概很难讲出一个道理来,因为在他们中绝大部分人看来,乡村社会的这些仪式,只不过是顽固不化的封建残余,是毫无意义的铺张浪费,是早该弃如敝屣的瞎折腾,是愚昧民众的那点痼疾。即使那些对这些丧礼持有一点正面评价的人,最多也只不过把它当作值得欣赏和保留的民俗和遗产而已。这种与主流意识形态对抗了几十年而依然坚守的传统,真的只是民族文化的一种残存的风俗而已吗?

　　一方面,丧礼已经几乎完全退出了现代中国的主流话语;另一方面,它又顽强地固守在广大的农村地区。这同时存在的两个现象,大概能够解释每年清明节的诸种乱象。但这样的解释并不足以回答真正的问题,它只不过向我们每个人提出了更加复杂的问题,逼着我们去面对那深深地埋在我们的文化深处、但我们又不愿意面对甚至不屑于面对的种种尴尬。

丧礼在中国文化中到底意味着什么，以及它在现代中国人的生活中应该意味着什么？这是一个含混不清，但又异常沉重的问题，绝非这篇小文所能回答，因为它涉及中国礼乐文化最核心的一些问题。我目前尚无力回答这样的大问题。不过，我们倒可以从现代丧礼的演变来慢慢接近这个问题。

二、民国时期的丧礼改革

20 世纪初，中国就出现了一些新式追悼会，如 1902 年上海各界为邱震、吴长姬举办的追悼会，1906 年北京各界为陈天华、潘子寅、惠兴举办的追悼会，都在不同程度上摒弃了传统丧礼中的一些仪节。1905 年，李叔同为其母举办的追悼会，仪式包括：甲，开会；乙，家人歌哀词；丙，家人献花；丁，家人行鞠躬礼；戊，来宾行鞠躬礼；己，家人致谢来宾行鞠躬礼；庚，散会。[1] 民国成立后，1912 年 8 月，临时政府公布《礼制》，明确规定丧礼中以鞠躬礼代替跪拜礼；10 月的《服制》中规定，以黑纱代替丧服。不少西化的知识分子呼吁改变传统丧俗，特别是革除迷信的内容。胡适先生更在自己母亲去世之际大谈新式丧礼。不过，这些呼吁大多停留在精英层面，并没有对民间的丧俗产生实质影响。更重要的是，这些知识分子从一开始就没有认为应该废除礼制，而是要建立现代的新礼制。这些改革都是在确立新礼制的框架内进行的。因而，此时也有另外一批知识分子，呼吁制定新的丧服礼制，郁元英、章太炎等人都提出了非常具体和详尽的方案。

民国政府一直在进行制礼的工作，1928 年，国民政府制定了《礼制案》，其中的《丧礼草案》虽然进一步废除旧丧礼中的迷信风俗，但将丧

---

[1]　丁万明：《1902—1931 年间丧葬礼仪的变革及其文化意蕴》，载彭林、单周尧、张颂仁主编：《礼乐中国》，上海书店出版社 2013 年版。

服恢复到了白衣白冠。1943年,戴季陶在重庆北碚召开制礼工作会,制定《中华民国礼制》,其中的凶礼部分,既考虑到多年以来丧礼改革的成果,也照顾到传统礼制的基本精神。如出殡前的家奠仪节如下:(1)奠礼开始;(2)丧主及有服者以此就位;(3)上香;(4)献奠品;(5)读祭文;(6)向灵位行礼;(7)举哀;(8)礼成。亲友吊奠之仪节如下:(1)奠礼开始;(2)吊奠者就位;(3)奏哀乐;(4)上香;(5)奠祭品;(6)读祭文;(7)向灵位行三鞠躬礼;(8)默哀;(9)家属谢礼;(10)礼成。其中也根据时代精神,对丧服有详细规定。如古代丧服中,妻为夫斩衰三年,而夫为妻齐衰期年,而此礼制将夫妻间的丧服均改为齐衰三年,以体现男女平等精神。儿女不论婚否,为父母均为斩衰三年。夫为岳父母、妻为公婆,均为齐衰期年。[1]

由于政局动荡等种种原因,民国礼制未能真正推行。这些丧礼改革,无论西化的、守旧的,还是古今参酌的,都未能在民间形成真正的影响。民国时期丧礼最实实在在的变革发生在国家最上层的国丧上面,即《中华民国礼制》凶服篇的特典部分,包括国葬、公葬、追悼会等。

辛亥革命之后,传统的君臣关系被摧毁了,但民国政府一直没有忘记要以新式的礼制塑造中华民国与国民之间的关系,而其中一个重要的方面,就是如何以国丧的方式来纪念民国的英雄与领袖。赵丙祥教授曾经一针见血地指出,正是在民国领袖的国丧上,开始了现代中国丧礼的塑造。[2]

在传统中国,丧礼既是整合自天子至于士庶的关系的礼,也是明确区分宗法等级差别的礼。三年之丧,自天子达,因为虽天子必有尊也,虽天子必有亲也。自天子至于士庶,父母去世都有程序大体相当的丧礼,都应该服三年的丧服,这一孝敬之情是通贯上下的,因而天子在丧

---

〔1〕《北泉议礼录》,北碚私立北泉图书馆1944年版。

〔2〕 赵丙祥:《魂处何处:以毛泽东〈为人民服务〉为核心的考察》,未刊稿。

礼上的庄重与哀切,会成为臣民举办丧礼的表率,是以孝治天下的重要方面。

但天子的丧礼又有与士庶不同的地方。天子七日而殡,七月而葬;诸侯五日而殡,五月而葬;大夫、士、庶人三日而殡,三月而葬。这里有明确的等级差别。反映在庙制和祭礼上,则天子七庙,诸侯五庙,大夫三庙,士二庙或一庙,庶人祭于寝。此外,君死之时不仅有他自己的家人服丧,而且其臣要像儿子一样服三年之丧,庶人则也要服三月之丧,这是古代的国丧,用以表达君臣、君民之间的人伦关系。

显然,自天子、诸侯,到大夫士庶之间的等级差别,是古代丧礼中非常强调的一个方面;臣民要资于事父以事君,是它要强调的又一个方面。全国之人被整合进一个共同的人伦网络当中,以本质相同,但又有等级差别的方式,表达对亲人的哀痛与思念。

民国政府同样认为,民国领袖与每个公民之间有着密切的关系,在民国领袖去世的时候,公民必须以某种恰当的方式来表达他们对领袖的怀念,同时也以此来表达对国家的认同与崇敬。但它不可能像古代天子那样强调等级的差别,也不应该以父子的关系来比拟民国领袖与公民之间的关系。那么,作为民国象征的国家元首,应该以何种方式来安葬呢?

1916 年,袁世凯逝世后,中华民国举行了第一次国葬。袁世凯曾僭称皇帝,但去世时是民国大总统的身份,所以他的丧礼一方面就是变相的帝王丧礼,但另一方面,民国国丧的很多重要因素,也正是在袁世凯的丧礼上形成的。

在丧礼过程中,袁世凯诸子穿丧服,执丧杖,是非常传统的仪式。丧礼中又要求,各官署、军营、军舰、海关下半旗 27 日;文武官吏停止宴会 27 日;文官左臂缠黑纱 27 日;武官及士兵于左臂及刀柄上缠黑纱 27 日;官署公文封面、纸面用黑边,宽约五分,亦 27 日;官署公文书,盖用黑色印花 27 日;官报封面亦用黑边 27 日。这若干个"27 日",无疑是延

续了汉文帝以来帝王丧礼以日易月、臣为君服丧 27 日的传统。在这个
意义上说,民国总统的丧礼确实成了变相的帝王丧礼。但袁世凯丧礼
中的下半旗礼、臂缠黑纱、脱帽三鞠躬等,则又是相当现代的因素,成为
后来国丧的基本模式。袁世凯丧礼当中模拟帝王丧礼的成分占绝大部
分,但它所加进的西式和现代国丧元素,也是非常重要的,就像项城的
袁世凯墓一样,在帝王陵寝的基本架构中,掺杂了西式建筑的许多
因素。

　　1916 年 12 月 18 日,中华民国国会通过《国葬法》;第二年,北京政
府为黄兴和蔡锷举行了国葬;后来,广州政府分别为程璧光、李仲麟、林
修梅、伍廷芳、廖仲恺等人举行了国葬。虽然这个时期的国葬问题与当
时南北方的政治斗争有着密切的关系,但民国国葬的形式,毕竟在逐渐
完善。1925 年,孙中山在北京逝世,民国国会当即决定实行国葬,但究
竟应该由南方国民政府主持,还是由北方北洋政府主持,却引起了巨大
的争议;到南北统一之后,1929 年,南京国民政府举行了盛大的奉安大
典,这是现代历史上划时代的一次葬礼。[1]

　　孙中山的奉安大典,规模远远超过了袁世凯;而其中又完全去除了
袁世凯丧礼中的帝王因素。这是真正意义上的民国总统的丧礼,丧礼
中表达出的,是作为民国缔造者的孙中山的伟大;民众对孙中山的悼
念,同时也成为对民国政府的认可和礼敬;因而这场丧礼,就成为刚刚
统一全国的南京政府塑造其形象的一次典礼。南京国民政府派出了宣
传列车,车头悬挂孙中山遗像、国民党党旗、民国国旗,从浦口北上,在
经停的每一站向民众作宣传活动,直到北平。迎榇车再由北平开出,到
浦口,再登军舰渡江,在南京举办大规模的公祭活动,最后奉安于紫金
山之陵墓。一路宣传中对孙中山的定位是:"中国国民革命的导师,中
华民国的创造者,世界弱小民族的救星。"

---

〔1〕 张学继:《民国时期的国葬制度》,载《民国春秋》1998 年第 2 期。

在奉安大典期间，全国下半旗七日，停止宴乐七日，党员、公务员左臂戴黑纱七日，军警刀柄缠黑纱七日，奉安日全国各地党政军警机关举行公祭，奉安时鸣礼炮一百零一响，全国民众停止工作三分钟，静默致哀，全国交通停止三分钟，参加奉安人员的礼服均为黑色。公祭礼节包括：一，就位；二，肃立；三，奏哀乐；四，行三鞠躬礼；五，默哀三分钟；六，献花；七，读祭文；八，奏哀乐；九，行三鞠躬礼。奉安之前，孙中山家属、中央委员、国府委员、特任官分班守灵。[1]

以如此盛大的典礼纪念民国的缔造者，宣扬民国政府的政治理念，其巨大意义远非当年的袁世凯丧礼所能望其项背。这一典礼遂成为现代中国国丧的完美标准，对塑造中华民国礼制，界定现代国家及其领袖与人民的关系，有着决定性的影响。1930 年，南京国民政府颁布第二部国葬法，1948 年颁布第三部。而国葬的基本内容，就被包括在北碚所定《中华民国礼制》凶礼篇的特典部分。

除去国葬之外，民国政府也分别对军队中的丧礼、公葬、公祭、追悼会等作出了规定。这是对有功于国家，但又未达到国丧规格的人员的丧祭仪式。公丧的基本程式是：(1)祭祀开始；(2)全体肃立；(3)奏哀乐；(4)主祭者就位；(5)陪祭者就位；(6)与祭者全体起立；(7)上香；(8)献花；(9)恭读祭文；(10)行祭礼三鞠躬；(11)主祭报告致祭意义；(12)演讲；(13)奏哀乐；(14)礼成。[2] 凡贡献于国家社会身故后，其所属机关学校团体同学亲友等，都可举行追悼会，《中华民国礼制》中规定其仪式包括：(1)开会；(2)全体肃立；(3)主席就位；(4)奏哀乐；(5)献花；(6)向遗像行三鞠躬礼；(7)主席报告死者行谊；(8)致追悼词；(9)讲演；(10)家属谢礼；(11)奏哀乐；(12)散会[3]。

虽然北碚所议的《中华民国礼制》仅把国葬、公葬、追悼会等当作特

---

〔1〕《总理奉安实录》，南京出版社 2009 年版。
〔2〕丁万明前引文。
〔3〕见《北泉议礼录》。

典,附录于凶礼正文之后,但由于这些特典才是切实实行的改革,而且以后逐渐推广到民间,现实中国的丧礼结构发生了意想不到的变化。从此以后,国家领袖和公务人员与一般民众之间的丧礼有了相当大的差异。大部分地区的丧礼虽然仍然保持着朱子以来的基本模式,但已经和国家主流话语越来越脱节,而慢慢退化成地方风俗。二者之间的断裂变得越来越尖锐。

三、毛泽东与新中国的丧葬观

中共一直没有制定过专门的丧礼规定,所以我们无从得知苏区和解放区丧礼的细节。但从若干记载和回忆录来看,中共人物的丧礼模式与国民政府的公葬和追悼会是基本一致的。如 1936 年刘志丹的追悼会、1938 年杨兰史的追悼大会、1942 年张浩(林育英)的追悼会、1945 年彭雪枫的追悼会、1946 年四八烈士的追悼会,等等。而其中最为人所知的,当然是张思德的追悼会。[1]

1944 年 9 月 5 日,中央警备团战士张思德在安塞烧炭遇险牺牲,9 月 8 日,中央警备团团部在西山广场为他举行了盛大的追悼会。主席台四周布满了花圈和挽联,中悬毛泽东的挽词:“向为人民利益而牺牲的张思德同志致敬。”大会在哀乐声中开始,中央警备团团长吴烈宣布默哀三分钟,然后该团政治处张廷祯主任介绍死者的历史,随后,毛泽东缓步登台,讲了半个小时。在讲话的末尾,毛泽东说:“今后我们的团体里,不管死了谁,不管是伙夫是战士,我们都要给他送葬,开追悼会,这要成为一个制度。这个方法也要介绍到老百姓那里去。村上的人死了,开个追悼会。用这样的方法,寄托我们的哀思,使整个人民团结起来。”这篇讲话以《为人民的利益而死重于泰山》为题刊于《解放日报》,

---

[1]　参考赵丙祥前引文。

后来收入《选集》时改为《为人民服务》,并做了一些修改。[1]

我们并没有足够的资料来考察以后追悼会的举行情况,但这篇文章在中国现代丧葬史上无疑有着举足轻重的地位。这并不在于它呼吁将追悼会推广到革命队伍中的普通战士,因为这是国民政府的公葬和追悼会制度中已经在做的事了;而是在于,它要把追悼会制度介绍到老百姓当中。这篇文章一方面继续了民国以来国家公务人员的丧葬模式,但也开辟了丧葬改革的另一条思路,即不再寄希望于民间未来的礼制建设,而是将政府和革命队伍中的追悼会模式变成全社会的丧葬模式。

共和国建立之初,政府没有颁布《国葬法》或任何其他的丧葬法律,当然更没有像当初的国民政府那样忙于制礼作乐,追悼会模式则在政府人员中越来越推广开来。1956 年 4 月 27 日,毛泽东写了《倡议实行火葬》的倡议书,将丧葬改革推进到了火葬阶段。他在倡议书中说:“实行火葬,不占用耕地,不需要棺木,可以节省装殓和埋葬的费用,也无碍于对死者的纪念。”至于火葬的推广方案,他指出:“在人民中推行火葬的办法,必须是逐步的;必须完全按照自愿的原则,不要有任何的勉强。”其中,“在少数人中,首先是在国家机关的领导工作人员中,根据自己的意愿,在自己死了以后实行火葬”。至于那些传统上实行土葬的地区,“在人们还愿意继续实行土葬的时候,国家是不能加以干涉的;对于现存的坟墓,也是不能粗暴处理的。对于先烈的坟墓以及已经成为历史纪念物的古墓都应当注意保护。对于有主的普通坟墓,在需要迁移的时候,应当得到家属的同意”。[2]

这又是一篇丧葬改革史上的重要文献。首先,它开启了以火葬为主题的当代丧葬改革史,其主要原因是节省土地和费用。但是,今天在

---

[1] 载《解放日报》,1944 年 9 月 21 日;另参见陈惠芳、廖可铎:《张思德传》,解放军出版社 2005 年版。

[2] 毛泽东:《倡议实行火化》,载《建国以来毛泽东文稿》第六册,中央文献出版社 1987 年版。

中国大陆随处可见的强制火化,却是毛泽东坚决否定的;那些粗暴平坟迁坟的行为,毛泽东也已经预先批判了。而与《为人民服务》一脉相承的是,他主张这首先要在国家机关的领导工作人员中推行,然后逐渐推广到全社会。

四、当代中国的丧礼改革

在很长一段时间里面,《为人民服务》中提倡的追悼会和《倡议实行火葬》中建议的火葬,确实只限制在国家机关的领导和工作人员之中,直到1985年颁布的《国务院关于殡葬管理的暂行规定》。《暂行规定》明确宣布现代丧葬改革的两个基本目标:打击封建迷信和节省土地。而对于毛泽东所强调的,从国家机关向全社会逐步推广,以及尊重人们自愿的原则,这份规定已经放弃了,因为它实质上已经是在强制推行火化了。1997年,国务院发布《殡葬管理条例》,进一步修正和细化了《暂行规定》中的相关条目。

看上去,这两部法规的出台,为现代中国的丧葬改革提供了更加系统和具体的法律依据;但实际上,它们使中国的丧葬问题陷入混乱,不仅带来冲突,而且连法规中宣称要达到的目标都无法实现。

在各地农村,因为强行推行火葬而发生的冲突简直数不胜数。许多人家为了避免火葬,将老人连夜偷偷埋葬,不举行任何形式的丧礼或追悼会,火葬似乎躲过去了,但没有任何仪式的丧礼既无以告慰死者,更无法安顿生者。在我走过的南北农村,很多地方都可以听到因为火化问题导致的恶性事件。有些地方为了避免这样的恶性冲突,干脆用"以罚代化"的方式解决问题,即让死者家属交出规定的罚款,然后任他们土葬。上级政府会认为这些地方的民政部门办事不力,而这些民政部门在政策和群众之间左右为难,不知如何是好。

推行火化似乎变成官民双方的拉锯战和捉迷藏,而最初推行火化的两个目的，打击迷信和节省土地，已经被彻底忽略了。打击封建迷信最严厉的，并不是《暂行规定》颁布时的 80 年代，而是"文革"中。在改革开放的时代，各种传统的信仰和相关习俗已经在逐渐恢复，随后各地恢复古庙、续家谱、建宗祠的行为也逐渐展开，这些自然都渗透到了丧葬习俗当中。《暂行规定》中有"禁止恢复或建立宗族墓地"、"严禁生产、出售和使用丧葬迷信用品"的说法，《殡葬管理条例》中也有同样的规定。但所有这些都没有得到真正的执行。各地行政部门只能在火化问题上听之任之，但对日益恢复的传统丧俗却完全无能为力。

推行火化无法打击迷信，那是否能起到节省耕地的目的呢？在推行火化的实践中，这一目的同样不可能实现。在很多农村地区，人们虽然不得不接受了火化，但在火化之后，他们还是把骨灰装进棺材，有很多时候甚至是和土葬时一样大的棺材，然后埋葬下去，再起个大坟头。民政部门所管的只是火化，而不是埋葬的方式，结果火化虽然得到了广泛的实行，但各地的坟墓仍然一片片地堆起来，节省土地的目的变成了泡影。

于是，我们在现实中看到的情况是，很多地方在接受了火化之后，照样举行盛大的传统丧礼，扎纸活，穿丧服，唱大戏，也会加进现代的鼓乐和歌舞，再请和尚道士来做法事，传统的仪式一个不缺，而且最后还在隆重的出殡仪式之后，将装着骨灰的棺材葬进自家的祖坟当中，堆起一个大大的坟头。火化，只不过成为整个丧礼仪式中的一个环节而已；人们甚至创造出了针对火化的仪式环节。

我们可以再把目光从农村移向城市。相对而言，在主要大中城市里，现代的丧葬模式得到比较普遍的接受，私营殡葬单位的介入虽使殡仪和墓葬业都变得越来越市场化，但市场竞争也创造了更多的空间。但总体而言，目前中国城市中的丧葬制度仍然处于相当大的混乱之中。

在丧葬仪式上，国营殡仪馆大多按照民国以来的追悼会模式设置，形成了所谓的"一三一模式"（念一遍悼词，三鞠躬，转一圈），其粗糙与程式化在近年来已经饱受诟病。而在丧礼实践中，大多数人家不可能只满足于这样的一三一模式。他们多在家中摆设灵堂，由家属守灵，接受亲友的吊唁，很多时候也会把传统的丧仪夹杂在其中，只在火化之前到殡仪馆中举行一个追悼会。但因为城市小区的住宅规划所限，家中灵堂往往只能设在室内，非常局促。在南方的一些殡仪馆，除了供追悼会所用的告别厅之外，也会设置一些灵堂，可供守灵之用。那些告别厅，仅是有公职者做遗体告别时使用的，大多数人比较喜欢使用灵堂，因为可以在其中进行传统的守灵、吊祭等仪式。

在城市规划比较宽松或接近农村的地区，人们还是希望尽可能在家中摆设灵堂，殡仪馆仅仅是"火葬场"，即火化尸体的地方。人们会在家中完成自己最看重的装殓、守灵、吊唁、发引等仪节，最后关头再到火葬场去。那些在家中主持仪式的，都是亲友或单位中德高望重、知书达礼的前辈，但殡仪馆与公墓里主持追悼会和火化、下葬的，则被当作处理死人的陌生工人，虽然不得不向他们交钱，但人们不会尊重他们，不愿意把他们当作礼俗专家，更不愿意和他们有进一步的交往。这就必然造成殡葬从业者虽然收入不低，但社会地位非常边缘的尴尬状况，而粗糙的礼仪、商业的标准，也使许多殡仪馆和墓园没有把自己当作帮助人们敦化礼俗、慎终追远的礼仪单位，而成为靠着处理死人来牟取暴利的商人。这样的恶性循环使得中国的殡葬业越来越成为尴尬而污秽的暴利行业。人们之所以慨叹"死不起人"，并不仅仅是因为丧葬业开价太高，更重要的是，他们无法在殡仪馆和墓园中感到温暖和尊重，不能通过他们的工作使死者安息、生者释怀。

在传统礼俗社会已经被打破的现代中国城市，如何处理丧礼日益变成了一个社会事业。在单位制时代，单位往往可以帮助人们处理这些事情；但现在，人们必须求助于社会机构。殡葬行业应当是公益行业，国家政策也在努力向这方面发展，让人们尽可能少花钱享受殡葬服务，但现代的这种公益服务，真的就像清扫垃圾一样，毫无人情可言。

而日益崛起的私营殡葬业,在一定程度上可以帮助人们解决这些问题;但其浓厚的商业气息更无法让人感到礼俗的温暖。如何在现代社会中营造出礼俗社会的温暖,而不只是将公益事业变成冷冰冰的机器,显然是远未解决的问题。

中国几千年的历史,又如此重视丧祭之礼,但我们并没有看到铺天盖地的坟墓。土坟虽然有坟头,但随着时代的推移,出了五世之后,血缘关系愈来愈疏远,上坟之人会越来越少,百年左右,不需要人为的平坟毁墓,很多坟头就会自然风化,慢慢平掉的;即使留下一些坟头,土坟总比大理石的坟头要环保得多。但在现代墓园当中,大理石的坟墓使人们不得不面临伦理和文化上的困境:究竟是强行把坟墓凿掉,还是让坟墓包围城市? 那些所谓的树葬、草坪葬,不过就是不起坟头的土坟而已,其环保意义,又和土坟有多大区别,却要让生者背上不孝子孙的骂名,让死者遭受死无葬身之地的恶待。

五、现代丧礼的原则

所有这些问题的症结所在,就是如何确立现代中国人的礼制生活。仅仅靠推出新的墓葬模式,或者在细节上调整一下法规条例,是远远不够的;当然,我们也不可能完全否定现代中国的种种努力,彻底回到古代。总结百年努力的经验和教训,我们会看到,现代中国的丧葬改革,有很多层面的考虑作用于其中,大体总结起来有这样几个方面:(1)建立适应现代自由平等观念的礼节;(2)确立现代国家的神圣性及新式国民关系;(3)革除各种迷信因素;(4)确立节俭文明的丧葬习俗;(5)节省土地和保护环境。

除去这五个方面之外,还有相当重要的一点,即丧礼本来的礼意:(6)通过丧礼告慰死者,安顿生者,表达哀思之情,尤其是子女对父母的孝敬之情。第六点是丧礼之所以必须存在的根本原因,在民国的礼制制定和毛泽东的两篇重要文献中都一再强调的,而当前关于丧葬的管理条例中却越来越淡化的一点。这一点是丧礼之经,是任何时代都不能忽视的;前五点是现代中国的丧礼之权,是现代丧礼必须要考虑的因素;但是,这五点必须始终围绕着第六点展开,否则就会舍本逐末,使丧礼不复成礼,而变成人体垃圾站的工作。

在前五点当中,除去第五点,即节省土地和环保,是近些年才成为重点考虑的一个因素之外,前面几点可以说从民国初年就都已经成为人们思考的因素了。其中的第四点,即确立节俭文明的丧葬习俗,也并不是很新鲜的内容,而是传统经典当中就在反复强调的内容。儒家虽然重视丧礼,但并不认为应该无原则地铺张浪费。孔子说:"礼,与其奢也宁俭;丧,与其易也宁戚。"称家之有无,以尽爱敬之情,才是最重要的。明清之际,对于民间流行的大操大办,甚至娱尸的现象,儒家士大夫有非常激烈的批评。因此,现代人所提倡的节俭办丧事,在一定程度上是对这一传统的继承;只是节俭到完全废去礼意的程度,又是孔子所批评的:"丧,与其易也宁戚。"

另外,第三点,革除封建迷信,一定程度上也是由明清儒家士大夫排斥丧礼中的佛、道因素的传统发展过来的,然后又和现代科学主义、反宗教思潮相结合,而导致的一个倾向,发展到极端,就是反对丧礼中一切寄托哀思的因素。今天还会有很多人以这样的论调来表示他们对传统丧礼的蔑视:"我是唯物主义者,人死了就完了,无论什么,还有什么用呢?"但我们同时也还经常能听到另外的声音:"这并不是迷信不迷信的事,该有的礼俗都要有,是表达思念的一种方式。"因为打击迷信而简化甚至取消丧礼,无论从古今哪个角度说都是成问题的。

首先,这和传统丧祭之礼的核心礼意是相冲突的。丧礼的基本态度是"事死如事生"、"祭神如神在"。孔子有段著名的话:"之死而致死之,不仁而不可为也;之死而致生之,不知而不可为也。"对于去世的亲人,如果真的忍心认为他已经彻底不存在了,是不仁,所以丧礼中的很多安排，都是假定他的灵魂仍然存在于某处；但如果真的相信他的灵魂还存在，那就是不智。丧礼的安排，就是要在仁智之间寻求一个微妙的平衡。父母是给我们生命的人，若是他们去世了，我们不能由此认为我们就没有父母了，而仍然要以事死如事生的态度对待他们的灵魂、木主、画像，或别的什么替代符号；这是他们活着时候的孝敬之情的一种延续，是对我们自己的生命的负责，也是对父母的一个交代。但若把这种态度发展成真正相信的迷信，就失去了尽其孝思之情的本意，更达不到慎终追远的目的了。丧礼中的很多用具，包括僧道仪式，起到的正是这种作用。在丧礼中请了僧道，并不意味着我就成为一个佛教徒或道教徒了；在丧礼中烧了纸钱，也并不意味着我就真的相信亲人会在阴间花这些钱。而现代丧礼和追悼会中不断使用的"永垂不朽"、"英灵不昧"等说法，这也并不意味着我们相信那些英灵真的会永远存在于某个地方，它们起到的作用，和传统丧礼中的那些"迷信"是一样的。我们既然仍然有丧礼存在，仍然在使用"永垂不朽"这类的字眼，并且相信这些说法不会瓦解我们的科学世界观，那就没有理由以打击迷信来反对传统丧礼。

其次，从现代的角度看，我们会认为，无论是民国初年的科学主义和反宗教的风潮，还是新中国成立后破除迷信的举措，并不都是恰当的。特别是在宗教多元化的今天，佛教和道教的复兴，以及西方宗教的兴盛，已经是一个不容否认的事实。既然允许这些宗教存在，相信它们不会对我们的社会生活带来危害，我们更没有理由以打击迷信的名义来反对传统丧礼。而在丧礼的实践中，打击迷信早已不再是一个行之有效的理由了。这样看来，无论从传统儒家的角度，还是从现代宗教多元、宗教宽容的角度，第三点已经是不成立的了。

第一点强调现代平等观，和第二点建立现代国家的神圣感，都是已经被广泛接受的现代观念，而在一百多年的丧礼改革中，这两点都已经得到比较好的体现。关于第一点，从民国初年，鞠躬礼就已经取代了跪拜礼,《中华民国礼制》中刻意强调夫妻之间、婆家与娘家之间的平等,在现代的丧俗中,无论是城市里的追悼会还是农村里的丧礼,现代的平等观都得到了相当程度的贯彻。当然,人格价值的平等并不意味着时时处处的平等。比如儿女对父母的孝敬之情,就不能以平等为由抹杀掉;这一点,应该是所有头脑清楚的人都应该理解的。而第二点建立国家神圣感,我们在前文就谈到过,现代中国丧礼改革最用力、最成功的地方,莫过于国葬、公葬、追悼会等针对国家工作人员的丧礼,以神圣庄严的仪式来表达国家和社会对这些有功之臣的景仰与纪念。但这种用于国家公务人员的追悼会模式几乎被当作唯一合法的丧礼模式推广到全社会,其他的丧礼模式,即使没有被完全否定,也至少变成了不被鼓励的模式。

至于第五点,即在当代中国越来越严重的土地和环保问题,我们确实必须面对,但这毕竟只是相对外围的考虑因素,不能为了这些因素而剥夺人们安葬亲人、慎终追远的权利。丧礼当中最重要的,还是慎终追远、敦化风俗、告慰死者、安顿生者。如果最根本的问题不解决,这些外在的问题不可能处理好。

综合上面的讨论,我们现在可以比较清楚地看到,民国以来的丧葬改革,在强调平等和建立现代国家意识两个方面是成功的,而且这两方面的成果应该继续发扬下去。但以迷信的名义改革丧礼,现在看来不仅不是成功的,而且是不正确的,应该放弃这方面的考虑。提倡节俭办丧事,在原则上是对的,但是不能为了节俭而节俭,甚至取消掉丧礼最核心的意义。节省土地和环保,是节俭问题的一个现代版本,我们应该面对这些问题,但不能因此而损害丧礼的本来意义。但如前文所说,所有这些都必须服务于最根本的原则,即以丧礼来安顿人们的精神生活。如果我们总是纠缠于这五点,而不考虑丧礼的实质礼意,就会把这些礼意挤压掉,甚至最终变得一点不剩。结果,每到丧事之时,人们不再考虑如何告慰死者,如何节文人情,而是考虑怎样避免最不体面的办法,考虑怎样还可能留得一点葬身之地；而殡葬管理机关所考虑的，则是怎样使人们尽可能火化，怎样使丧事不影响公共秩序和城市交通，怎样按照规定购买墓地，等等。双方都忙于这些事情，只能忙里偷闲来想一想死者的过去。这样的丧葬状况，怎么可能起到有益于社会、提升人们精神生活的作用呢？

　　当然，人情自然毕竟还是难以改变的现实。每家每户有了亲人去世，占据他们全身心的，首先还是悲痛哀悼之情。他们还是希望能给亲人一个尽可能体面的丧礼，让自己、亲友和社会都表达出对死者的尊重与敬意。虽然商业对丧葬业的渗入必然带有强烈的牟利心态，但成功的丧葬单位，必然能相对较好地安顿人情。在每场丧事当中，无论周围发生多么不可思议的怪现象，我们还是能够看到人们的那点仁义之端、羞恶之端、是非之端、辞让之端，这些的存在，敦化风俗的可能性就还没有完全丧失，就仍然有可能使人们以健康的心态爱敬自己的亲人、朋友、全社会，以及神圣的国家。现在每到清明节人们表现出的祭祖热情，正是这一希望的体现。

中国传统身体观与当代堕胎难题

王　珏

堕胎是当代生命伦理学中最具争议的问题之一。在美国的公共语境里,一个人对堕胎的态度已经不只是对一个伦理问题的回答,甚至是判断一个人是否道德的根据。然而在当代西方语境中,这个问题同时也因为陷入"pro-life"(胎儿的生存权)与"pro-choice"(妇女的选择权)旷日持久的争执中而找不到答案。虽然西方文化在堕胎问题上陷入困境,但它从来没有试图想象非西方文化有可能另辟蹊径,走出这一困局。在一般西方观点看来,非西方文化多半落入异教时代古罗马所处的那种罪恶境地:缺乏对胎儿价值的尊重,并且杀婴盛行。而中国正是这种非西方文化的典型的代表。然而这种观察实际上只是外在和表面的,它并不了解中国传统文化所构想的生育制度和生育伦理,以及胎儿或婴儿在其中所处的位置。针对这种情况,本文试图以西方的堕胎难题为背景,阐释作为中国传统生育制度的基础的传统身体观的运作方式,及其恰好避免了西方堕胎难题的症结而具有的优越性。本文还将进一步讨论传统身体观在当代所受的挑战,及其在面对当代中国自身的生命伦理困境(如堕胎手术的滥用问题)时所可能发挥的作用。

---

* 王珏,西安电子科技大学人文学院哲学系副教授。

一、当代西方语境中的堕胎难题

堕胎的最为特殊之处在于，与其说它是一个应用伦理学上的道德问题，不如说首先是一个形而上学和存在论的问题，即在一个身体中的两个"人"之间的关系问题。构成堕胎争论的背景的是双方共同认可的某种特定的怀孕身体图式，这一图式是在动力的意义上说的（dynamic），与生理学上的对身体的生理过程的描述不同，它要回答的是在同一个身体里，究竟是有一个人，还是两个人，如果是两个人的话，又怎么在他们之间分配对同一个身体的控制权。那些认为胎儿在发育过程中的某一点（比如有知觉）成为人的论证，不过是在溜滑梯而已（"slippery slope arguments"，因为胎儿的发育是一个完整的过程，我们永远无法说明为什么就是在这一点而不是在别一点上胎儿成为人），并不会对怀孕的身体图式有根本的改变，因为总要在某一点上，同一身体里的两个"人"之间的关系问题成为焦点所在。

在承认胎儿是人的前提下，维护妇女堕胎权利的最著名的论证由朱迪斯·贾维斯·汤姆逊（Judith Jarvis Thomson）提出：想象有一个病重昏迷的小提琴家，而你是唯一适合救他的人。小提琴家的崇拜者弄昏你，等你醒来的时候发现自己已经与小提琴家身体相连了。这时把你们分开，会立刻杀死小提琴家。但如果能等上九个月的话，就可以把痊愈的小提琴家安全地与你分开。虽然你把自己的身体借给小提琴家九个月是慷慨的、高尚的行为，并且小提琴家也确实有权利生存下去，但显然他并不具有要求使用你的身体的权利，因而你切断与他身体上的联系是可允许的。类似地，堕胎也是可允许的。

汤姆逊的批评者则认为这个类比并不适当，因为那个例子中的"你"是无辜地和小提琴家绑在一起的，而在非强迫怀孕的情况下，主动自愿地介入性行为就已经意味着你对这一行为的结果（在你体内生长的孩子)负有责任了。这个责任的发生或者出于默认原则、或者出于疏忽原则,比如在因我的疏忽而导致的车祸中受伤的人显然要由我负责。戴维·布宁(David Boonin)为汤姆逊补上了这个漏洞。布宁举例说,虽然用餐后留在桌上的零钱通常被默认为留给侍者的小费,但这并不意味着当我不小心把钱包留在桌上时,我不能追回钱包。因而只要性行为不是必然导致怀孕,自愿的性行为就不构成默认。换言之,基于默认原则的反堕胎的论证不能成立。而另一个基于疏忽原则的论证也不成立。因为在车祸的情况,我是使一个本来已经独立存在的人处于需要帮助的境地,而在怀孕的情况下,我则首先使一个本来并不存在的人存在,其次才使他处于需要帮助的境地,而如果我使他重新回复到不存在的境地,那也就没有责任了。

布宁的论证延续了汤姆逊论证的基调,他和汤姆逊一样把女性与她身体之间的关系,类比为与她的一项财产之间的关系。汤姆逊曾经设想有一种人的种子(people-seeds)飘浮在空中,虽然我可以给我的窗户装上防护网,但在某些情况下,一粒种子仍然飘进来并且着根了,但这株人类植物并不因此就发展出使用我的房子的权利。布宁只是把这个论证更细化为:虽然我也许要为我的疏忽而付出一些代价,比如清理房子所需的费用,但我毕竟保有索回我的财产(房子)的权利,如同我保有索回我遗落的钱包的权利一样。

最激烈反对汤姆逊的论证由巴鲁克·布罗迪(Baruch Brody)提出。布罗迪直接攻击汤姆逊论证的基础——"有生命的权利,并不同时保证给予利用他人身躯的权利,也不保证可以继续使用另一个人的身体,就算那人是为了自己的生命而需要这样做"——认为这种论证没有区分救某人的生命与夺走它的区别,换句话说,汤姆逊实际上只论证了我没有责任为挽救他人的生命而让其使用自己的身体,然而堕胎涉及的是另外一种完全不同的情形,也即,为重新控制自己的身体而夺去另一个人的生命。布罗迪主张,就胎儿是一个清白无辜的人而言,在任何情况下母亲都没有夺走他生命的权力，甚至在继续怀孕会危及母体及强暴致孕的情况下，母亲也没有堕胎的权利。为了救母亲而实行的堕胎通常被类比为自卫杀人的情况，布罗迪则论证这种类比并不成立，因为 A 自卫的合理性只能建立在 B 有能力并有企图伤害 A 的基础上，然而胎儿对于我们所指之事既没有概念也没有企图，进一步说，胎儿的角色并没有做出会威胁母亲生命的事，因而在这种情况下堕胎就是杀掉一个无辜的人。同样，在强暴致孕的情况下，犯罪的人并不是胎儿，也不是胎儿允准此暴行，胎儿既没有意图也没有实施过暴行，因而母亲必须承担起怀孕。虽然母亲的处境是不公平和不幸的，但不公平和不幸不足以构成夺走一个无辜者生命的理由。

然而布罗迪的论证也有内在的困难。因为如果我们想有意义地谈到诸如"胎儿既没有意图也没有做出会危害到母亲的生命的行为"之类的话，我们首先要能肯定胎儿确实是一个可能做出如上行为的主体，而这要求胎儿是能够控制一个身体的。然而在怀孕期间胎儿与母亲实质上分享了同一个身体，因而布罗迪的论证如果要能成立，那么他首先要解决这样一个问题：我们如何能够真实地设想身体的一个部分有意图地做出伤害身体的另一个部分的行为，而不免于荒谬呢？

此外，在实践上布罗迪的论证将导致这样一个局面：当母亲和胎儿的生命利益冲突的时候，母亲不能主动地做任何事解除这种冲突，第三者也不能介入这种冲突，只能采取一种严格随机的方法来决定在这种情况下谁应当被拯救。这无疑是一个在道德上令人沮丧的局面。并且如汤姆逊所指出的那样，以这种方式解决问题，似乎是拒绝承认母亲的人格地位，因为母亲对其身体的完整的控制权被剥夺了；说"我并不能在你们之间作选择"并不是公正不偏的，"女人们已经一再地说'这个身体是我的身体'，然而这些呐喊都无回应地消失在风中"。

由以上的例子，我们可以清楚地看到不管是反对堕胎还是赞成堕胎的论证在根底上受同一种身体图式的制约：每一个身体作为一个功能体都受并且只受一个自我的制约。如舍勒所说"只要身体作为对一个某物(etwas)而言'本己的'(eigen)物事而被给予,这个某物在此物事中作用,并且直接地知道自己在起作用,那么这个'某物'就是人格。死的物事(暗指其他非人格之物)通过最原初的'私有财产'、通过身体的中介而与人格相联系"。亦即,"是一个人"与控制一个身体直接相等。"在单独的一个人类的皮肤之下,所留下的空间只够赋予一个人格以完整和平等的权利"。

这样的身体观就使得一种关于堕胎的讨论必然陷入困境:要么是把妇女堕胎的权利建立在对身体轮廓或对子宫的所有权的主张上,比如汤姆逊的论证实际上说的是:确实,胎儿有生存的权利,但很不幸,并不是在这个身体里。这样胎儿被从怀孕的身体图式中完全抹煞了。要么,把胎儿生命权建立在母亲所让出的、对自己身体的控制上,而压抑母亲在怀孕的身体图式中的地位;堕胎的反对者多急于强调胎儿的独立性——以使胎儿获得可与母亲抗衡的生存上的价值——以致有意无意地淡化胎儿依赖于母亲这一事实,并忽略了从这一事实中他们所可能获得的支持。这种倾向的一个表征就是对胎儿的不恰当的可视化:当代反堕胎运动大量地使用胎儿的超声波照片,在这些照片中胎儿像圣婴一样飘浮在光晕中,仿佛完全不需要母亲的身体一样。这从来不是母亲感受自己腹中胎儿的真实方式,然而遗憾的是,当前大多数的反堕胎论证或隐或现地都与这种对胎儿身体地位的错误表象相关。

以上这两种倾向显然都不能够真实地言说怀孕中的身体关系(在同一个身体中有两个人)。而西方文化的另一特质——漠视母亲的意义——则从根本上加剧了这种语言的无力。

西方文化表现出一种抹煞与母亲的关联的倾向,艾里加莱(Irigaray)模仿弗洛伊德在《图腾与禁忌》中的分析,把这种现象称为作为西方文化基础的弑母情结。这一情结通过西方历史上的各种理论和仪式而得到加强。比如在古希腊,新生儿要获得城邦的公民权必须经过"十日礼"的仪式,以证明他是一个出生合法清楚的人。其仪式是在亲属面前将新生儿放在地上,并给他一个名字,一个属于男性家系的印记。"孩子与土地接触,他便经历了另一个源头。这另一个源头抹去了在母亲的鲜血和肚腹中出生的事实。十日礼表演的是出生来到父亲的世界上:这是法律上的诞生,因为希腊的法律只从父亲承认亲子关系开始才承认亲子关系。"西方历史上另一个具有相同含义的著名仪式就是圣餐:通过吃下基督的血与肉,把我们和神紧紧联系在一起。对此,艾里加莱不无讽刺地说,"当所谓唯一神的、父一神的牧师宣讲'这是我的身体,这是我的血'时,我们也许应该提醒他,如果我们的身体和我们的血不曾给他生命、爱和精神的话,他也不会在这里了。我们,女人一母亲,也是他正在分发给吃的东西"。

因而在西方文化中,怀孕的身体最经典的形象就是:一个无自己的名称和特质的容器,如柏拉图在《蒂迈欧篇》中所提到的那种接受者(chora,也翻译成空间或者载体):"打个比喻,我们把承载体称为母亲,生成物的来源称为父亲,合而为一的则是孩儿"。(50D)当承载者承受万物时,她完全不丧失她的本性;也不以任何方式在任何时候占据任何一种形式,尽管事物进入她的时候是拥有形式的。这些进进出出的事物乃是不朽存在的摹本,承载者就由她所承受的各种形式所改变、所表现(50C)。母亲因而仅仅是不在产出物身上打上自己的印记的一个通道、一个空间,经由她的隐蔽的存在,形式得以自身生产自身,完成自身的同一和闭合,并最终把母亲排除在这一自身统一的闭合圈之外,遗忘在不可名状的黑暗中。在这一生产过程中,我们看到的只是"一"的不断的产生,而永远不可能有真正的"二"。然而母亲的真实意义却在于她是那能够从自身中产生出另一个身体的身体,无能问及"二"也就无能问及真实的怀孕的身体。

反过来说,一种不执著于身体轮廓上的界限的语言,一种能真实地言说"二"的关系、能肯定女性在生育中积极地位的语言,也许能为西方语境中的堕胎难题提供一条出路。而我认为,中国传统身体观所诉诸的恰好是这样一种语言。

二、"一体"的中国传统身体观

下面我将主要讨论医家和儒家的思想中所包含的身体观,而暂且搁置较不注重现世身体与家庭的道家,因为前者与堕胎语境的关系要更直接一些。

1. 中西身体观念的差异

西方文化从一开始就表现对身体外观和轮廓的迷恋。这种迷恋在古希腊表现为对分节(articulation)的迷恋。在"观相术"这篇假托亚里士多德的论文中,强健而分节良好的脚踝,代表勇敢的心灵,分节不良(anarthroi)的双腿与脚踝代表软弱与胆小。"Anarthros"也被悲剧作家用来形容极端虚弱,毫无生气的模样。因而"arthroi"并不是现代解剖学意义上的关节,而是给予身体其特定形状的分隔与区别。"arthroi"还可以表示冠词,而言语只不过是"通过舌头将语音分节"的行为。因而古希腊对"arthroi"的讨论从来就与贯注于身体内的勇气、力气或者激昂的情绪相关,与一种内部的控制相关。

随着解剖学的兴起,对 arthroi 的关注转而变为对肌肉结构的兴趣,并且肌肉被看作是"受意志控制而动作的器官"。由此就确立起西方文化中看待身体的基本方式:一个完整的独立的身体与一个控制它的自主意识相应。

与之相反,中国文化则从来没有把身体的轮廓作为观察身体的中心。在传统语境中,"身""形"和"体"都可以用来意指身体。在《释名》中,"身"同"伸"。而"伸"通常也用来解释"神"之一字。《礼记·祭义》:"子曰:气也者,神之盛也。魄也者,鬼之盛也。合鬼与神,教之至也。"神者伸也,鬼者归也,两者都不可被实体化地理解,而是与一种独特的气本论相关。如张载所言，"鬼神者，二气之良能也"（《正蒙·太和篇》），"阴精阳气，聚而为物，神之伸也。魂游魄降，散而为变，鬼之归也"。（《易本义·系辞传》）就此而言，"身"在中国传统语境中除了有表示躯体形质的一面，如《说文》"身，躳也，象人之身"；更重要的是要标明身体存在论上的地位，身已经是在一个更大的相互关联的语境中被看待的，而不仅仅是被看作一个封闭的功能单位。"形"与"体"也是如此在两重含义上（模棱两可地）使用的。一方面都与具体的形器相关，比如"在天成象，在天成形"，或"神无方而易无体"（《易·系辞上》），都可用来指具体的躯体；另一方面，又都有表现的意思，"形，见也"（《广雅·释诂三》），"体"还有"生"的意思，"鬼神之为德，其盛矣乎。视之而弗见，听之而弗闻，体物而不遗"（《中庸》）。

仅仅由身体的不同词源意义，我们已经可以感觉到，中西方看待身体的方式是在截然不同的两个方向上发展的。在英文里，"身体"在词源学上与古德语 botahha（桶、瓮、酒桶）有关，即一个"桶状的"（tubby，tubby 在英文中是形容一个人矮胖的常用词）人。与这个词源一致，西方传统中有关身体的主要比喻是"容器"（container）等意象。而在古代中国传统中，身体比喻用的却是有机的意象，如"养气"等。更清楚地说，这个差别是：在西方传统中身体首先是被看作物，它是一个人成为人所首先要拥有的物，经由这个特殊的物，人才能与其他的物发生关系；并且就奴隶不能真正拥有自己的身体（也即不能自由地支配自己的身体）而言，奴隶还不是人，而只是被别人所拥有的一个工具。而在中国传统中，身体则被视为一个过程（process），不是一件东西（a thing），而是某种需要去完成（done）而不是拥有的（has）东西。

具体而言，中国传统身体观较之西方的身体观主要有三点不同。

第一，中国传统身体观不像西方文化那样关注身体的轮廓和界限，"形"不作轮廓看，而毋宁说是作动作讲，采取的是一种由内向外"生色"的践形观。"血气者，人之华也。"（《淮南子·精神训》）华通花（如"桃之夭夭,灼灼其华")。花必然要开放,将其艳色显现于外,所谓"诚于中,形于外"(《大学》)。造成这种差异的部分原因是:西方文化采用了一种动物的视点,着重的是身体如何成为一个单独的、封闭的、自主的功能体,所以身体的轮廓与不同身体之间的界限成为关心的重点;而中国传统倾向于一种植物的视点,要求观察和体会"气"(或者说"生气")的流动与充盈,所以外形并不是第一位的东西,比如中医讲的"望"所关心的并不是外在的轮廓,望的是"色",而"色"首先指的是气,"颜者,两眉之间也。心达于气,气达于眉间,是之谓色"(《说文解字注》)。而气又与内在的心理状态直接相关,志—气—形相互通贯,如《礼记·祭义》所说的,"孝子之有深爱者,必有和气,有和气者,必有愉色,有愉色者,必有婉容"。

第二,如上面已经提到的,中国传统身体观不承认心身对峙的二元论,而认为志、气一体流通,可以相互感动,所谓"志壹则动气,气壹则动志"。心虽为身之主,但也只是气之流行的一个面相而已,并不与其他的感官相分离。比如孟子虽然强调心之官则思,并强调心之官统领和权衡其他感官(《孟子·告子上》),但孟子从来不像康德那样认为有排除感官干扰的纯粹道德律,相反心所能感受到的东西与感官所感受到的东西没有质的区别。如孟子所说的,

> 口之于味也,有同嗜焉;耳之于声也,有同听焉;目之于色也,有同美焉。至于心,独无所同然乎? 心之所同然者,何也? 谓理也,义也。圣人先得我心之所同然耳。故义之悦我心,犹刍豢之悦我口。(《孟子·告子上》)

事实上在先秦的主要思潮中多有以感官感受来比喻人的道德感受的,如《大学》"所谓诚其意者:勿自欺也,如恶恶臭,如好好色,此之谓自谦,故君子必慎其独也!"

　　这种倾向在思想上的一个后果就是使中国哲学缺乏西方式的意志概念。在西方传统看来,意志是人所具有的一种能力,它可以使人选择这一行为,而不选择那一行为;而人的道德能力就在于能够凭此自由意志,超越感性上的影响,而严格遵照理性认为正确的行为(比如康德意义上的纯粹的道德命令)行事。显然,意志的概念已然预设了感性与理性,身体与心灵的分离。然而中国哲学却不存在这样的断裂,心之所思所感直接就是身体上的所感所为,不需要经过意志的中介;相反,如果道德行为不是"若决江河,沛然莫之能御"(《孟子·尽心上》)地油然而生的,反而会被认为是还不够完满和纯粹的,所谓"不得于心,勿求于气"(《孟子·告子上》)。这实际上预设了一种与西方截然不同的身体模式:心身不是分离对峙的,而是同质一体的;身体也不再是一个封闭的功能单位,而是本身就处在不断的伸展与流通中的,"身者伸也"。如《管子·内业》所说:

> 精存自生,其外安荣。内藏以为泉原,浩然和平,以为气渊。渊之不涸。
> 四体乃固;泉之不竭,九窍遂通。乃能穷天地,被四海。……心全于中,形全于外。

精,就是气,只是因为气之精微部分可以产生知觉,所以又称作"精"。"精也者,气之精者也。气,道乃生,生乃思,思乃知,知乃止矣!"(《管子·内业》)可以说,在中国传统中身体最根本的形象是源泉,"源泉混混,不舍昼夜,盈科而后进,放乎四海。"(《孟子·离娄下》)所谓"万物皆备于我,反身而诚,乐莫大焉"(《孟子·尽心上》)都要在此等处体会。

　　这种看待身体的方式在存在论上有两个后果:第一,身体本身就可以充任意义的来源,这是压抑身体的西方传统所无法想象的;第二,经由身体性存在所获得的意义已然是在关系中的,因为支撑身体存在的

"气"本身就是在不断地伸展与流动中。下面我们探讨儒家的身体观时会再次回到这个问题。

第三,因为不承认身体是受意志或灵魂等控制的一个功能单位,因而也不承认身体只可以有一个中心。比如虽然中医认为身体有五脏六腑,但它们不同于西方作为功能单位的器官,而只是血气的储存和往来的场所,"所谓五藏者,藏精气[神]而不泻也,故满而不能实。六府者,传化物而不藏,故实而不能满也"(《素问·五藏别论》)。五脏六腑之间与其说有一个控制中心,不如说只是个"小德川流,大德敦化"的"并育而不害,并行而不悖"的局面。再如虽然通常心被认为处"君"位而下辖其他身体官能,但这种关系并不是西方所设想的意志对身体的绝对支配的关系,而毋宁说"君"与"官"的关系本身要服从更高层次上的和谐。所以重要的只是知其本末顺逆,"从之则治,逆之则乱"(《素问·金匮真言》)。这种不是从一个中心出发,而是由本及末、由源至委的看待身体的方式将比西方的身体模式更适宜处理怀孕中的身体关系,因为在这种关系中本来就有两个人,两个中心。

以上就是中国传统的以气为本的身体观的几个特点,下面我们进一步探讨这种身体观中与生育相关的部分。

2. 中国传统中人生始化的身体图式

"人生始化曰魄,既生魄,阳曰魂。用物精多,则魂魄强。是以有精爽,至于神明。"(《左传·昭公七年》)魂魄均指气的作用而言。而在这一气的作用中,我们又可把"人生始化"分成两个阶段来探讨:一个是反始,即追溯至生殖的身体;另一个则是探讨受形之后,胎儿在母体中发育的情况。

(1)生殖的身体

气始而生化,气散而有形,气布而蕃育,气终而象变,其实一也。
(《素问·五常政大论》)

> 水者,地之血气,如筋脉之通流者。……是以水者,万物之准也,诸生之淡也,违非得失之质也。是以无不满,无不居也。集于天地而藏于万物……人,水也。男女精气合,而水流形。(《管子·水地》)
> 女子七岁肾气盛,齿更发长。二七而天癸至任脉通,太冲脉盛,月事以时下,故有子。……丈夫八岁肾气实,发长齿更。二八肾气盛,天癸至,精气溢泻,阴阳和,故能有子。(《素问·上古天真论》)

上述引文多通用水、气,一个原因是水的流动接近于气的流动,因而水常被用作气的象征。"水之在沟,气之在躯,其实一也。"(《论衡·寒温》)"血脉之藏于身也,犹江河之流地。"(《论衡·道虚》)另一个更重要的原因是,正如云、雨、风是同类之物一样,水和气也常常可以相互转化,"血气者同类而异名"(《灵枢·营卫生会》)。比如天癸,"言天一之阴气耳,气化为水,因名天癸。其在人身则为元气,人之未生,则此气蕴于父母,是为先天之元气也。人之既生,则此气化于吾身,是为后天之元气。第气之初生,真阴甚微,及其既盛,精血乃王,故女必二七,男必二八,而后天癸至。天癸既至,在女子则月事以下,在男子则精气溢泻,盖必阴气足而后精血化耳。阴气阴精,譬之云雨。云足则雨必至矣,本来一物也"。

就此而言,传统的生殖的身体是一种同质的身体,生殖的能力俱本于天癸。然而同质并不意味着闭合的相同,男女虽然是一气化成,但天然地蕴有一种相互推荡的生成空间,"刚柔相推,变在其中矣",所谓"天地纲缊,万物化醇;男女构精,万物化生"(《易·系辞下》)。表面上似乎是两个身体生出一个新的身体,新的身体再重复前者的行为,而代代相继下去,实际上不过是一气自身内部的跌宕流转而已。男女生殖的身体的意义只在于借两个身体之间的一点差异、一点跌宕、一点相感的态势,而使先天秉有的元气得以推荡和流转。元气如水,只要有一点倾斜跌宕,就无不至,无不满,所以男女构精、两气交感之时,必也是元气淋漓,生气弥漫之时。然正如"水至平则止",所以"男女精气合",至"水流形"——产生新的生命——之时即趋向平缓。到"第生之元气"随年增长至足以气盛相感之时(比如女子二七、男子二八)之年,新一轮的生命过程才会再度开始。由此,生命之间的生气的流转也就得以"满而不溢"地活泼泼地进行下去,如"溥博渊泉",时以出之(《中庸》)。

这是西方思想所不能理解的一种"二对生"的身体模式,在他们看来生殖的身体只有两种可能:两性的身体要么相同,要么根本不同。前者如在文艺复兴之前在西方文化中占主导的"单体"的身体观,认为女性与男性在解剖上来说是同性的(盖仑);后者如文艺复兴后在现代生物学和医学的基础上确立起的身体观。

在前一种情况下,生殖的过程只是一个封闭的自我的自身复制的过程,然而这种单一的谱系很难从内部找到延续下去的动力,所以只好把女性贬抑为空洞的质料,以制造出质料与形式之间辩证的张力。在"单体"的生殖的身体观下,繁殖中的一切活动都被归因于男性的精子(亚里士多德的《论生物的繁殖》),女性的卵子直到1827年才被发现。

在后一种情况下,虽然确立了两性身体的差别,然而由此营造出的却是倾向于脱离生殖来探讨性别的氛围。被置于中心的是性爱,受孕的能力反而被边缘化了。这种倾向并不是偶然的,而毋宁说正延续了前一种身体观。在古希腊,"单体"的生殖身体观的反面:就是对两性吸引的恐惧。认为两性的差异所导向的并不是生育,而是毁灭。早在古希腊神话中就记述了代表天空的乌拉诺斯与代表大地的该亚如何长时间地结合在一起,令该亚腹中的孩子们无法出世,以致最后他们的孩子克罗诺斯不得不割断父亲的性器官,以让宇宙生成顺利进行下去。

西方生殖的身体观困在这两个极端之间:或者否认女性在生育中的平等作用,或者否认性爱与生育的必然联系。然而中国传统身体观却能走出一条"中道"来:女性的身体作为阴阳相感之一端,必然要与另一端相感,而产生出新的生命来。新的生命不是意外的偶然产物,也不需要设定某种外在的动因。男女性别的差异与新的生命的产生就包裹在一气之中,自然流转,这种内部不可分割的一体联系就为我们说明母亲的意义留下了足够的空间。这是"弑母"的西方文化所难以想象的。

(2)胎儿在母亲体内的发育

> 万物背阴而抱阳,冲气以为和。故曰一月而膏,二月而胅,三月而胎,四月而肌,五月而筋,六月而骨,七月而成,八月而动,九月而躁,十月而生。(《淮南子·精神训》)
>
> 男女精气合,而水流形。三月如咀。咀者何? 曰五味。五味者何? 曰五藏。……五藏已具,而后生肉。……五肉已具,而后发为九窍。……五月而成,十月而生。(《管子·水地》)

以上关于胎儿在母体中发育的描述有很多相同之处,但最重要的一点就是:都以三月为界。之前称为膏(呈液态的油脂),胅(肿物)等,到三月,始称胎而具有五藏。五藏者,气流通之场所也,五藏具则气顺,而逐次生肉、筋、骨、肤、毛发,等等。因而三月是从气向形发展的关键,但这还不是以三月为分界的主要原因,更重要的原因是自三月开始,母体的气开始与子体的气相互感应了。古人重视胎教的原因便在此,"故妊子之时必慎其所感,感于善则善,感于恶则恶,人生而肖父母者,皆其母感于物,故形意肖之"(刘向《列女传》卷一)。一般认为这种"外感而内象"的过程始于三月,"妊娠三月名始胞,当此之时,未有定象,见物而化。"(徐之才《逐月养胎方》)此外,母亲自己的心情对胎儿也有很大的影响,如《素问·奇病论》就说"(胎病)此得之在母腹中时,其母有所大惊,气上而不下,精气并居,故令子发出癫疾也"。此谓"母气既伤,子气应之,未有不伤者"(《论衡·气孝》)。简言之,胎儿的发育过程就是与母体之气相交感的过程。

3. 儒家的身体观

虽然儒家与医家都把以气为本的"一体"的身体观作为表达思想的根本模式,在人生始化的图景上两家的思想也没有根本的区别,但医家重视人的由来只是为了在受形之后保命全形,而儒家还别有"继述"之道。"君子反古复始,不忘其所由生也,是以致其敬,发其情,竭力从事以报其亲,不敢弗尽也"。(《礼记·祭义》)由此而发展出一种以孝为中心的文化。"夫孝者:善继人之志,善述人之事者也。"(《中庸》)

孝不只是一种内心的情感,更重要的是表达了对人生的位置和人生的节奏的深层体验,如果用西方哲学上的术语说,这首先是一种存在论上的体验。并且正是中国文化看待身体的特殊方式——如前已分析的,身体直接可以充任意义的来源,并且这种意义总已经是在关系中的——使这种体验成为可能的。

孝的一个重要的根源就是把己身看作属于父母之身:

> 曾子曰:"身也者,父母之遗体也。行父母之遗体,敢不敬乎?……"……乐正子春曰:"……吾闻诸曾子,曾子闻诸夫子曰:'天之所生,地之所养,惟人为大。'父母全而生之,子全而归之,可谓孝矣。不亏其体,不辱其身,可谓全矣。故君子顷步而弗敢忘孝也。今予忘孝之道,予是以有忧色也。壹举足而不敢忘父母,壹出言而不敢忘父母。壹举足而不敢忘父母,是故道而不径,舟而不游,不敢以先父母之遗体行殆。壹出言而不敢忘父母,是故恶言不出于口,忿言不反于身。不辱其身,不羞其亲,可谓孝矣!"(《礼记·祭义》)

而推本己身到父母之身上,同时也就意味敬妻、敬子:

> 妻也者,亲之主也,敢不敬与? 子也者,亲之后也,敢不敬与? 君子无不敬也,敬身为大。身也者,亲之枝也,敢不敬与? 不能敬其身,

是伤其亲；伤其亲，是伤其本；伤其本，枝从而亡。(《礼记·哀
公问》)

由此儒家发展出一种以家庭为本的文化："君子之道，造端乎夫妇；及其
至也，察乎天地。"(《中庸》)"上治祖祢，尊尊也；下治子孙，亲亲也；旁治
昆弟，合族以食，序以昭缪，别之以礼义，人道竭矣。"(《礼记·大传》)这
种文化也相应地表达为一种"一体"的身体图式："父子一体也，夫妻一
体也，昆弟一体也。故父子首足也，夫妻牉合也，昆弟四体也。"(《仪
礼·丧服传》)

三、从中国传统身体观出发对堕胎问题的可能解决

生命伦理学发展的一个严重困难在于，难以在来自不同背景、不同
文化和不同信仰的人群之间建立具体的、充满内容的规范。比如在持
严格的基督教反堕胎观点的人看来，任何形式的维护堕胎的论证在道
德上都是堕落的。因而我所希望论证的中国传统身体观在堕胎问题上
的优越性，也不是实质道德内容上的。我的主张只是：中国传统身体观
可以提供一种更贴近于真实的怀孕情境的描述，因而在应用上具有伦
理优势。

首先，中国传统身体观为同一个身体中母亲和胎儿的关系提供了
更平衡的解释。前已说明：(1)中国传统身体观以气为本，而不以身体
轮廓为限；(2)女性的身体作为气化相感之一端，也积极介入到胎儿的
成形与发育中，因而我们很可以把一个身体中母亲与胎儿的关系概括
为："一体而两分，同气而异息。"

如《吕氏春秋·精通》所言：

父母之于子也，子之于父母也，一体而两分，同气而异息。若草莽

之有华实也,若树木之有根心也,虽异处而相通,隐志相及,痛疾相
救,忧思相感,生则相欢,死则相哀,此之谓骨肉之亲。

这是执著于身体轮廓上界限的西方身体观所不能达到的。因为这种身
体观总是从个人(受意志控制的一个封闭的功能体)出发的,只有个人
才是最终有意义的单位,这样怀孕的情境就被理解为互相对立的个人
之间的关系,然而"在单独的一个人类的皮肤之下,所留下的空间只够
赋予一个人格以完整和平等的权利",于是就留下了一个几乎无法解决
的僵局,或者说一个只能以某种极端的方式(an all-or-nothing strategy)
来打破的局面:要么某些个体根本不被看作是平等的对象和有意义的
单位,因而可以对它们做任何事情,要么每个个体都是平等的、有意义
的单位,因而任何事情都不能做。前一种倾向以沃伦(Warren)为代表,
她主张胎儿和人的相似或者它成为人的潜能,都不足以和一个成年的
妇女相抗衡,因而在怀孕的任何阶段,女人以结束她不想要的怀孕,来
保护她的健康、幸福、甚至生命的权力,永远超过任何胎儿所可以有的
生命权,即使它已经发育完全了。后一种则如前所引用到的布罗迪的
想法,也即只能以严格随机的方法来决定胎儿和母亲谁应当活下去。
这两种打破困境的方式都没有真正地解决问题,它们毋宁说在道德上
是令人沮丧的。然而遗憾的是,当代西方的堕胎辩论多徘徊于这两个
极端之间。在这个方面,中国传统身体观的意义就在于可以从方法论
上帮助克服这些由单边的(one-sided)观点所衍生出的极端的推论,因为
中国传统中的"身体"已然是在联系中的。

其次,用社会学的术语来说,人类社会中的生育制度可以分析为三
个环节:生殖—单系抚育—双系抚育。动物通常只在生殖的环节中才
需要两性合作,以后由母亲单系抚育即可。但人类则绝大部分是双系
抚育,因为人类的后代需要最长时间的照料,非单力所能完成,这在大
多数情况下又意味着组织家庭。所以人类选择这种组织社会的方式并

非偶然,而是与人类繁衍生息大有关系。这样,脱离具体的家庭处境而探讨堕胎的决定无疑是抽象的和不切实际的,虽然,严格说来,堕胎问题从生理上说只发生在单系抚育的时间里。

中国传统身体观的特殊之处就在于它从来把三个环节合为一体。如前所述,在传统的生殖的身体中,两性关系已然与生育联系在一起,而在儒家思想中,这种关系更被扩展到以家庭为中心的语境,"君子之道,造端乎夫妇"。身体的存在既不以外部轮廓为界线,也不受内在的中心(意志或理智)的控制,而是要在伦理的大身体——"父子首足、夫妻胖合也,昆弟四体"——的一体中,依其本末得到调节。"物有本末,事有终始,知所先后,则近道矣。"(《大学》)这才是中国思想做伦理判断的根本方式。在堕胎问题上也是如此。堕胎的决定不是某个人依自己的意志或权利作出的,而是把己身和子身都推本于亲之体,以亲之体为本,然后再顺着由亲之体扩展开来的伦理结构与需要,而作出伦理决定。

从共属于亲之体来理解怀孕的深层关系并不意味着只是被动地接受生物过程的发生,相反,这意味着要积极塑造伦理关系。首先,只有在婚姻关系下的受孕才是被纳入"一体"关系中接受的,因为如前所述的,中国文化已然是在生殖、生育、养育的一体中以家庭为中心而看待一切问题的,所谓"昏礼者,礼之本也"(《礼记·昏义》)。而且将诞生的孩子也随它对既有伦理关系的贡献的不同而具有不同的意义。

如果已有太多的孩子,或因为其他原因而不适宜要这个孩子的时候(如母亲身体太虚弱),都允许堕胎。比如南宋的陈自明在其《妇女大全良方》卷十三中说"夫妊娠羸瘦,或挟疾病,脏腑虚损,气血枯竭,既不能养胎,致胎动安不得,终不能安者,则可下之,免害妊妇也"。这表明中国更倾向于从相关的伦理关系中来探讨生育问题的特点,这与执著于胎儿神圣地位、或者妇女的自由权利的西方的思考方式是截然不同的。

中国的这种思考方式同时也是最贴近于怀孕妇女真实处境的思考方式。怀孕不只是生物过程，同时也是随着妇女身体变化而积极改变着的社会关系的过程，妇女往往是在这个过程中才作出堕胎的艰难选择的。堕胎并不是逃避责任的行为，相反它往往是对其他人——与胎儿具有伦理关系的人以及将来有可能出生的孩子——真正负起责任的行为。然而当代西方主流的维护堕胎论证方式都基于自主权或"房子"这类抽象的比喻上，而使怀孕妇女的真实处境反倒成为一件无关痛痒的事。就此而言，基于中国传统身体观的思考方式更具有伦理优势。

最后，中国传统身体观在允许堕胎的前提下还可以给予胎儿尽可能多的保护。胎儿与母体一气相感，血脉相连，胎儿的意义永远不会仅仅类同于一条鱼，堕胎意义也永远不会类同于修剪头发。而且随着胎儿的成长，胎儿的意义也就越大。三个月后胎儿与母体气息相通，痛疾相及，堕胎的选择也就愈加慎重。古代医书于此多有提醒，"（堕胎）在三月之间，若过此则成形难动，动必有伤母之患。"（孔齐《至正直记》）这也符合当代通行的对胎儿进行分阶段保护的做法。

综上所述，虽然我们不能说中国传统"一体"的身体观就可以彻底解决堕胎的争论，或者从这种身体观出发而作的堕胎决定在任何条件下都是合理的，但中国传统的身体观至少为进一步探讨合理的堕胎留出空间，为进一步的探讨提供语境上的支持，而不会就此停留在全部或零（all-or-nothing）的僵局中。并且在理想的条件下，中国传统身体观所提供的语境还是可以做到：既允许有限度的堕胎，又考虑到各方面的人情事理，并尽量给胎儿，尤其是三个月以后的胎儿以保护。

然而这种保护是有前提条件的，也即，只有在婚姻关系下的受孕才是被纳入"一体"关系中。而随着当代社会生活方式的急剧变化，大多数的堕胎其实发生在婚外，堕胎手术的滥用也因而成为一个日益严重的社会问题。但我们还可以从传统身体观的其他方面找到制约这种倾向的力量。

儒家身体观以己身为父母之身体的延伸（所谓"遗体"），由此特别讲究谨言慎行，"故道而不径，舟而不游，不敢以先父母之遗体行殆"（《礼记·祭义》），"是故知命者，不立乎岩墙之下"（《孟子·尽心上》），"君子有不幸而无有幸"（《论衡·幸偶》）。如果真能恢复起这种身体观，那么伤害身体、损及血脉的堕胎也就不能再被轻率地视为"一次不走运的小手术了"。我相信，当前中国社会堕胎问题不是移植某些西方的观念就能解决的，最好出路仍然保留在传统身体观中。

参 考 文 献

安德烈·比尔基埃：《家庭史》，袁树仁等译，三联书店 1998 年版。

梅洛-庞蒂：《知觉现象学》，姜志辉译，商务印书馆 2001 年版。

布罗迪：《反对堕胎的绝对权利》，见波伊曼编选：《生死的抉择：基本伦理学与堕胎》，杨植胜等译，台湾桂冠图书股份有限公司 1997 年版。

舍勒：《伦理学的形式主义与质料的价值伦理学》，倪梁康译，三联书店 2004 年版。

柏拉图：《蒂迈欧篇》，谢文郁译，上海人民出版社 2003 年版。

栗山茂久：《身体的语言——从中西文化看身体之谜》，陈信宏译，究竟出版社 2001 年版。

安乐哲：《自我的圆成：中西互镜下的古典儒学与道家》，彭国翔编译，河北人民出版社 2006 年版。

伊泽裳轩：《素问释义》，学苑出版社 2005 年版。

费侠莉：《繁盛之阴：中国医学史中的性（960—1665）》，甄橙等译，江苏人民出版社 2006 年版。

吕克·布里松：《古希腊罗马时期不确定的性别——假两性畸形人与两性畸形人》，广西师范大学出版社 2005 年版。

娃妊:《赞成堕胎的人格论证》,见波伊曼编选:《生死的抉择:基本伦理学与堕胎》,杨植胜等译,台湾桂冠图书股份有限公司 1997 年版。

费孝通:《乡土中国·生育制度》,北京大学出版社 1998 年版。

李中清、王丰:《马尔萨斯的神话与中国的实际:人类四分之一的人口史》,三联书店 2000 年版。

Boonin, David, "A Defense of 'A Defense of Abortion': On the Responsibility Objection to Thomson's Argument," in *Abortion*, ed. by Bennet, Burlington, VT: Ashgate/Dartmouth, 2004.

Brody, Baruch, "Thomson on Abortion," Philosophy & Public Affairs 1(Spring 1972).

Irigaray, "The Bodily Encounter with the Mother," in *the Irigaray Reader*, Cambridge: Basil Blackwell, 1991.

Petchesky, Rosalind P., "Fetal Images: The Power of Visual Culture in the Politics of Reproduction," in *Abortion*, ed. by Bennet, Burlington, VT: Ashgate/Dartmouth, 2004.

Thomson, "A defense of Abortion," in *the Ethics of Abortion*, ed. by Baird & Rosenbaum, Buffalo: Prometheus Books, 1989.

Warren, Mary Anne, "The Moral Significance of Birth," in *Abortion*, ed. by Bennet, Burlington, VT: Ashgate/Dartmouth, 2004.

异域新知

麦金太尔论宽容

汤雁斐 *

一、引　言

　　洛克写给好友的书信——《论宗教宽容》于 1689 年发表,这本小册子被奉为西方解决政教问题的圭臬,在英美国家中获得极大反响。同年,英格兰国会通过《宽容法》(*Toleration Act*),宣布给予不从国教者信仰自由。将近百年之后,神圣罗马帝国皇帝约瑟夫二世颁布《宽容赦令》,赋予不信天主教的基督徒一定的信仰自由。而说到最为彻底地实现洛克思想的,当属托马斯·杰弗逊和麦迪逊在美国起草的《弗吉尼亚宗教自由法案》,它的直接影响是,1787 年美国宪法将"政教分离"正式列入其中。根据美国宪法第六条,宗教信仰永远不应该被纳入对公职人员的考核条件当中,这意味着,宗教与政治之间进一步拉开了距离。直到 1789 年,美国召开第一届国会,麦迪逊在宪法中添加了一条修正条款,要求美国任何一个州都不能侵犯公民良心的平等

＊　汤雁斐,天翼电子商务有限公司品牌经理。

权利。

回溯历史我们发现,自由主义对宗教宽容乃至政治宽容的发展一直起着无可替代的推动作用,正如苏珊·曼德斯(Susan Mendus)所言,"尽管在其他的政治理论当中也可以发现宽容的价值,但是在自由主义里,宽容的地位才是最尊崇的。甚至可以说,正是自由主义传统为宽容本身就是一种美德,而不仅仅是实用主义的策略或谨慎的权宜之计提供了强有力的辩护"。[1]然而,伴随着政治哲学理论与实践的不断丰富,自由主义对宽容问题的探究不再是垄断性的,当代共同体主义者如迈克尔·沃尔泽、查尔斯·泰勒、阿拉斯代尔·麦金太尔等人对宽容问题的探寻为我们提供了有益的示范,尤其当我们考虑到当下政治哲学视域中,自由主义与共同体主义已然形成分庭抗礼的局面时,不禁期待共同体主义者就宽容问题提交一份不同的答卷。

事实上,他们已经做到了。无论是沃尔泽对历史上五种宽容体制的分类研究还是查尔斯·泰勒对承认与保存集体性文化意义的论证,在宽容问题上,共同体主义者已经走得很远。当前学界对上述两位代表人物的理论研究已经初具规模,相比之下,共同体主义阵营中另一位杰出代表麦金太尔的宽容理论则较少引起大家的注意,这一现状主要是由两点困难造成的:

第一,麦金太尔专门针对宽容问题论述较少,目前可供参考的文献仅有收录在其论文集《伦理学与政治学》(*Ethics And Politics*: *Collected Essays*)中的一篇文章《宽容与冲突的善》("Toleration and the Goods of Conflict"),这篇文章篇幅虽短,却尝试性回答了宽容的性质与古典自由主义宽容观的局限性等重要问题,遗憾的是,该文在学术界尚未得到应有的重视。

第二,麦金太尔对宽容问题的阐述,与其他共同体主义者均不

---

[1] Mendus S., *The Politics of Toleration in Modern Life*, Duke University Press, 2000.

同。他对古典自由主义宽容思想分析深刻,批判性地借鉴了其中丰富的理论成果,使其自身理论能够超越传统的对立,展现出更多对话的可能性。因此,对麦金太尔宽容思想的研究不能局限在自由主义与共同体主义二元对立的框架中,与其说他展现的是共同体主义的宽容思想,不如说是自由主义与共同体主义的一次对话。不同传统之间发生的对话,是双方可以向对方展示自身理论合理性的重要机会。在麦金太尔看来,在不同传统之外并不存在任何独立的标准能够判断何种传统更为优越,一种传统只有通过向其他传统学习并且指出其他传统所存在的理论上的不充分性,才能证明它自身的合理性与优越性。[1]对话恰恰是展开这种论证的第一步。他通过向古典自由主义传统学习,理解洛克、密尔的思想来源和逻辑,继而能够批判性地扬弃,扩展自身的理论视域,展现出一个内涵更加丰富的"宽容"概念。麦金太尔独特的运思方式,使得对他的理论研究难度大大提升,研究者们不仅要洞察麦金太尔本人的理论诉求,还要学习和理解他的对手——古典自由主义者们的思想脉络,基于此,才有可能展现麦金太尔宽容思想的全貌。

综上所述,文献较少的客观现实和理论跨度大的研究难点使得麦金太尔宽容思想一直被忽视。然而这并不能证明麦金太尔宽容思想不重要,相反,他不仅对古典自由主义宽容观作出创新性的解读,而且还提供了许多研究宽容问题的新思路。本文拟将对麦金太尔宽容思想作整体梳理,遵循麦金太尔式的运思方法,全面地刻画他与古典自由主义者之间展开的关于宽容主题的对话,从其所立足的美德伦理学大背景中找到相关线索,解读自由主义与共同体主义在宽容问题上所产生的分歧,指出麦金太尔对宽容问题的研究在其整体思想中的地位与影响。

---

〔1〕 麦金太尔:《三种对立的道德探究观》,万俊人、唐文明等译,中国社会科学出版社1999年版,第2页。

二、问题的提出

1. 我们应该宽容吗？

"宽容"一词含义非常丰富,在伏尔泰的《哲学词典》中被译为"信仰自由",它被看作"人类的特权"。另一种解释认为,宽容就是"根据每个人都有权采纳自己的宗教信念和其他观点,对出于宗教的或政治的原因而不赞成的那些人或事,容忍不加反对"。[1]但是随着时代的发展,宽容的释义也在不断发生改变,收录于《布莱克维尔政治学百科全书》中的"宽容"概念,就已经不再像早期那样单纯地被应用于对宗教领域所发生的事情的讨论,它的适用范围拓展到日常生活中个人对于所有自己并不赞成的行为都不应进行干涉、妨碍,即使他们具备相应的知识或者权力,依然应该审慎选择,不能横加阻拦。[2]对"宽容"一词的诠释,往往包含着一种正面积极的价值肯定。1995 年联合国公布的《宽容原则宣言》大力提倡宽容教育,认为宽容的推行对于在全世界实现和平与发展具有重要作用,它有助于提高所有人的经济与社会地位,是指导国家决策与公民行为的一项宝贵原则。

在《宽容与冲突的善》一文中,麦金太尔同样也对宽容的必要性予以简要说明,他从宽容的发生语境中寻找其意义归属。首先可以确定的是,宽容问题只有建立在冲突产生的基础上才有意义。冲突的语境提供了一种可以评价宽容的实践方式与目标的参考标准。如果一个共同体内部或多个共同体之间的互动没有产生任何分歧或冲突,我们谈论对他者的"宽容"就是无意义的,甚至潜藏着风险。它可能代表了宽容

---

〔1〕　尼古拉斯·布宁、余纪元主编:《西方哲学英汉对照词典》,人民出版社 2001 年版,第1006 页。

〔2〕　戴维·米勒主编:《布莱克维尔政治学百科全书》,邓正来译,中国政法大学出版社 2002年版,第 820 页。

者傲慢自大的态度,将宽容作为一种侮辱性的施舍强加于被宽容者身上。因此,理解宽容问题的第一步应该是了解冲突通常是如何发生的。

(1) 冲突是对话不可避免的结果

麦金太尔在其文章开篇,就提到共同体内部以及不同共同体之间会不断发生"对话",这种对话可以帮助共同体成员在讨论关涉到个人与共同体利益的事务时,争取达成共识,并且作出有效决策。由于这些决策与共同体内部每个成员甚至是整个共同体的利益都紧密相关,因此如果共同体成员对于探究什么样的行为可以帮助他们实现个人与公共善的目的并不感兴趣的话,这种对话也无法发生。[1]因此,在一个共同体内部,每个成员不仅会关心个人善的实现,也会对共同体整体的发展表示出极大的兴趣,毕竟他们自身的利益总会受制于共同体整体善的实现情况。

基于此,这种"对话"具备两个特点:无论是在共同体内部发生的还是在不同共同体之间发生的对话,必须保证参与对话的每个人或者每种立场都有机会表达自己的利益与关切,除此之外,还应该对他人的关切表示出理解,这是双方能够继续沟通的基础,对话必须在一个能够自由表达和相互理解的平台上才能实现。其次,每个人除了要说明自己对决策的相关意见之外,还要陈述其理由,为自己做合理性的辩护,因而,这种对话与那些单纯的态度的宣泄或者无理的争吵区别开来。

从发生对话的场景来看,麦金太尔描绘出一个多元文化并存的世界,各个文化传统在内部商谈决策,促进自身善的实现,同时还会不断与其他传统互动,进行对话,但是任何对话的进行都不可避免地会产生分歧、摩擦甚至冲突,这一点在《追寻美德》一书中已有所启示。

在这里我们不得不重申一个更大的前提,麦金太尔始终是一个坚

---

[1] A. MacIntyre, *Ethics and Politics*: *Collected Essays*, Cambridge University Press, 2006, p.85.

定的亚里士多德主义者。他将其共同体主义的政治理想继承下来,坚持城邦的政治生活有其特殊目的,即城邦共同体应该致力于促进公民去追求一种"优良的生活",而不仅仅是保障公民生存。这就为城邦共同体确立了一个更为高尚的行动目标,公民在城邦中应该努力过上一种"完美的、自足的生活"。亚里士多德所使用的诸如"优良的"和"完美的、自足的"等修饰词,表达的是他对于人类最佳生活方式的一种解读,或者用麦金太尔的话来说,是对"公共善"的一种探寻。这种"善"是共同体内部成员最关心的事情,它不仅关乎每个人的私人生活,而且在公共领域中也发挥着巨大影响,甚至,是否有助于这一目的的实现可能成为判断共同体内的一切事物的最终标准。因此,任何违背这一追求的事情都应该被阻止。

来自不同智识传统和文化背景的共同体,往往对于何为人类最佳的生活方式有着自己不同的理解,有些解释甚至是相互对立、相互冲突的。正因为如此,在关乎善的根本问题上,各方出现了明显的分歧。在麦金太尔看来,这种分歧是不可公度的,因为每个共同体的思想传统都具备自身内在的逻辑结构,并不存在一个中立的、可以共享的标准能够给予各传统公正的裁决。因此,当各共同体在进行交往与对话时,争论与冲突的出现就是不可避免的,原因如下。

首先,不同共同体对于"善"的不同理解会影响他们对某些概念内涵的诠释,相同的德目概念被不同共同体诠释出来的内涵可能完全不同,在对话中使用时很容易产生混淆和分歧。对于某些传统来说,占据其核心地位的德目概念在其他传统当中不值得一提,甚至根本就不存在。针对这一现象,麦金太尔撰写了《不可公度性、真理和儒家及亚里士多德主义者关于德性的对话》一文,他尝试通过儒家和亚里士多德传统的对比分析来说明在不同传统之间存在的这种不可公度性。[1]举一

---

〔1〕 麦金太尔:《不可公度性、真理和儒家及亚里士多德主义者关于德性的对话》,彭国翔译,《孔子研究》1998 年第 4 期。

个例子来说,对于儒家来讲,"礼"的概念是理解孔子思想的一个重要范畴,一方面,孔子继承了周公的礼乐文化,将"礼"作为判断国家政治是否有序的标准,"天下有道,则礼乐征伐自天子出;天下无道,则礼乐征伐自诸侯出"。而孔子的政治抱负不仅是要在国家体制上复兴周礼,更重要的是要施礼教于人,他极为重视"礼"的教化作用,将"礼"看作君子得道的必要条件。"君子博学于文,约之以礼,亦可以弗畔矣夫"。另一方面,"礼"对于诠释儒家核心概念——"仁"发挥着不可替代的作用,"颜渊问仁。子曰:'克己复礼为仁。一日克己复礼,天下归仁焉。为仁由己,而由人乎哉?'""礼"是道德主体实践"仁"的具体表现,若一人视听言动皆能合乎于礼,即所谓"居处恭,执事敬,与人忠"。因此,"礼"是儒学当中一个非常重要的概念,它的内涵极为丰富,既包括对周礼制的传承,也具备修养论的意义,并且与"仁"的概念相互补充,互为解释。然而在亚里士多德传统中,并无对"礼"的相关说明,甚至我们都找不到一个相近的可以替代"礼"的概念。因此,来自亚里士多德传统的学者就可能无法理解儒家传统中"礼"的重要性。

其次,不同传统对于善的理解所参照的关键性概念与逻辑结构不同。各共同体对"善"的具体定义会参照某些关键性的概念,从而形成一种独特的内在结构。以亚里士多德传统为例,对于具体的德目如"勇敢"、"正义"的理解都离不开最基本的目的论框架,正是基于人类的每一次实践都是为了实现某种善的大前提下,各种具体德目的意义才能被恰当理解。这种善是人类遵从本性所追求的目的,它旨在实现人类心灵的和谐和城邦的繁荣。因此,各个具体的德目必须参照"心灵"、"城邦"等关键性概念来理解,必须依据一种目的论的框架来阐释,例如,"勇敢"就是一种出于高贵目的而承担人承受范围之外的恐惧的德性,它是一种正当的、适度的品质。但对于儒家传统来说,这种目的论的框架并不存在,孔子在评价一个具体的德目时,参照的往往是"仁""义"等核心的价值理念,因此他对于"勇敢"的评价与亚里士多德完全不同。"勇者不必有仁。"勇敢并非一种全德,像子路这样的好勇之人不为孔子所推崇,他认为,"君子有勇而无义为乱,小人有勇而无义为盗。""勇"必须处于"义"的指导之下。亚里士多德与孔子在评价具体德目时所产生的分歧,体现了二者在理解善观念时所参照的核心概念与逻辑结构的差异,而这种结构性差异又决定了他们在回答人类最佳生活方式这一根本问题时的运思方式完全不同。

从亚里士多德传统和儒家传统的对比中可以看出,来自不同智识传统的共同体之间的最大差别,在于对人类最佳生活方式或者说对"善"的理解不同,这种理解上的差异则源于各个共同体在回答根本问题时所参照的核心概念与逻辑结构不同所造成的。同时,对根本问题的不同回答反过来又导致共同体在对话时所使用的概念内涵出现了混淆与偏差。因此不同共同体在对话与交往的过程中,可能就会因为误解或根本无法理解对方所使用的概念及对方论证的逻辑结构而发生争论与冲突。麦金太尔分析共同体之间冲突产生的原因,最后形成了一种解释上的循环,这种循环实际上是由于各个共同体内部分别已经达成了一套完备的解释、说明与论证思想体系所造成的。正是由于这套体系的完备性,导致了某一共同体所追求的善观念无法被其他对立共同体所理解。换句话说,不同传统所追求的是不可共享、不可公度的价值观念。

(2) 对"不可公度性"的质疑

或许有人会反驳,不同的共同体所追寻的善观念之间是可以相互包容的,而非不可公度,人类社会应该存在某种普遍价值,从柏拉图到黑格尔等大部分理性主义者都在不同程度上持此观点。然而在当代世界,这种观点已经渐渐失去吸引力,人们在日常的经验生活中发现,如政治上的平等、高效的组织纪律甚或是社会公正的理想都可能与个人自由相悖。以赛亚·柏林深刻感受到这一点,他认为应该为人类个体牺牲诸如公正、进步、后代的幸福、神圣的使命甚至是自由本身而负责的信念,不是别的,正是那种坚信在过去或者是未来,已被发现的或是尚待被发现的,某种可以解决所有问题的终极信念。这种信念有一个基本特征,即它确信所有人信奉的积极价值,最终一定是相互包容的,或者说有一种普遍的价值能够将所有人的信念串联在一起,相互支撑。[1]对于大多数理性主义者来说,这种教条式的信念极容易导致暴政与迫害的流行,历史上残忍的暴君和迫害者无不坚信自己的所作所为完全是合理的,他们确信在某个完美的、理想的乌托邦世界里,人们所追求的那些目的绝不会引发任何冲突,所有的美德和谐统一。然而已经发生过的政治与宗教迫害不断向我们证明,这种单一的乌托邦世界并不存在,一元论的现实化可能导致灾难的发生。

因此,共同体各自所追求的善观念的不可公度性将导致一个冲突不可避免的多元文化格局形成。而这也是现代社会被认为最深刻的特征,即"多元文化主义"。多元文化主义不仅强调文化之"多",还重在强调文化之差异性、独特性与独立性。一元论主义者往往试图掩盖这一点,他们认为不同的文化传统最终仍然要服务于某种最高价值,因此在终极意义上,各共同体所追求的善观念彼此相容,共同体之间的冲突可以在价值的不断上溯和抽象过程中得到解决。一元论主义者的谋划在现实生活中从来没有成功过,以加拿大多民族国家为例,仅仅在魁北克省,因为语言问题所导致的冲突一直没有被克服,虽然从更高的价值追求上讲,说法语的加拿大公民与说英语的加拿大公民在保存本共同体文化的目标上取得了一致,但这并不有助于二者解决在经济、政治生活和教育实践中遇到的语言冲突问题。

对立共同体成员很有可能在交往或对话的过程中,发现彼此所致力于探寻和追求的善观念是相关于同一主题的,但是随着对话的深入,双方所使用的术语概念和论证结构会暴露出越来越多的差异和分歧,

---

〔1〕 以赛亚·柏林:《自由论》,胡传胜译,译林出版社 2011 年版,第 215 页。

这种分歧并不单纯是语言使用习惯不同造成的,更深层次的分析显示,二者所使用的术语概念分别服务于特定的传统,有其自身可适用性范围,因此在向对方观念图式转化的过程中,就容易出现概念混淆、逻辑不清的问题。看起来只是论证结构或术语概念等细节上的差异,但对于对立共同体善观念的整体把握却产生了举足轻重的影响,进而导致不同共同体之间价值观念的不可公度性。

(3)宽容与不宽容的态度

多元文化世界格局中的每一环都代表着一个独特的共同体传统,象征着对一种不可公度的善观念的追求。当不同共同体之间发生接触、交往和对话时,各自使用的概念术语和论证结构上的细微差异,都有可能导致争论与冲突发生。面对这种情况,麦金太尔建议我们采取以下四种态度。

第一,我们可以保持开放的心态,接受甚至鼓励对方提出他们不同的观点,从而可以对照以补充自身观点的不足,修改或完善我们的结论,也就是说,最初的分歧事实上是相互补充、相互支撑的,最后可以转化成一致的结论。

第二,我们依然欢迎对方提出自己的观点,虽然他们的结论和我们的并不一致,但是双方经过对话,最后形成两种观点并存的局面,这两种观点虽然保持差异性,但却能够相互合作,达成一种建设性的分歧,最终仍然有助于对话,就探寻共享的善达成共识。

第三,对于和我们不同的观点,我们并不阻拦其发表,但是我们对它们的态度变得冷漠,因为这些观点本身被视为无益于最终达成共识,我们不压制其表达的唯一理由是为了说服他们,帮助他们认清其观点的错误性或者澄清一些误解。

第四,我们不再允许持不同意见者公开发表自己的观点,相反,由于他们表达意见的方式或内容导致了对话中某种"恶"的发生,我们会将他们从对话中永久地或者暂时地驱逐出去。这样做的后果就是他们自身的对话资格将被取消,我们必须通过某些手段让他们保持沉默,或者确保没有人会将他们的观点当真。总之,他们的言行将不会得到宽容。

对于前三种态度,我们都可以称之为宽容的表现,在冲突的语境下,当事人允许异己者表达其观点,营造一种宽容的对话语境,对共同体达成某些决策上的共识具有三种意义:第一,异己者表达出来的观点恰好补充了当事人观点上的不足,二者相互支撑,最后就相关问题能够达成更加深刻的共识。第二,双方观点虽然无法恰当地融合在一起,但各持己见的局面丰富了对话的形式,对于最后的结论来讲依然不失为一种有意义的探寻。第三,某一方的观点可能是错误的,但表达出来是帮助其认识错误的第一步,便于正确的一方说服、改正其观点不足之处,对于最后的结论并不会产生破坏性的影响。

因此,站在共同体主义的立场上,宽容有助于冲突局面的结束,或者遏制冲突引发的不良后果。但另一方面,在对话中,除了会出现上述三种有益的或者无害的不同意见之外,还可能出现一种有害的言论,它无助于共同体对话的有序进行,对最终结论的达成还可能产生破坏性的影响。麦金太尔认为,对此类言论我们唯一正确的回应,应该是不宽容。这种不宽容是合理的,它与那些粗暴的、不合理的压制应该区别开来,无正当理由地限制个人言论自由显然无助于共同体实现善的追求,但合理的不宽容却是遵循了共同体对话最重要的原则——实现对公共善的探寻。

综上所述,在共同体生活当中,为了实现对公共善的追求,对话无时无刻不在发生,由此必然引发观念上的冲突和分歧。而营造宽容的对话环境,允许一些冲突和分歧的存在,事实上可以丰富共同体的生活,能够在共同体内部的沟通中,或者,在共同体之间的对话里引起更多思想与观点的碰撞,甚至某些激烈的冲突能够迅速吸引对话双方的注意力,引导人们去思考分歧产生的根源,最后双方或者互为补充,就相关问题达成深刻共识;或者各美其美、和而不同,分歧得以保留,而且这种分歧有助于营造一种良好的对话氛围,鼓励双方就分歧不断进行磋商和讨论;甚或廓清对方观念上的某些错误,引导他认识并接受正确的结论。

然而,如果在对话当中出现了某些不合时宜的或不恰当的言论,我们也必须予以严厉的制止,此时不宽容的态度才是正确的回应。那种出于维持和平局面或保护异己者言论自由权利,而放任此类言论发表的做法,必然威胁共同体内或共同体之间对话的持续性,甚或对共同体旨在探寻的公共善造成破坏性的后果。麦金太尔宽容理论的特别之处恰恰在此,他正是依据这一基本的价值判断,在宽容与不宽容之间划出了明确的界线,并由此来积极探索宽容之限度难题。

2. 我们何时不应该宽容?

宽容的态度本身暗示着宽容者对自身权力的节制和对某种信念的妥协,但是这种妥协是否无条件的,则是一个值得深思的问题。宽容要求我们在日常生活中,面对任何与自己相左的意见或行为时,都应该克制自己,尽量不要流露出对对方言行的不赞同或不喜欢的态度,更不能去干涉对方,即使他们正在发表煽动性的种族歧视言论。然而问题在于,我们真的会包容种族歧视的言论吗? 如果我们允许种族歧视的言论公开发表,它将无可避免地伤害到那些因出身或肤色的不同而遭遇差别对待的公民。因此我们会追问,种族歧视者对待特定人群如黑人的不宽容态度是值得我们宽容的吗?

卡尔·波普尔持反对意见,他认为当我们把宽容的范围无限制扩大,直至将那些不宽容者也包含其中时,宽容社会的根基就会遭到破坏,不宽容者之于宽容的社会来说,本身就是一种威胁,他们会侵犯宽容者,直至宽容也随之消灭。[1]对某种不宽容的宽容,实质是颠覆宽

---

〔1〕 卡尔·波普尔:《开放社会及其敌人》,陆衡等译,中国社会科学出版社 1999 年版,第326 页。

容。即使是为保护宽容之故,我们也应该对宽容的对象精心挑选,对宽容本身多加限制,正如麦金太尔所提醒的,在处理某些冲突或分歧时,不宽容也是合理的选择之一。[1]总之,不宽容的态度之所以是合理的,是因为在面对某些冲突或分歧时,我们是不应该妥协或退让的。

联合国教科文组织成员国在 1995 年通过的《宽容原则宣言》中提出,宽容的基础是尊重他人的基本自由与普遍人权,也就是说,当宽容某些行为会伤害人权或侵犯他人自由时,宽容就不再是值得欲求的选择了。可以说,即使是在倡导宽容教育的联合国宣言中,宽容的价值也被置于人权与自由的价值之下,任何越界的、对他人基本自由与普遍人权有所损害的宽容都是不被允许的。

我们可以将上述宣言视为当代政治自由主义宽容观的一种表达。同样的,在共同体主义视域之下,宽容也被视为一种应该有所保留、有所限制的态度。不过在具体确定宽容限度标准时,自由主义与共同体主义最终分道扬镳。二者在解决宽容限度问题上的差异化,促使我们去追问,究竟应该由谁来划定宽容与不宽容的界线? 这种界线又是如何被运用到实践当中的呢? 如此等等。麦金太尔在《宽容与冲突的善》一文中试图澄清这些问题,他不仅代表共同体主义者提出了自己的看法,还不断尝试与古典自由主义就此问题展开对话。

3. 麦金太尔宽容思想的两大特点

上文提到,麦金太尔认为对待异己者的态度有四种:第一,欢迎对方表达看法以便相互借鉴、取长补短;第二,容忍对方保持差异性的意见,双方最终形成建设性的分歧;第三,允许对方表达其看法,这种看法通常被认为是有误的,最终帮助对方克服思想上的缺陷与不足;最后是彻底关闭对方的言论通道,将其驱逐出对话舞台。

[1] A. MacIntyre, *Ethics and Politics*: *Collected Essays*, Cambridge University Press, 2006, p.87.

从更大的框架来理解，麦金太尔的四种态度基本可分为宽容与不宽容两大类，这种区分与其他共同体主义者相去甚远。为了了解麦金太尔的宽容思想的独特之处，本文拟将其与沃尔泽宽容思想进行对比研究。之所以选择沃尔泽，一方面是源于两者共同的理论立场，另一方面则考虑到沃尔泽与麦金太尔在宽容观上所表现出的差异极具代表性，经对比发现，对"不宽容"的处理是麦金太尔思想中最独特之处。

沃尔泽将主要的精力放在对"宽容"的分类，宽容被看作一种特别的态度，它能够体现以下五种价值。

首先是一种出于规避危险的考虑，比起相互残杀，人们更希望可以和平相处因之顺从地接受彼此之间的差异性。第二种则是出于一种被动的、随和的甚至是无恶意的冷淡态度，对他者的漠不关心反而让持不同意见者可以与自己和平共处。第三种态度已经产生一定的道德意义，人们是出于对他者言论自由、思想自由等权利的承认与维护，而默默忍受他人表达不同的甚至是相反的意见。第四种态度在主动性上更进一步，人们会出于对他者的尊重、坦率甚至是好奇，不仅不会压制他人的意见，而且还会去主动倾听并向他人学习，双方能够产生良好的互动，以合作的心态来对待意见上的分歧。最后一种态度已经与被发表出来的意见内容本身并没有什么关系，而是与不同意见之间所形成的差异性有关，多元文化主义者认为差异性本身就是一种好东西，它展现了文化的多样性，使人们的生活变得丰富起来，宽容的态度则可以最大程度上保留文化之间的差异性。任何意见的分歧都是差异性的表现，不会因为它表达的内容或方式而影响人们对差异性的欣赏乃至赞美。

沃尔泽的分类标准与麦金太尔殊为不同。沃尔泽着重对宽容的态度作精细化分析，他区分了五种状态，从主动积极地拥抱差异到被动消极地冷漠对待，不同的心理动机却导向了相同的宽容结果。沃尔泽详细刻画了这期间宽容者在心理上经历的变化，使宽容不仅有了动因上的差异，还具备程度上的差别。以下将通过对沃尔泽与麦金太尔在运

思方式与宽容对象择取上的差异进行分析,进一步阐释麦金太尔宽容思想的两大特点:

一方面,麦金太尔对我们何时应该宽容的问题的回答是基于一种后果主义的判断,其依据是共同体最后能否达成有效共识,是否有助于实现公共善的追求,因此,各方意见究竟是被宽容、得以保留,还是不被宽容而被改变,终归要依据它们最后对共同体决策的实际影响来判断。与之不同,沃尔泽显然更加关注一种动机意义上的分析,他探讨人们出于何种心理对持不同意见者施以宽容:无可奈何、漠不关心、逆来顺受、好奇尊重抑或是热情拥护,宽容者对被宽容对象的理解和接受程度逐渐递增,软弱的、冷漠的甚或是有原则的、好奇的和热情的,这几种复杂的动机都可能导致宽容行为的发生。与麦金太尔相比,沃尔泽并没有积极区分宽容和不宽容的态度,因为在他的政治制度安排中,多元文化之间的和平共存被视为是最值得欲求的目标,而宽容的态度恰恰可以调节不同文化之间的差异,从而实现一种"差异政治"。相比之下,不宽容的态度更容易引起文化传统之间的冲突、压制和强迫。不得不承认,在建构宽容思想的基本框架时,沃尔泽也借鉴了后果主义的标准来衡量取舍宽容与不宽容的态度,当他肯定宽容的积极意义之后,则选择从动机方面来细化分析宽容态度的几个原因与状态。

另一方面,麦金太尔所宽容的对象并不是对话者,而是对话者所表达的意见,人们对表达出来的不同意见有赞同也有反对,宽容那些可以促成有效共识达成的意见,不宽容那些无益于对话深入的意见。因此,麦金太尔所提倡的不宽容手段仅限于将对方从对话中驱逐出去,压制其言论的发表或迫使他保持沉默,而超过此种程度的任何对他人生命、财产造成伤害的手段都不被提倡。但是,沃尔泽所宽容的对象并非意见,而是意见的表达者。人们不能对持异见者的存在本身表示出不宽容,否则将会伤害到他者的基本人权与自由,所以在沃尔泽的分类中,不宽容从来不被考虑。宽容者所能够表示出的最大恶意也不过是以漠不关心或者无可奈何的态度来无视对方的存在。

因此,麦金太尔提出的不宽容与沃尔泽坚持的宽容之间最大的区别就在于,麦金太尔讨论的不应得到宽容的对象是那些不同的意见和观点,而沃尔泽坚持宽容对象在于持不同意见者本身。约安娜·库卡拉迪(Ioanna Kucuradi)曾指出这一点,她认为我们通常意义上所说的宽容者所要去宽容的并不是那些引发了冲突的意见或行为,而是持有这种意见或作出这种行为的人本身,宽容者应该容忍与自己不同的人存在。与之相反的是,不宽容者并不打算去否定他者的存在,他们只是出于对自己坚信为真的标准和信念的忠诚而对其他完全不同的言论或行为表示难以接受或不能容忍,换句话说,并不是行为者本身而是他们言行的具体内容和方式促使不宽容者表现出不宽容的态度和行为。[1](Kucuradi,1996:18)不该得到宽容的并非持不同意见者本身,无论如何,出于对人权的尊重,对异己者本身的存在不能采取任何强迫手段。但是如果他们的言行威胁到或破坏了共同体所追求的善,此时则应该表现出合理的不宽容,将其从对话中驱逐出去。

麦金太尔宽容思想的上述两个特点——后果主义的分析方法和针对不同意见的内容而非不同意见的持有者的不宽容态度——向我们暗示,他是依据某一特定标准来设置宽容的限度的。那么,这一标准究竟是什么? 又应该由谁来制定这一标准?

三、问题的解答

在《宽容与冲突的善》一文中,麦金太尔没有直接回答上述两个问题,而是转向对古典自由主义者即洛克与密尔之宽容思想的研究来迂回解答,这样做的目的有二:一方面可以纵向地展示人类历史上对宽容

---

〔1〕 Kucuradi, "Tolerance And The Limits of Toleration," *Diogenes*, p.176.

问题研究所取得的重要进展,还原宽容问题的历史起源和演变,并且以动态发展的眼光来审视洛克和密尔的宽容理论在当下渐渐暴露出来的局限性。另一方面,在横向上,麦金太尔尝试超越立场的对立,就宽容问题与自由主义直接展开对话。他既没有否定洛克与密尔宽容思想的理论价值,也没有一味模仿自由主义对待宽容问题的运思方式,而是保持开放的心态,继承、学习、批判、扬弃,力图呈现一种全面的跨传统的问题研究视野。

在处理洛克与密尔的宽容思想时,麦金太尔一以贯之的原则是,赞成洛克的结论,承认密尔的前提。更详细地说,麦金太尔坚决不同意洛克论证当中的某些前提,但是当他以另外一种思路切入时,最后却得出了与洛克相似的结论。另一方面,麦金太尔虽然批评密尔的结论有诸多不完善之处,但是对密尔展开论证的前提给予了充分的肯定。[1]麦金太尔宽容思想和古典自由主义的"不谋而合"自然不是一种粗糙的裁剪和嫁接,下文将对洛克与密尔思想作简单梳理,来澄清他们分别在何种意义上与麦金太尔达成理论上的合作。

1. 洛克的结论

1689 年,洛克发表《论宗教宽容》的书信,当其时,他深感宗教迫害所造成的严重后果,从对英国政教关系的现实关切中引发对宽容问题的思考。因此,洛克对宗教宽容的论证始终围绕着对官长、教会、公民三方利益的思考,其宽容思想也被视为其有限政府理论的重要组成部分。

(1) 政府与教会权责分明

洛克一开始就将宽容问题转变成官长与教会之间的分权界限问题,其宗教宽容思想的核心在于,将政府与教会的权力范围、作用效果

---

[1] A. MacIntyre, *Ethics and Politics*: *Collected Essays*, Cambridge University Press, 2006, p.89.

及管理手段严格区分开来。

首先,对于政府即官长而言,其全部职责在于可以公平公正地执行平等的法律,从而在总体上确保所有公民的财产不会受到侵犯,也就是保障公民的生命、财产安全与自由。[1]因此,政府的职能范围仅限于民事事务,而不涉及任何关于灵魂拯救的宗教事务。

洛克从三方面确证官长的职能范围不涉及灵魂拯救:第一,官长对公民灵魂事务的干涉无法出具任何证据证明其具备相关权力,即使是上帝也没有责成官长去强迫他人笃信某种宗教,而官长全部的权力来源在于公民在自然状态下缔结社会契约时所承诺放弃的"单独行使的惩罚权力"[2],政府或官长仅仅是作为公民权益的保护者而出现的,他们仅能执行对触犯法律或对他人生命、财产与自由造成损害之人的惩罚权。因此,官长对公民信仰自由的干涉实际上不具备任何权力依据。第二,官长行使权力的手段与权力作用的效果并不适用于对公民信仰的改变。根据公民所缔成的契约,官长在行使惩罚权时可以使用强力来纠正公民所遭受的损害,然而这种强制权归根结底只是一种外部力量,它会对公民的生命、自由、健康和疾病以及对其所占有的外部财产造成影响,但无法强迫公民改变其信仰,因为信仰若不经本人内心的诚服,是不会被上帝所喜悦的,进而也无益于个人的灵魂得救。最后,在关于哪种宗教是真宗教、哪条道路才是真正的拯救之路等问题上,官长所掌握的知识并不比其他公民更多,即使假设官长所指引的道路是正确的,盲目地听从其指引而忽视自己良心的声音,这类行为也并不是上帝所悦纳的。论及灵魂得救的问题,难道还有比自己本人更关心更重视的人吗?

总之,洛克在其自然权利与社会契约论的政治哲学背景下,结合自

---

〔1〕 约翰·洛克:《论宗教宽容》,吴云贵译,商务印书馆 1996 年版,第 5 页。

〔2〕 约翰·洛克:《政府论》,叶启芳、瞿菊农译,商务印书馆 2009 年版,第 78 页。

身作为新教徒对"因信称义"教义的理解,将官长的权力范围严格限制在公民的世俗事务当中。由此,官长就无权干涉与自己教派不一之人的信仰自由,如果他想插手宗教事务,对他人施加强力,那么不仅他自身会遭上帝厌弃,对强制改变信仰者来说也无益于其灵魂拯救。

另一方面,洛克也探讨了教会的性质与职权。人们必须是自愿加入教会的,这样做的目的是为了让上帝悦纳自己,从而使灵魂得到拯救,因此教会成员要以正确的方式来礼拜上帝,自愿便是其中的条件之一。教会是一个自由且自愿的团体,其性质决定了公民不应受到诸如官长的权威等外力的强制,迫使他们改变选择,加入或者退出教会。否则,无论是强迫者还是被强迫者,其信仰方式都非上帝所悦纳,而且对于其灵魂拯救来说也无任何意义,因为这既违反了教会的组织原则,也触犯了真诚信仰的根本宗旨。此外,教会的全部目的就在于灵魂拯救,关于内在的灵魂之事,是不能靠法律或刑罚等外在力量来管理的,最能体现教会本质的恰当的管理方式是"规劝、训诫和勉励"[1],最严重也不过是革除教籍,驱逐出教会。同样,这种温和的管理手段不适用于干涉公民的世俗事务。

教会和政府在建立之初的目的不同,导致它们的管理机制具有极大的差别,这种本质上的区分将严格限定各自的作用范围,即:对于教会来说,它所关注的全部事务在于促成教会成员的灵魂得到拯救,而若要得救,个人必须在内心形成真诚的信仰,对此,教会在展开管理工作时应以温和的劝导与勉励为主,以革除教籍的惩戒方式为辅;而对于政府而言,其成立之初就是为了保护公民的生命、财产与自由,绝不应涉及任何关乎灵魂的宗教事务,因此,政府官长对国家公民的管理是以法律与刑罚的手段来惩治那些危害社会和谐、损害他人权利的行为。

---

〔1〕　约翰·洛克:《论宗教宽容》,吴云贵译,商务印书馆1996年版,第11页。

（2）宽容责任有其适用范围

在《政府论》一书中,洛克以哲学性的假设来探究政府的起源。而在《论宗教宽容》的小册子中,洛克对教会组织的目的、宗旨和管理手段也作出系统性的阐释。政府与教会因各自组建的方式和目的的差异,建成之后,在管辖范围与管理手段上也产生明确区分。当人们在宗教领域内出现意见分歧时,对于官长而言,宽容就是受其权力性质约束所必须秉持的态度,归根结底,遵循了人类理性的法则;而对于教会而言,宽容则是遵循上帝的旨意所采取的正当处理方式,这是对耶稣基督福音的回应。

洛克实际上已经指出在宗教宽容问题上存在着一套更高的价值准则,这意味着,宽容的价值并不在于宽容本身,而是出自其背后所遵循的最高标准。同时,正因为有一条最高标准在约束宽容对象的范围,所以洛克并没有把宽容作为教会与官长处理分歧的唯一选择,这在很大程度上有利于避免其理论滑向相对主义。

对于洛克而言,什么样的言行是不应被宽容的呢? 这个问题依然要区分官长与教会两个行为主体来回答。

对于官长而言,洛克认为有三类行为不应得到宽容。但是若考虑到洛克本身作为新教徒的宗教背景,我们有理由认为,他对于天主教徒和无神论者的审判,缺乏正当的理由,很可能是由于经验判断上的失误造成的。或者如罗尔斯所言,"丰富的历史经验和关于广泛的政治生活的可能性的知识"最终会说服洛克承认理论上的缺陷。[1]因此,本文将研究重点聚焦在他对第一类行为拒绝表示宽容的理由上。

洛克认为,政府官长无权宽容的正是那些与人类社会法律或道德准则明确相悖的意见和行为,因其对他人公民权益造成危害,所以不应

---

〔1〕　约翰·罗尔斯:《正义论》,何怀宏、何包钢、廖申白译,中国社会科学出版社 1988 年版,第206 页。

得到宽容。当政府官长认定某个或某些人对他人公民权益造成危害时,有权使用法律的刑罚手段对其进行制裁,使用强力来纠正他人权益所受到的损失。但是,需要注意的是,官长所据以判定其不应得到宽容的理由必须是出于对公民基本权利的维护,在对同一种行为进行裁决时,比如,在是否应该宰杀一只小牛的案件当中,如果是因为以小牛作为献祭上帝的祭品,触犯了官长所属教会的礼仪规定,即使官长能够阻止他人献祭行为,也无权行使这项权力。但是,如果情况发生改变,譬如,国家此时正在经历一场罕见的瘟疫,畜群有可能作为传染源导致公民身体健康受损,此时为了避免更大范围的传染病暴发,官长要求公民宰杀牲畜便是正当的。在官长的权力辖区内,一切对他人公民权利造成危害的行为都不能被宽容。官长对此可以充分行使其刑罚权力,而不必担心会招致"不宽容"的罪名。

另一方面,对教会而言,其在宗教领域内可以行使的不宽容权包括:第一,那些屡经劝告依然执意违反教规者是不应该被宽容的,他们破坏了教会赖以存在和发展的法规基础,对他们表示宽容,易于将教会置于解体的危险中。第二,对于那些"异端"分子,那些想要分离教会,或者是由于一些模糊的见解想要脱离教会的人,教会可以对其进行规劝、训诫、勉励,甚至采用最严厉的惩戒办法——革除教籍,驱逐出教会。[1]然而洛克提醒我们,教会绝对不能仿效官长的强力手段,在任何时候都不能使用暴力方式,强占或剥夺被除名者的生命、财产与自由。

显然,洛克关于教会不宽容责任的看法与其新教徒的身份具有某种相关性,相比之下,远不如他关于政府权责的意见流传广泛、影响力大。由他建立起来的有限政府权力模型,被其后的自由主义者继承下来,同样也成为麦金太尔研究洛克思想的立足点。

---

〔1〕　约翰·洛克:《论宗教宽容》,吴云贵译,商务印书馆 1996 年版,第 50 页。

（3）"国家中立"原则的确定

洛克对宽容问题的研究不是一蹴而就的,《论宗教宽容》信札一经出版,就引起了各种各样的回应与批评,而正是在与对手的论辩中,洛克将宽容问题一步步推进展开,不再仅限于宗教领域的探讨。在洛克的启发之下,后来的自由主义者对宽容问题的研究有了更加深入且全面的拓展。

在洛克的诸多论敌当中,最引人注目的要属尤纳斯·普罗斯特(Jonas Proast),他质疑洛克关于政府通过强力手段无法改变个人信仰的论证。"谁能否认,也许强力有助于促使人们拥抱真理,虽然是间接和长远的,否则,人们要么因为不仔细和疏忽而不熟悉那些道理,要么因为偏见而排斥和谴责从未听说的真理,以为那是谬误。"[1]普罗斯特认为,政府实际上是可以通过强力手段来引导人们关注真的宗教、走上正确的拯救之路,对于政府有能力办到的事情,为什么要限制其作用呢?

对此,洛克的回应是,我们无法提供好的理由为国家动用公共权力来强制推行某种教义辩护。洛克不得不重申两点:一方面是关于政府对真宗教的不可把握,在关于什么才是正确的拯救之路的问题上,官长并不具备更多的知识,他只是相信自己所属的教会是上帝真正所悦纳的教会,但是这种确信并不因为其作为官长的身份而相较于其他公民更加具有说服力。在关乎灵魂与永生的事务上,官长也没有证据证明自己所掌握的就是真知识。另一方面,洛克不断强调政府赋权问题,即政府没有任何好的理由能够干涉公民的宗教信仰,因为他们既无正当的权力来源,也无使权力现实化的恰当手段。换句话说,因为政府被赋予的权力是有限的,所以他们不应当越界插手宗教事务,即使他们有能力这样做。

---

[1] Proast, *The Argument of the Letter Concerning Toleration Briefly Considered and Answered*, Oxford University Press, 1690, p.5.

　　不难发现,即使面对普罗斯特的责难,洛克对自己观念的捍卫依然维持在应然性的逻辑层面。他始终强调的是官长应该克制对自己权力的运用,站在宽容者的角度来讨论宽容行为的合理性。但是,洛克在讨论宽容问题上的谨慎态度在其后的自由主义发展过程中逐渐消失不见了,尤其在政治立法的实践当中,自由主义更擅长站在被宽容者的立场上,从道德性的角度切入,来讨论公民的信仰自由与言论自由等积极权利。这与洛克当时以公民具有免受政府与教会压迫的消极权利为前提,来探讨政府限权的论证方法形成鲜明对比,他们要求国家必须在诸多宗教信念或关于人类善的信念上保持价值中立,以促进公民积极自由的实现。

　　麦金太尔注意到了在自由主义内部存在着的这种张力。一方面是洛克建立起来的有限政府理论模型,他从自然权利和社会契约的角度来证明官长的权力应该受到限制。洛克借助于对信念的真诚性与内在性的诠释而宣称官长无权干涉宗教事务,公民个体具有免于受到强力胁迫的消极自由。

　　另一方面则是洛克在对普罗斯特的回应中,察觉到的宗教信念及其他关于人类善的信念的特殊性对后来自由主义发展的激励。此类信念关乎人类善的终极问题,对个体生活具有极重要的影响。然而,这类信念却类目繁多、派别林立、真假难辨,千百年来在何者为真的问题上一直是争论频出、分歧不断,无论是政府还是教会都无法给出唯一正确而权威的答案。因此,政府在对待此类信念时,其基本态度应该与其他一般信念区分开来。麦金太尔举了一个例子:如果政府想要在学校教育中,设置一门可以宣传自然进化论思想的课程,它并不会受到批评或指责,但是如果课程设置的目的是宣扬神创论思想,那么就有可能引起极大的争议。因为后者是一种极敏感的宗教信念,关涉共同体或个人的整体善观念,影响大、争议多的特点使其容易引发不同派系之间混战,使整个社会付出惨痛的代价。根据洛克对此类信念的风险评估,激进的自由主义者认为,政府不仅不应该插手宗教事务,而且应该在任何有关于人类善的根本问题上,保持客观中立的立场,表现在宗教领域当中就是不能够对任何一种教派存有袒护或偏倚。[1]政治中立态度的提出使政府在宽容问题上更进一步,政府不仅要节制权力的运用,还要公开表达其基本态度,即绝无偏倚、公正中立地对待各种关于人类善的观念,只有这样,公民的信仰自由、言论自由和思想自由才能够得到保障。

宽容因此也被放置在一个更加广泛的领域当中来加以讨论,从政府不得干涉宗教事务扩展为政府应该在各种关于人类善的观念之间保持中立立场,就政府而言,是实现了从不能做什么的消极权力界定到应该做什么的积极权力界定的跨越,而对公民来说,从对公民免于遭受暴力胁迫的消极自由的承认转为对公民有权发表言论、决定个人信仰的积极自由的承认的跨越。经过两个阶段的发展而确立起来的"国家中立"原则,成为麦金太尔与洛克达成观念上合作的立足点。

2. 麦金太尔对洛克结论的改进

(1) 国家价值中立的虚假性

麦金太尔大篇幅地讨论了从洛克开始确立的自由主义的"国家中立"原则,目的是对他在上文中所提出的"应该由谁来划定宽容的标准并将其应用到实践当中"的问题进行分析并作出解答。

对于洛克等自由主义者来说,坚信在自然状态的假设条件下,人们出于理性不可能一致赞同将关于诸多善观念的决断权交付给政府,因为官长既不具备这方面的真知识,其管理手段也不适用于改变公民的内在信念。因此国家或政府最恰当的处理方式就是保持中立立场,不能支持或否定任何一种善观念,否则,那些与政府在善观念上立场不一致的公民的权利就有可能受到损害。同样也正是由于国家的中立立

---

[1] A. MacIntyre, *Ethics and Politics*: *Collected Essays*, Cambridge University Press, 2006, p.90.

场,洛克放心地将划定不宽容标准与执行这种标准的权力交付政府,认为官长有权对危害社会安全、损害他人公民权利的行为进行惩处,这是其不宽容的责任,所以官长或者是他所代表的政府应该为了维护公民权益来决定对何者不宽容。

洛克等自由主义者所坚信的国家中立性立场是真实的吗? 麦金太尔并不这么认为。18世纪国家的建立是由在早期党派之争中取得胜利的执政党组织起来的,它所维护的"自由"、"财产"等概念都是一些具有高度争议性的概念,或者我们可以称之为自由主义的核心概念。国家本身并非价值中立的,在最开始国家就导向了自由主义的在先立场。约翰·格雷等人就已经意识到这个问题,因此他区分了两种自由主义。格雷指出,作为一种要求就最佳生活方式达成理性共识的自由主义宽容,未能充分体现晚期现代社会价值多元主义的事实而应该被抛弃。麦金太尔显然也意识到了这一问题。他指出,随着时代的发展,尤其是伴随西方政治领域世俗化进程的加快,国家活动的范围和对经济领域影响的扩张,以及,国内与国际市场合作和依赖程度的加深,使得"所有权"与"自由"的概念越来越深入人心,尤其当大众传媒不遗余力地制造出一种幸福的幻象时,这些概念的合理性就变得更加无可争议。因此,麦金太尔指出,当代国家从本质上讲是实现某一套价值观念的政治工具,它的立场从一开始就不可能是中立的。

同时,现代国家在经济领域不断扩大的影响力,也使得它与18世纪的国家大大不同。它对市场的依赖和对科层制管理手段的应用,使得它所关注的核心概念已经偷偷转换为"效率"与"权利"。[1]现代国家实际上操控着两套话语体系:一套主要包括"自由""民主"等维护传统价值的关键性概念,另一套则是以"效率"和"权利"为中心的现代性的

---

[1] A. MacIntyre, *Ethics and Politics*: *Collected Essays*, Cambridge University Press, 2006, p.90.

话语体系。两套话语体系灵活运作：一方面，国家表面上借助"自由"
"民主"为核心概念的传统话语体系将自己扮作是传统和社会价值的监
护人，以此来为自己的决策和行为辩护，而在面具的伪装之下，国家总
是隐蔽地表达了个人或少数群体必须为其利益作出牺牲的要求，此时
很少考虑到或者说完全无视了被牺牲的少数群体所代表的文化价值，
违背了多元文化主义的基本立场。另一方面，"效率"概念支持国家追
求经济和政治利益的最大化，而"权利"概念则给个人提供了拒绝为国
家利益牺牲的理论根据和思想武器。易言之，"效率"与"权利"之间存
在着博弈关系，但是在现代社会中并不存在一套客观的标准能对二者
作出权衡与比较，自由社会实际上退化成为一种情感主义泛滥、个人主
义盛行的社会，道德判断蜕变为个人偏好和社会多数群体利益的价值
表达。

　　从根源上讲，现代国家在建立之初是为了实现特定党派的政治目
标，其出身决定了它一开始就是持有立场偏向的。而随着近现代世俗
化进程的加快，宗教的政治重要性被一步步削弱，洛克所关注的政教分
权问题逐渐从国家关注的重点领域中隐退，取而代之的是经济市场的
兴起繁荣，现代国家不得不发展出一套极其复杂的法律法规用来管理
和规范市场活动，而这套制度的完善程度之高，超越了它仅仅作为工具
手段的意义，它越来越像一套具有自身独立政治价值的制度系统，熟练
操作着一种成本与效益分析的评估方法，来衡量国家与市场的一切活
动。从本质上讲，现代国家最为深刻的关切不再是与宗教事务划清界
线，或在所有善观念之间保持中立，而是追求经济和政治效益的最大
化。在实现后者的过程中，国家不得不戴上"自由"与"民主"的面具来
扮演国族理想的守护者和社会传统的继承人角色，从而义正词严地要
求特定群体或个人为了某种更伟大的使命而牺牲自己的利益。而所谓
的"中立性"不仅从一开始就是虚假的，而且从来都不是现代国家所欲
求实现的目标，它充其量只是作为国家为实现其目标而伪装出来的甜

蜜幻象而已。现代国家有着自身隐秘的价值诉求，如果将划定不宽容限度的权力交付国家或政府，必定会对某些与其所欲求目标不一致的群体之共同利益或个人利益造成损害。

（2）国家价值中立的必要性

显而易见，麦金太尔拆穿了洛克对国家立场的虚假设定，同时取消了洛克所提倡的由政府划定不宽容标准的资格。但是，另一方面，麦金太尔并没有完全否定洛克的结论。他甚至希望，现代国家可以继续保持这种虚假的中立立场，至少不能公开表示支持某种善观念或排斥某种价值立场。这种虚假的价值中立立场对国家这一共同体的发展而言是必要的，因为政府如果对公民强加任何关于人类善的观念，不仅会伤害到那些与政府立场不同的观念持有者的利益，而且对于与政府立场相同的观念持有者也是一种伤害，因为将任何一种善观念拿来为政府效力，其本身多多少少都会遭到歪曲、侮辱和败坏。

显然，自由主义想把现代国家包装成一位秉持公正中立立场的裁决者，然而历史性地溯源却败露了其出身的虚伪，因此为了避免对区域共同体的发展造成更大的伤害，政府不仅必须交出不宽容权，同时，还应该继续保持其哪怕是虚假的中立性，不能公开表达对任一善观念的支持或排斥。

（3）共同体具有不宽容的自裁权

麦金太尔指出，现代国家正沉浸在为其世俗化的市场活动进行辩护的工作中，无法展现出那些区域共同体成员为了成就各自不同的公共善而不断进行对话与争论的价值。现代国家与许多区域共同体的价值追求是不同的，有时甚至是格格不入的，然而这正是多元社会的活力所在，对各个区域共同体所持有的不同的善观念，国家应该表示宽容。

但是另一方面，宽容又是有限度的。现代国家因为自身立场上的局限性，不能承担为宽容设限的责任，这个重担应该落在区域共同体身上，区域共同体享有不宽容的自裁权，能够自己决定将哪种言论的表达者驱逐出公共讨论空间。一方面是由于区域共同体最关心自身善的实现,为此他们会谨慎斟酌宽容的界线,保证不放过任何有害的言论或行为侵害其共同体的整体利益;另一方面,区域共同体最了解在相关善的探寻过程中所碰到的各种冲突,熟悉孕育宽容问题的语境。在许多情况下,对相关意见的驱逐是一时的还是永久的,是否会影响持不同意见者的其他意见的发表,这些问题的答案要视具体情况而定。区域共同体自治最大的特点,就是具备这种灵活性,能够相应调整对宽容限度的具体设定。

总之,洛克所搭建的有限政府权力模型聚焦于对政府宽容责任的探讨,他基于自然权利说与社会契约论所提出的官长不应干涉宗教事务的限权思想与公民有权免于受强力所迫改变信仰的自然法学说,直接影响了之后自由主义者提出的成熟的国家中立性思想。麦金太尔对国家中立立场的反驳,有效地取消了洛克所赋予官长的不宽容权,站在维护区域共同体发展的角度上,这一权力被交还予区域共同体自身。但是,政府虽然卸下了部分权力,却不能因此就放弃对中立立场的持守。麦金太尔虽然与洛克就谁应该划定并执行不宽容的标准问题上产生分歧,但却坚持同样一个结论,即:国家不应该将任何一种特定的关于人类善的观念强加于共同体或个人,也不应该为了维护自身的利益而公开表达出对此类善观念的赞同或支持。[1]在这一点上,自由主义与共同体主义取得了一致。

3. 密尔的前提

麦金太尔对洛克政府中立思想的改进回答了他一开始所提出的"由谁划定并行使不宽容权力"的问题,当他确定了区域共同体自身可以自主决定应该对何种对象采取不宽容态度之后,进一步探讨了区分

---

〔1〕 A. MacIntyre, *Ethics and Politics*: *Collected Essays*, Cambridge University Press, 2006, p.90.

这种对象的标准。不过,在这里他首先遭遇到了密尔的责难,在《论自由》中,密尔对言论自由的三种辩护是对麦金太尔关于言论管制理论的反驳,麦金太尔需要谨慎对待密尔的质疑,避免使合理的不宽容退化成不合理的压制。

在开始阐述密尔思想之前,我们需要廓清几点问题。

第一点是关于密尔思想与洛克思想的关系问题。同样作为古典自由主义者,同样是就宽容问题所展开的讨论,密尔在很大程度上接受了洛克的影响。但是另一方面,随着时代和社会风气的变化,他已经不甘于局限在洛克当时浓郁的宗教氛围中来讨论宽容问题。《论自由》一书中透露出,密尔所要讨论的不再是一个过时的关于与人民对立之政府对出版自由或言论自由控制之类的问题。在这里,密尔首先假定的是"政府与人民完全合一"。[1]在这种意义上讨论言论自由,实际上是在讨论,在一个社会即在公共领域当中,多数人对少数人发表意见的暴虐与压制问题,亦即人民内部矛盾问题,对立双方是多数人与少数异端。澄清这一点之后,密尔与洛克思想上的差异便清晰可见了。

第二点是关于"真理"问题。密尔对言论自由的辩护是从三个方面着手,而划分这三方面的依据则来自对公共意见与异端意见各自真理状态的说明,即下述三种情况:当公共意见存在谬误时,对少数意见的压制是否正当;当公共意见皆系真理时,对少数意见的压制是否正当;以及,当公共意见只是真理的一部分时,对少数意见的压制是否正当。上述区分以真理性为依据,表达出密尔对客观真理真实存在的一种确信。从根源上讲,这是密尔对自古希腊以来直至启蒙运动期间理性主义传统遗留下来的真理进步观的承袭。

在真理问题上的立场深刻影响到密尔对于冲突与分歧的基本态度。他将在相关问题上进行对话与争论作为获得真理的必要前提。麦

---

[1]　约翰·密尔:《论自由》,许宝骙译,商务印书馆2014年版,第19页。

金太尔同密尔一样,承认"冲突的善"。他认为,意见与分歧可以极大程度丰富共同体的生活,促成共同体成员进行对话、追寻善的实现。但是在共享同一个前提的基础上,麦金太尔所设定的不宽容的限度却远远高于密尔,甚至在某些问题上与密尔处在相互对立的立场上。为了明确二者之间的差异,下文将首先对密尔思想作一个基本的梳理和概括。

（1）为言论自由辩护的三种方案

在真理存在的前提下,密尔区分了三种情况,来分别讨论为什么不应该压制少数意见的发表。

第一,即使得到了大多数人的赞成,公共意见也并不一定就是真理,很有可能被压制的少数意见才是真理。在这种情况下,公共意见往往拒绝承认少数意见正确的可能性,它们对自身意见的确信,被密尔称作假定了的"不可能错误性"[1],即公共意见将自己伪装成绝对正确的,以此来指责少数意见。一般人在实践中进行判断时往往不假思索地委身于一般"世界"即公共意见的不可能错误性,进而放弃倾听其他少数人意见并且作出自己独立判断的权利。

当然,可能有人提出反驳,认为虽然绝对正确的意见是不存在的,但不排除存在着有助于实现现实生活中某些目的的相对可靠的意见,无论个人还是政府都可以假定自己的意见为真,以便来指导其行动,如果因为担心自己的意见具有可错性就踌躇不前,这并不是忠于良心而是一种怯懦的表现。

密尔认为这种反驳犯了"假定得过多了"的错误。[2]他要求我们必须分清两种情形,即一种意见如果可以经受住已有的检验和质疑,尚未被发现存在漏洞或不足,我们可以假定其为真,但是不能为了逃避检验而一开始就假定意见的真确性。我们可以因为一个意见在敞开的讨论

_____

〔1〕 约翰·密尔:《论自由》,许宝骙译,商务印书馆 2014 年版,第 20 页。
〔2〕 同上书,第 22 页。

中未被驳倒而假定其真确性,以有效地指导行动,但不能为了使其不被质疑、不被审查就预先假定其真确性,这是对人类理性能力本身的一种否定与戕害。密尔认为,之所以理性的意见和行为在人类生活世界中占据优势,就在于我们的心灵有一种品质,那就是,人类的智慧和道德允许我们承认自己可能是错误的,出于一些高贵性的原因,我们愿意接受他人的指正。[1]如果阻止意见公开表达并接受讨论与审核,那么错误的公共意见将永远失去被人类理性修正的机会,人类历史也无法保证其理性的意见与行为可以永远占据上风。

　　另外一种反驳企图以一种信念对社会福祉的有用性,来为其规避讨论与审核提供依据。有些人主张,一种意见因其对社会或政府是有用的,所以应该被政府保护起来,正如保护其他社会利益一样。密尔从两方面回应了这类反驳:其一,一种意见的有用性并不是完全能够确定的,它本身也是需要经过讨论和争辩的;其二,判断一种意见是否有用也应该包括对这种意见真确性的考量,不经过真确性的检验就判断这种意见是有用的或有害的做法是不负责任的,也与人们的日常经验相悖。通常人们都是因为确认其意见的真理性才更为坚定此意见是有用的。因此,企图求助于意见或信念的有用性来逃避公共理性的讨论与审核的尝试是不成功的。

　　除此之外,那些要求对异端思想施行压制的主张往往要面对这样一种结果:伟大的思想家因为害怕异端之称而限制自己精神的发展,阉割理性,丧失了思想上的勇气,成为"滥调的应声虫"或"真理的应时货"。[2]我们如何指望他们成为真理的启示者,来引导公众走上对真理的追求之路呢?不仅伟大的思想家需要思想与言论自由,一般的人民也必须被给予思想与言论自由,以使他们能够获致他们所能达到的"精

---

〔1〕　约翰·密尔:《论自由》,许宝骙译,商务印书馆2014年版,第23页。
〔2〕　同上书,第38页。

神体量"[1],保持思想上的活跃,使其智力与判断力得到锻炼与提升。

第二,姑且假定公共意见皆系真确,那么对异端意见是否就应该压制其发表呢? 答案是不应该,理由有三:其一,真理不是一些僵死的教条,真理要不断经过讨论与争辩来激发自身的活力,因此,即使公共意见是真确的,如果不接受考验而停滞不前,那么它也会失去活力,变成无源之水无本之木;其二,对真理进行论证与辩护是提高人类智力和判断力的一个重要途径,如果压制异端思想的表达,就失去了质疑真理、挑战真理进而迫使真理的维护者对真理进行阐明与论证的机会,人类的智力与判断力无的放矢,便难以得到发展与提升;其三,压制异端意见的后果是人们服从集体权威,对公共意见不假思索地接受,这将造成极其严重的不良后果——意见的根据和意见的意义本身被遗忘了,人们只是冷淡而麻木地接受某一种意见和信念,这种意见或信念(尤其是有关信仰的信念)对人们的心灵无法产生真切的震动与影响,它们变成了僵死的教条,不仅无法触动人心,甚至成为了束缚人类思考与进步的枷锁,阻挡一切可以投射向人性更高部分的影响,因此,任何新鲜的、充满活力的信念都无法再进入人心,它就像一位尽忠职守的哨兵无时不在监守着人类的大脑与心灵,除此之外,别无他用。[2]

第三,公共意见的真理性与少数意见的真理性并不是相互对立、非此即彼的关系,二者可能都介乎真理与谬误之间,如果公共意见只言说了真理的一部分,那它更需要少数意见对其进行补充和完善。这种情况通常是由于两种原因造成的:一方面是由于人类心灵的片面性的特点,无法全面把握真理的多个面向,因而形成的公共意见只是真理的一部分,需要其他部分的协调补充,从而将真理的全貌呈现出来。另一方面是源于真理本身的特性,在这里,密尔不再是把真理看作一个既定的

---

[1] 约翰·密尔:《论自由》,许宝骙译,商务印书馆 2014 年版,第 39 页。
[2] 同上书,第 47 页。

一成不变的客观对象,而是认为在历史前进的过程中,真理被分割成了几个部分,此起而彼伏,对于一个时代而言,可能是这部分真理片段更为贴近时代的需求,而那部分真理片段不符合时代特征,但是在整个历史发展的旋转运动中,真理片段交替出现,分别成为不同时代的最强音。[1]可以说,真理之为真理是在于它能够适应时代的需求,随着时代的变化,真理也在不断的更新调整之中。

　　上述三个方案通过区分在公共意见与异端意见的不同真理状态,分别讨论了是否应该压制异端意见表达的问题。总而言之,密尔认为无论异端意见正确与否,都不应该被压制,压制少数意见表达本身就是一种错误的权力,其不正当性无关于这种意见的内容是否具有真理性,也并不是由人的抽象权利概念所赋予。事实上,这种压制之所以不合理,源于它是对社会总体利益的损害。无论如何,我们不能否认的是,密尔对于全部问题的讨论最终都会落脚于其功利主义的基本立场。所有的道德问题,在他这里最后总是会被还原为功利主义的考量,但是密尔所坚持的"功利"并不是狭义的私人利益,而是广义的以促进人类整体发展为旨趣的公共利益。[2]在这一点上,澄清密尔的基本立场,有助于我们了解密尔在回答宽容限度难题时的运思理路。

　　(2)自由之限在于不伤害

　　关于言论自由限度问题,密尔在《论自由》一书中没有明确提出,而是间接地谈到了在何种情况下,意见的发表应该被压制:第一,某些意见的表达方式破坏了公平讨论的原则,伤害了平等对话的基础;第二,某些意见持有者在发表意见时显露出情绪上明显的恶意,他在为自己的观点辩护时完全不考虑公正的原则,表现出偏执,甚至是对他人意见的不宽容。[3]上述可以看出,密尔反复强调的一个问题是言论自由的

[1]　约翰·密尔:《论自由》,许宝骙译,商务印书馆2014年版,第54页。
[2]　同上书,第12页。
[3]　同上书,第64页。

限度。根据密尔的理论,不是因为某人所提出的言论内容而使得对其要进行法律上的惩罚或舆论上的谴责,而是因某人的"声辩方式",即其发表言论时所采用的表达方式或者说其言论指导之下的行为方式,如果有任何越矩之情势,都应该受到限制。密尔举出一个事例来说明:有人可能认为倒卖粮食的商人才是导致穷人遭受饥饿之苦的罪魁祸首,他们的财富来源于对穷人的剥削,因此他们会在报纸等纸媒上发表评论,公开抨击粮商,此时,这种做法尚在可以接受的范围内。如果他们更进一步,聚众堵在粮商家的门口,发表公开演讲或张贴标语声讨粮商,情况则完全不一样了,他们的行为都应该被加以阻止。[1]因此,自由是只能被用作思想上的交流和讨论之目的被给予的权利,超出一种言论的表达和争辩,向一种恶意行为转化将使得自由受到约束。换句话说,密尔所希望的是人们能够遵守一定的公共讨论规则,在发表言论时表现出正常交往的文明美德。

继而我们会追问:密尔的所谓恶意行为,或者说所谓"跃出公平讨论的界限""缺乏公正""情绪上的恶意、执迷和不宽容"究竟指什么呢?换句话说,我们追问的是,政府在什么情况下有权干涉个人的自由,压制其言论的表达呢? 密尔在讨论政府权力的适用范围时,提出了一条极为简单的基本原则,它不仅是政府以法律手段对他人行为进行强迫的原则,也是公众意见对少数意见施加压力的准绳,即只有某种言行会对他者权利造成伤害时,或者说压制者是出于自我防卫的目的,对他人的意见、行为乃至自由进行干涉才是正当的。[2]基于这一目的,我们可以清楚地了解到,在密尔思想中,言论可以自由不受压制地表达出来必须以不伤害他人生命、财产等利益为前提。这一前提符合密尔功利主义的运思方式,同时也最大限度地给予了言论自由可以发挥的公共空

---

[1] 约翰·密尔:《论自由》,许宝骙译,商务印书馆 2014 年版,第 65 页。
[2] 同上书,第 11 页。

间。在言论表达的过程中,如果出现了辱骂、恶语相向的不文明的交往行为,或者,将言论转化为暴力行为等诸多伤害他者利益的情况时,对自由的压制便是正当的。

由于在某些特殊情况下,对言论的压制是正当的,使得我们有必要进一步追问密尔,压制言论的合法手段是什么?通常而论,社会对个人的裁决手段包括两种:舆论的惩罚与法律的惩罚。这两种手段的应用情形各不相同,当个人的行为未考虑到他人的福利,甚或对他人的利益造成伤害,却尚未伤及他人的既得权利时,只要对他使用舆论上的惩罚即可。只有当一个人真实地伤及了他人的基本权利,违背了宪法规定,这时才应该对他施行法律上的制裁。后者的严厉程度更甚,它有效保障了个人的基本权利与社会公众利益不受侵犯。

4. 麦金太尔对密尔前提的修正

(1) 宽容的限度在于公共善的实现

麦金太尔在研究宽容问题时,并没有脱离共同体对公共善的追寻的大背景,无论是宽容还是不宽容,事实上都只是实现这种善的手段。宽容并不是完善的美德,超越合理限度的宽容很可能会威胁到共同体的安全和稳定,阻碍对公共善的追寻。这与卡森(D. A. Carson)谈到的"宽容和不宽容是在一种更大的思想体系中展开的"观点相一致。[1]

麦金太尔认为,在共同体之内或共同体之间发生的对话过程中,任何意见的分歧甚或冲突都要受到谨慎对待,因为任何共同体都不希望以下两种"恶"的发生:其一,是一种压制性的"恶",它消解了对话能够发生的第一个保障性前提,即允许各方表达自己的观点与态度,这种"恶"常以"不宽容"的面貌出现,它会对个人的言论自由产生限制;其二,是一种破坏性的"恶",即某些观点及其理由的表达无益于就相关决策达成必要共识,最为常见的可能是某些不恰当的表达方式(如侮辱性

---

〔1〕 D. A. 卡森:《宽容的不宽容》,李晋、马丽译,团结出版社 2012 年版,第 78 页。

语言）引起对话当中其他参与者不舒服的感受,或者在一些建立对话基础的基本事实上未达成统一意见,这两种形式的表达都不能算作对自己观点的合理辩护,因此它也不符合"对话"的第二个特点。这两种恶分别动摇了对话产生的前提,应该避免。

不难发现,麦金太尔提出的两种"恶"实际上存在着相互消解的风险。在日常对话中,为了个人意见的自由表达,我们往往会牺牲对有效共识的追求。而如果想要在共同体内部就相关决策达成共识,难免有少数人的声音会被忽略。密尔提出了一种非常极端的假设——当全人类都统一地持有一种意见的时候,如果有一个人提出了不同的看法,双方当中任意一方压制对方的意图都不算正当,即人类想要去压制那一个人的声音,并不比那一个人(假如他有权力的话)希望全人类都保持沉默的意图算是更为正当的〔1〕——正是对第一种压制性的"恶"最具代表性的描述,为了避免这种恶的发生,密尔将言论自由赋予公民,极大程度上开放公共讨论空间,让更多的意见涌入对话当中。但是这种做法的结果却又容易导致第二种"恶",虽然密尔所确立的"不伤害原则"在一定程度上降低了其发生频率,但是对于实现共同体善的探寻之目的来说,却是远远不够的。

(2) 三种不被宽容的对象

如果说宽容是为了避免第一种"恶"的发生,那么"不宽容"则是为了避免第二种"恶"而不得不采取的态度。在日常的对话实践当中,一些不恰当的言论如果被宽容,被允许表达,极易导致严重的后果发生,比如以下几种言论或行为就应该被排除在对话之外。

其一,那些让参与对话的其他成员感受到威胁、压迫甚至是侮辱的言论表达方式不应被宽容,这种表达方式会伤害到其他成员的情感和表达欲望,引发破坏性的恶。试想,一个人在对话中使用粗鄙的语言,

---

〔1〕 约翰·密尔:《论自由》,许宝骙译,商务印书馆 2014 年版,第 19 页。

对他人的种族、身份、性别等方面进行人身攻击,这种言论如果被允许表达,其后果是对人权的侮辱和践踏,对基本自由的限制和伤害,同样也无益于共同体之内或之间的对话正常有序进行,于个人于共同体来讲,有百害而无一利。即使对于坚持言论自由的密尔来说,此种表达方式也同样被认为是不应被宽容的,它触犯了"公众讨论的真正道德"。密尔指出,很多时候辱骂性语言的使用对真理、正义乃至人类情谊所造成的伤害其实并不比战争要小。[1]

　　有人可能会反驳密尔和麦金太尔,认为有一些看上去言辞激烈的表达方式只是一种对话的激情的表现,表达者或是无意的,或者只是想通过玩笑、嘲弄或者愤慨的修辞方式来表明自己的态度,无论如何,它能极大引起人们的兴趣,促使共同体成员加入这场讨论。除此之外,这种激烈的表达方式还可能带来其他的效果,比如保罗·利科(Paul 里克)就认为,某种愤怒可能正是对不能宽容的对象的象征性反应,表达出情绪上的愤怒可以将宽容从冷漠的道德指责中拯救出来。在日常生活中,不能宽容的事情更容易引发我们的愤怒,这种激情状态恰恰是一种标志性的反应,它能帮我们辨识出什么样的事情是不能被宽容的,正是由于愤怒情绪的存在,那种基于对他人漠不关心的、散漫的、冷漠的态度之上的宽容得以被破除。"愤怒首先是一声惊呼:这是不能宽容的! 愤怒是一种道义上激怒,一种经验证明的和提出质疑的美德的形象。"[2]

　　麦金太尔承认,的确存在着一种合理的激情,只是很难在这种合理的激情与不合理的恐吓性、侮辱性言论之间划定精确的标准。然而,他却相信对话者只要对自身的判断力多加练习,是可以感受出来这种区分的。这种判断力被看作对话的一种美德。他鼓励共同体成员应该长期坚持培养此种美德,认为这样不仅可以帮助他们在对话中区分合理

〔1〕 约翰·密尔:《论自由》,许宝骙译,商务印书馆2014年版,第63页。

〔2〕 P. Ric. P., "The Erosion of Tolerance and The Resistance of The Intolerable," *Diogenes*, p.176.

的玩笑话和不合法的侮辱,还能帮助他们如何理性地不宽容某些言论。

　　麦金太尔一直强调共同体成员应该通过实践理性培养起对话的美德,这种美德不仅包括能够分辨合理的言论方式的判断力,还包括列举好的理由维护自身观点的责任,这是确保共同体在探寻善的过程中进行良好有益之对话的基石。每个共同体成员都应该合理表达自身的关切,同时也不逃避为自己观点辩护的责任。这种责任也为密尔所强调。在《论自由》中,密尔大加赞赏苏格拉底雄伟的辩论法和中世纪学院的论战。能够挺身而出,为自己的观点辩护,不仅是每个人在对话中应该承担的责任,也是个体接近真理的最好方式,真理只有在争论中才能不断焕新,迸发活力,而且个体也只有通过为真理辩护才能更好地更新理解范式,真切地体悟真理。而当一个人只是满足于占有真理,不再去与他人对话、交流,为自己的观点辩护时,真理便会僵化,变成一种外在于人心的教条。[1]

　　除此之外,对话的美德还应该包括乐于接受、愿意承认别人指出自己错误的风度,它促使共同体成员在参与对话时可以保持良好的宽宏大度的风范。罗尔斯将此称为“教养”,它是确保对话和谐有序进行下去的文明交往规范,它规定对话者应该表现出尊重他人的态度,比如当别人在发表自己的观点时,他可以静下心来聆听,当他发现别人的观点具备合理性,甚至是优越于自己的观点时,能够大方地承认并接受这一点,这被称作一种“客观大度的风范”。[2]对于麦金太尔来说,这种风范更重要的意义在于,它使不同共同体或者互竞传统之间进行对话成为可能,承认自己理论可能存在的不足,跨传统地学习并理解对方的理论,这对于共同体进行相关善的探寻具有重要意义。

　　其二,那些严重违背已被证实的科学常识或历史真相的言论内容

---

〔1〕　约翰·密尔:《论自由》,许宝骙译,商务印书馆2014年版,第40页。
〔2〕　约翰·罗尔斯:《政治自由主义》,万俊人译,译林出版社2002年版,第317页。

不应该受到鼓励发表。理性的讨论得以展开，往往需要对话者能够在一些背景性的大问题上达成共识。在自然科学领域中，这些问题是一些已经被证实的科学原理，如氧化说、日心说等，而在人文科学领域，这些问题可能涉及对诸如反犹太主义、黑人奴隶制等基本史实的评价和认可。

　　对于那些不承认这些前提的人，麦金太尔给出的建议是，共同体应该将其从对话中驱逐出去。他虚构出一位很有代表意义的人物——某知名学府人文学科博士伦佩斯提金教授，这位教授在自然科学领域中坚持一种过时了的并且已被实验证伪的理论——燃素说，他不遗余力地公开发表自己的化学意见，虽然他的论证对于内行人来说不值一提，但是仍有可能对那些不懂化学的人造成影响。因而毫无疑问的是，在任何严肃的关于化学理论真理的讨论中，共同体成员会心照不宣地同意忽视伦佩斯提金教授的意见，并将他驱逐出对话或者迫使他保持沉默。但是在化学专业之外，共同体成员是否也会限制伦佩斯提金教授的意见发表呢？例如，是否还允许他教授他所擅长的本专业——古代史呢？麦金太尔认为，共同体通常是不会拒绝为伦佩斯提金教授提供历史专业教职，只有一种情况除外，就是选修古代史这门课的学生过于迷信教授的权威，以至于将教授宣传的燃素论视为可以替代现代化学发展的理论，甚至有人放弃选修学校的化学课程转而向伦佩斯提金教授请教化学知识。麦金太尔认为这种情况让共同体有了正当理由来拒绝为伦佩斯提金教授提供教职，继续留任会使得他在学生中的消极影响日益扩大，当影响累积到一定程度时，他便不适合再做老师了。简单来说，对待这位历史学教授时，我们首要应该保证的一点是，他错误的化学思想不会对其他人产生真正的影响，只要保证没有人会认真对待他的观点时，我们就不会采取强制手段压制他的言论表达。[1]

---

〔1〕 A. MacIntyre, *Ethics and Politics*: *Collected Essays*, Cambridge University Press, 2006, p.92.

　　对此,密尔可能反驳道,伦佩斯提金教授所坚持的燃素说即使已经被证明是完全错误的,但是鼓励它表达出来却能够引起人们对化学理论进行系统的反思、论证,他可以帮助学生不再麻木、呆板地背诵一些化学公式和结论,而或可以自己经过理性思考和科学论证来找出答案。但是一方面如柏林所说,对于这些从原则上能够证明的真理,我们并不需要投入大量时间和精力一遍遍地重复性检验和论证。密尔建议我们不断提出自我否定的假设来挑战我们已有的观点,意在让我们随时保持清醒的自我反思,达到智识上的一种警觉状态。[1]归根结底,这是一种怀疑过多的态度。另一方面,很多学生可能会因为伦佩斯提金教授在古代史方面的权威而不假思索地将其化学理论作为真理接收过来,错误理论并没有像密尔所预设的那样能够激发学生独立反思的能力。换句话说,一个有争议的观点并不是刺激大众改进学习态度的最好方法。

　　除了一些能够被自然科学证伪的假命题应该被排除在对话之外,还有一些扭曲人类历史事实的观点也应该被限制表达。比如,对那些否认对犹太大屠杀和贩卖黑奴真实性的意见就应该加以禁止和惩罚。斯坎伦可能并不同意这一做法,他的解释是,"之所以提出这些规范,仅仅是因为它们挑战了人们业已接受和珍重的言论自由原则,而提出这些规范已经成为把种族主义和男性至上主义争议引入更大的共同体讨论的有效方式"。[2]按照密尔和斯坎伦的说法,重提错误的历史观,是为了引起人们对相关问题的思考与讨论,只要不采取过于极端的形式表达,任何言论都是可以允许的。但是,我们在经验世界中经常遭遇到的一种情形是,一种言论的内容本身就具有歧视性,无论以何种方式表达出来都是对某些特定人群的伤害。

---

〔1〕 以赛亚·柏林:《自由论》,胡传胜译,译林出版社2011年版,第239页。
〔2〕 托马斯·斯坎伦:《宽容之难》,杨伟清、陈代东等译,人民出版社2008年版,第224页。

　　密尔可能会回应，一种错误的少数言论的发表能够激发公共意见的活力，保持真理的生命力。但是，诸如种族歧视等言论的发表本身是否能达到密尔所称的效果，而且就算可以达成此效果，为此付出的代价又是否太高，以至于按照密尔的功利主义立场来计算，依然是对社会总体利益的伤害呢？诚如柏林所质疑的那样，允许那些不断在伤害别人的人、无时无刻不在捏造谎言的人也能够在自由社会里尽情发言、为所欲为，是否一种过度妥协的做法呢？"为了保证自由讨论之花开放需要付出多大代价？无疑需要很高代价；但是代价是无限的吗？如果不是，那么谁能说代价不是太大或已经太大？"[1]柏林对密尔的批评在人类经历过的几次重大灾难中都已经得到验证，对犹太民族的屠杀，对黑人奴隶的压迫，无不颠覆人类的理性与尊严。

　　正是意识到了某类言论的公开发表所带来的风险，麦金太尔决定将那些错误的言论驱逐出公共对话。麦金太尔强硬的态度是对当代流行的自由主义宽容文化的一种回应。达利尔·查尔斯（J. Daryl Charles）认为，"今天我们身处的这种'宽容'文化，是一种这样的文化：人们不再相信任何事物，不再持有一种清楚的是非观，而且对这种危险情况非常默然。这种嬗变的一个后果就是，究竟什么是'宽容'，什么是不宽容的相对主义，两者之间变得越来越难以区分"。[2]自由主义倡导的新宽容观将宽容视作一种美德，宽容不再是为共同体的善或其他善观服务的工具，它可以脱离了大的叙述背景而取得独立的价值意义，也就是说，在自由主义的视野下，宽容不必再依附于自由、平等与公正等价值观来定义，相反，它从次一级的工具性概念上升为和自由主义其他核心价值理念平行的新美德，自由、平等、公正及宽容的新提法，使宽容看上去变成了一种全善的德性。当宽容不再需要一个更高的价值标准

〔1〕　以赛亚·柏林：《自由论》，胡传胜译，译林出版社 2011 年版，第 237—238 页。
〔2〕　J. D. Charles, "Truth, Tolerance, and Christian Conviction: Reflections on a Perennial Question—a Review Essay," *Christian Scholar's Review*, p.36.

来划定限度之后,能够被宽容的对象范围就得到了极大的扩展,这样做的后果是将宽容限度的闸门松开,好的、坏的观念一起涌入公共区间,导致观念市场上鱼龙混杂,各种廉价的、劣质的思想也被拿来贩卖,例如"地心说"、否认大屠杀暴行等言论的涌入,终归会对共同体生活造成不可避免的伤害。

其三,除了特定的言论方式,还有一些对话参与者的身份应该经过审查。共同体就其公共生活的相关方面展开内部对话时,所意欲实现的目标既包括让所有成员列举出好的理由来公开表达自己的关切,也包括使对话在最后可以就相关决策达成有效共识。当然,在这两种目标的实现过程中可能存在某种"意外",即所要讨论的议题可能与某些成员的既定利益捆绑在一起,所以他们在表达自己的关切时,并没有兼顾共同体公共的善,而是从维护个人利益的角度出发,列举出一些虚假的理由,歪曲和诱导公共讨论的走向。比如,在美国对枪支管制问题的讨论中,公民中无论是持枪者还是不持枪者都可以公开表达对自身生命、财产安全与自由的忧虑,相关行政部门可以表达对社会秩序和治安管理方面的意见,以上两方面的关切都可视为对最终决策的正当影响因素。然而,如果是枪械生产商与销售者等既定利益关涉者,他们无论是列举了何种理由,表达了何种意见,所图终究不过是巨额的经济利润,那么将其列为怀疑对象,阻止他们参与公众讨论,则是共同体所应该考虑的正确态度。

麦金太尔也承认,在某些问题讨论的不同阶段,应该被阻挡的成员意见也是不同的。在应不应该实行枪支管制的问题上,生产商和销售者的意见可能是无益于决策的,但是,在进一步的讨论诸如如何管制枪支、其所需成本与可利用的资源等问题时,原本被要求保持沉默的生产商和销售者确有可能提供可靠的数据和极有参考意义的信息。所以,粗暴地剥夺成员对话资格的做法在共同体现实实践中可能并不适宜,更可行的是在对话开始之初,就共同拟定一份初始协议,它可能包括接下来在对话中需要被讨论的议题是什么,应该如何去讨论,以及最终作决策时应该参照的标准是什么,甚至考虑到这其中潜在的风险有哪些,可能对共同体所追求的何种善造成冲击。[1]初始协议总是灵活的,它可能受讨论话题的特殊性、对话者身份等各方面因素影响,因此,只要具备好的理由,初始协议可以接受质疑,从而便于它根据实践情况做出调整。

初始协议的拟定和对话美德的养成,一定程度上充当了润滑剂的角色,缓解了对话中那些原本可以避免的冲突,但事实上它无助于解决对话双方在善观念上的根本矛盾,对于后者,若非以宽容的态度允许其存在,就只能以不宽容的态度将其从对话中驱逐出去,而无论采取何种策略,最终目的都是为了共同体能够实现对相关善的探寻。

5. 麦金太尔与古典自由主义的分歧

在麦金太尔看来,当密尔为了防止"多数的暴虐"而允许公共对话领域向所有言论开放时,一种潜在的破坏性言论可能会伺机而入,不仅阻碍个人自由的实现,而且还可能引起共同体生活的混乱。麦金太尔清醒地意识到,密尔对压制性的恶的过度防卫容易引发破坏性的恶,所以他提高了密尔所设定的不宽容限度,以影响共同体善观念探寻的后果为标准,将三种密尔并不认为应该被压制的言论类型及其发表者驱逐出对话。

从根本上讲,麦金太尔与密尔在宽容限度问题上的分歧,是源于自由主义与共同体主义在善与权利之优先性问题上的分歧。密尔主张,个人权利应当优先于善,最明显的是,即使一种言论其内容本身已被证实是错误的,依然应该鼓励它被表达出来,这不仅是出于对多样性的拥护,更重要的是因为这是公民的自由权利。同样,何种言论不应该被表达,何种行为是不值得宽容的,答案依然要根据公民权利来判断,任何

---

〔1〕 A. MacIntyre, *Ethics and Politics*: *Collected Essays*, Cambridge University Press, 2006, p.85.

对他人生命、财产和自由权利造成伤害的言论和行为都应该被制止。在《论自由》中,密尔坚持公民的行为只有在影响到他人的时候,才应该承担相应的社会责任,如果他的言论只涉及本人的时候,他拥有至高无上的决定权,其独立性应该得到恰当的保护,而不是被损害。[1]

相反,对于麦金太尔来讲,共同体的善应是排在优先地位,任何威胁到公共善的言论都应该被阻止公开发表。密尔所担心的"多数的暴虐"问题被麦金太尔以初始协议和对话美德等辅助性手段予以化解。在对话一开始拟定初始协议的目的是为此次对话建立基本规则,规则一开始得到各方同意,参与对话的共同体成员已经默认接受并承担破坏规则的处罚,至于什么言行应该被认定为违背协议,则需要依靠共同体成员养成的对话美德来判断。虽然麦金太尔将宽容的限度标准提高了,但他附加了许多具体的条件来甄别不宽容对象。麦金太尔的研究方法是将普遍的抽象理论和具体的情景化策略结合在一起,更加注重理论对现实的指导意义。

洛克着力于宗教宽容的议题提出政教分离的根本原则,进一步要求国家能够在各种不同的善观念之间保持中立立场,节制权力的运用,从而将划定宽容限度标准的责任交付政府。麦金太尔从现代国家的起源与性质入手,拆穿了自由主义中立立场的虚假性,但是为了维护被国家挪用的共同体善观念的纯洁性,他又不得不默许这种中立性的继续存在,找不到更好的替代方案,只能寄希望于国家在中立性的伪装下,能够交出部分的权力,允许区域共同体享有一定程度的自治,由他们自己来划定宽容的限度。

麦金太尔从两方面讨论自由主义中立性问题,首先历史性地追溯现代国家的起源,从根源上揭示这种中立性是不存在的。其次探讨了当代国家的性质,指出这种中立性不仅过去不存在,现在也很难实现。

[1] 约翰·密尔:《论自由》,许宝骙译,商务印书馆2014年版,第11页。

但对于未来,麦金太尔并没有取消国家中立性的设定,在对共同体善观念的维护上,比起国家公开表达自己的观念立场,中立性的伪装所带来的伤害是最小的。麦金太尔虽然否定了国家中立立场的真实性,但却无法消除它在政治实践中的有效性与方便价值。

麦金太尔对中立性问题略显矛盾的阐释,事实上是源于他在理解古典自由主义与共同体主义国家观时所尝试的一种跨越传统对立的探究方法。他首先清醒地认识到自身理论在发展过程中出现的无法依靠自身思想资源所解决的困难,承认自身理论的不足鼓励他可以深入地学习和理解对立传统在解决相关问题上取得的成就,从而借鉴、吸收和转化合理的思想资源,为己所用,弥补自身理论的不足。麦金太尔深刻地意识到共同体主义者理想化的国家模型在当代现实化的道路上容易出现的问题,当代国家可以实现的职能更接近于古典自由主义的国家模型。

洛克在《政府论》一书中,将国家的建立描绘成在自然状态下,自由、平等、独立的个人出于保护自身生命、财产安全的需要,与其他人签订契约,转让惩罚权,组成政府,政府将作为公正的立法者和裁决者,制定和执行法律,保障"人民的和平、安全和公众福利"。[1]政府或者说国家一开始作为保护者和裁决者出现,其最重要的品质在于不偏不倚的公正性,即可以平等对待每一位公民的合理诉求。在自由主义者看来,以这种模式建立起来的国家,必须保持中立性,而作为一种各方经协商权衡利益后达成的契约产物,本质上也是保护私人财产的中立化的工具。

但是在共同体主义的鼻祖亚里士多德那里,国家的概念一开始就是和城邦共同体等同的,城邦本身既是政治共同体也是公民道德生活共同体。因此,城邦从一开始就不是中立的,城邦最重要的功能也并不是保护公民财产,而是要教化公民,引导其进行一种善的探寻。城邦本身具有特殊目的性,它不仅仅要保障城邦内公民可以有序地生活在一

---

[1]　约翰·洛克:《政府论》,叶启芳、瞿菊农译,商务印书馆2009年版,第80页。

起,更重要的是,它还应该通过各种手段促进公民去谋求一种"优良的生活"。换句话说,城邦应该以实现某种公共善为目的,它不应该仅仅是维系社会稳定的工具,相反,它应该激励公民去实现一种卓越的生活方式,公民要努力使自己的行为变得高尚起来,这样才符合城邦所追求的善目的。

然而,亚里士多德主义的城邦共同体在近现代社会世俗化进程中已逐渐消失,古典目的论框架被消解,科层制管理体系被不断地完善并强化起来,迫使现代国家转变成为一套单纯的政治制度与机构安排。在现代社会,政府不再涉及对任何道德或宗教问题的讨论,也不可能公开表达一种道德偏好,而共同体内的全体成员也无法在道德问题上取得统一共识,政府仅能作为一套机械化的制度体系存在,它所代表的是已经被科层化了的现代共同体。加之现代国家越来越发展成一个容纳多民族与移民的多样化社会,不同公民可能来自不同传统,生活习惯与价值取向产生了异质化的分歧,寄希望于像古希腊一样建立起基于城邦国家整体之上的大共同体模式是无法实现的,麦金太尔只能诉诸家庭、社区、学校、医院、实验室等小的区域共同体来实现其对公共善的探寻,完成教化成员的目的。同样,也只有在区域共同体内,才能保证成员生活方式、传统价值和善观念的一致性。

当代政治实践中呈现出来的国家概念与共同体概念在内涵和外延上的分离趋势,越来越接近古典自由主义对国家职能的限定。换句话说,亚里士多德的共同体—个人两分的模型与洛克的国家—个人模型都不足以解释当下复杂的政治环境,因而麦金太尔不得不提出一种国家—共同体—个人三层空间模型来尝试维护共同体的利益。此外,在维护共同体善观念的实践中,麦金太尔找不到更好的可以替代自由主义有限政府管理方案,他所能做的只是尝试去融合古典自由主义和共同体主义的国家观,主要体现在他最终接受了自由主义对国家中立性的虚假设定,这是保证国家不会对相关共同体利益造成更大伤害的有效手段。但是麦金太尔并不接受洛克虚构出来的自然状态,也不相信国家从一开始就是中立的,他否认国家性质的中立性,仅仅承认一种作为权宜之计的中立策略。他在国家起源和国家性质问题上保留着纯正的共同体主义信仰,但在国家职能和国家发展问题上创新地借鉴和吸收了自由主义的理论成就。

　　总而言之,麦金太尔与密尔在宽容限度上的分歧根源于共同体主义与自由主义在善与权利何者优先问题上的矛盾。坚持共同体的善优先于个人权利的共同体主义者麦金太尔,要为实现公共善的目的而设定更高的宽容限度;而坚持个人权利优先性的密尔则为了维护个人言论自由要求开放公共对话空间,将宽容限度降至最低,他提出的“不伤害原则”实际上是保障个人权利与自由的最低底线。另一方面,麦金太尔与洛克在国家中立性问题上既保留了分歧,又取长补短,尝试完成一次跨传统的探究与合作。古希腊时代所特有的小国寡民城邦制国家,在当代政治实践中很难重现,当麦金太尔发现这一点时,他必须作出抉择,亚里士多德的国家共同体模型有其时代局限性,因此他尝试对此模型进行改进,最重要的举措就是将国家和共同体这两个概念区分开来。他沿用了自由主义的国家概念,同时又致力于在社区、学校、医院甚至是俱乐部等小的共同体中建立起“区域共同体”,区域共同体将更好地承担起在亚里士多德那里被赋予城邦国家的对公共善的追求。因此,一定意义上,我们可以说是麦金太尔完成了对自由主义和共同体主义国家观的探索和融合,他澄清了自由主义对国家中立性的虚假设定,但并没有因此否定这种中立性在政治实践中所具有的现实意义。

四、总　　论

1. 宽容是一种实践

麦金太尔对宽容限度的设定透露出他在宽容性质问题上与其他思

想家截然不同的观点。在《宽容与冲突的善》一文的最后,麦金太尔明确指出,宽容本质上并不是一种美德,相反,过度宽容还有可能变成一种恶。[1]

要澄清宽容是不是一种美德,首先需要廓清"美德"的概念。对"美德"概念最清晰的定义首先出现在《尼各马可伦理学》中,亚里士多德首先提出一个根本前提,即"人的每种实践与选择,都以某种善为目的",这种善是人所特有的目的,它寓于实践与选择之中,而美德正是促使人将这种目的实现出来的品质。在古典语境中,对"美德"概念的诠释始终脱离不开一个背景性的概念——"实践",美德必须在"实践"中展开,换句话说,正是"实践"为诸美德提供了一个可以展现自己的竞技场,借助于它,诸美德才能获得最初的基本定义。美德在本质上是一种在实践当中可以被获得的优秀品质,当一个人具备某种美德时,他同时也具备了这种实践所能赋予人的内在的善,相反,缺乏这种美德将会阻碍人们获得内在于实践之中的善。[2]

从上述定义中不难发现,美德本身是作为一种纯然的善而被规定的,它与恶相对应,表达的是一种美好的卓越品质。然而在上文中,我们对宽容限度的说明已经暗示,宽容本身并不是一种纯然的善,它有自身的限制,在某种语境下,不宽容甚至可能更好。因此,如果说宽容是善,那么不宽容就应该是恶,但是正如麦金太尔所提到那样,不宽容有时却是一种善,过度的宽容反而是一种恶。所以,更为精确的提法应该是,适度的宽容才是一种善。

"适度"这个概念同样也出现在《尼各马可伦理学》当中,亚里士多德用了很大篇幅来解释"适度",原因在于,"适度"往往才是美德所追求的目标。"适度"通常被认为是对感情或实践状态的描述,在《尼各马可

---

[1] A. MacIntyre, *Ethics and Politics*: *Collected Essays*, Cambridge University Press, 2006, p.87.

[2] 麦金太尔:《追寻美德》,宋继杰译,译林出版社 2003 年版,第 242 页。

伦理学》中，亚里士多德提到，实践当中存在三种状态，分别是过度、不及与适度。美德就是人在实践或情感当中表现出来的适度状态，与之相对的，过度或者不及都不能称作美德，只有适度才是美德，并且是值得被人称赞的。宽容的概念内含一种限制性条件，宽容本身是有限度的，也就是说，适度的实践才能被称为宽容。通过简单的推理，我们不难发现，在美德伦理学的语境中，与其称宽容是一种美德，不如说宽容是一种实践。

什么是"实践"？任何复杂的、通过合作的方式确立起来的社会性的人类活动形式都可以称作"实践"，实践通常蕴含着一定的目的，通过实践活动，某种可以对此活动实现的好或不好作出判断的标准得以展现，能够达成此标准的实践参与者最终会获得某些内在于实践活动中的善，它可能表现为使人们追求卓越的能力得到了提升，甚至它也会影响人们对于何为实践目的和内在利益的认识，使后者有了系统性的拓展和更新。[1]对实践的这种界定涉及两重含义。

第一，实践是一种复杂的社会性人类活动形式，它不是一个人就能完成的简单动作，它要求至少有两人参与其中。而"宽容"实践本身不仅涉及了宽容者与被宽容者两个或两个以上行为主体的在场，按照麦金农（C.Mckinnon）的观点，宽容的发生往往还需要满足五个条件——"差异性，即被宽容者必须在某些言论方面体现出与宽容者的不同；重要性，即对于宽容者来说，所要宽容的信念并不是无关紧要的小事；反对态度，即宽容者并不赞同或者说不喜欢他所要宽容的对象，按照原本的态度，他更倾向于强迫去改变或抑制对方信念的表达；实现能力，即宽容者相信他本身具备这种改变或压制被宽容对象的能力；能力节制，即宽容者最后在实践当中并没有将这种能力发挥出来。"[2]五大因素

---

〔1〕　麦金太尔：《追寻美德》，宋继杰译，译林出版社 2003 年版，第 238 页。

〔2〕　Mckinnon, *Toleration: A Critical Introduction*, Routledge 2006, p.14.

接续作用,缺一不可。因此,宽容不仅是一种实践,还是一种极其复杂的实践。

第二,每种实践活动都有自己相应的评判标准,人们在实践活动中应该追求优秀,实现卓越,这样才有可能在完成这项实践之后,有所收获,即获得了内在于实践活动中的善,这种善反过来会对实践参与者的能力和认识观念有所提升。为了更好地说明这一点,麦金太尔首先对实践中可能产生的善作了基本的区分:一种是外在善,它受制于社会环境的影响,非常偶然地附加在实践中,它最常见的表现形式包括权势、金钱和地位等。外在善通常有三个特征:第一,当它被占有时,它总是某个个人的财产和所有物,属于个体;第二,它是一种有限的竞争资源,外在善的占有者之间存在着激烈的竞争关系,即一方占有的越多,给另一方留下的就越少;另外,此种善也不单单为某种特殊的实践所有,它可以通过多种渠道获得,因此,人们为了获得这种善,通常会不择手段。另一种是实践的"内在善",它指一种只能通过特定的实践方式而不能通过其他方式来获得的善。这种善只能借助特定的实践方式来指明,而且必须要参与过这种实践的有经验者来鉴定或者评判它们。与外在善不同,内在善并不是有限的竞争对象,毋宁说,它更像是一种无限的、开放的合作对象,当实践参与者获得内在善的时候,对于参与其中的整个共同体都会产生积极的影响。麦金太尔反复强调,宽容的目的是为了实现共同体对公共善的探寻,为了这个目标,共同体成员之间甚至是不同共同体之间不断展开对话、交流与讨论。这种对话无论于私于公都有极大的益处,对于共同体成员来说,他们通过一次次的交流培养起自身的对话美德,能够熟练地运用判断力分辨可被宽容或不被宽容的言论,不逃避为维护自身善观念进行辩护的责任,甚或他们还可以培养起勇于承认、接受和纠正自己错误的风度。而对于共同体来说,这是对公共善观念的维护与更新,纠正本传统善观念的不足,补充并扩展传统善观念的解释力,同时也深化了共同体成员对传统善观念的理解和认同。

综上所述,对亚里士多德传统意义上将"适度""过度"与"不及"作为对实践状态的特定描述,以及麦金太尔发展了的"实践"概念之两重内涵的澄清,都指明了一点,宽容是一种实践。或者用麦金太尔的话来说,宽容本身并不是一种美德,而是一种能够将美德发挥出来的实践,它最终要以实现特定的理性探寻为目的。也就是说,通过将相互冲突的观念表达出来,在共同体之内或者共同体之间达成一种有益的争论,可以帮助我们实现公共的善。同样的,不宽容也并不是一种恶,它也是一种实践,理性的不宽容也是一种美德的应用,同样有助于公共善的实现。[1]

2. 宽容美德论及其局限性

宽容究竟是不是一种美德?麦金太尔、威廉斯、科尼尔斯等人反对把宽容视作一种美德,而同时像沃特洛、哈贝马斯等人则在努力地为宽容作为一种美德而辩护。

(1) 宽容作为自由主义美德

自由主义者将宽容视作一种美德,往往是与自由和人权的价值内涵相关联的。盖斯兰·瓦特洛(Ghislain Waterlot)认为,现代宽容是一种自由的必然结果,当我们承认自由的前提时,就会允许别人按照与我们不同的原则去思考,去行动。[2]让娜·赫尔施(Jeanne Hersch)同样谈到,"真正的宽容是与人权同根所生,它体现出我们对自由意志和真理的热爱与追求"。[3]然而,也正是对自由和人权的价值呼吁,引来伯纳德·威廉斯对自由主义宽容美德论的批评。

首先,值得怀疑的一点在于,自由与人权的价值是否已经超出自由主义的传统而被赋予了某种不证自明的价值普遍性呢?在当下多元主

---

〔1〕　A. MacIntyre, *Ethics and Politics*: *Collected Essays*, p.92.

〔2〕　Waterlot, "Human Rights and The Fate of Tolerance," *Diogenes*, p.176.

〔3〕　Hersch, "Tolerance: Between Liberty and Truth," *Diogenes*, p.176.

义的哲学视域中,自由主义只是诸多善观念当中的一类代表性观念。
而那些企图诉诸自律来说明宽容美德内涵的论证,本身在逻辑上也是
存在问题的。自律往往要求人们能够摆脱外部的影响以免受制于人,
但是任何一种意见只要公开表达出来,一定会或多或少、或显或隐地对
其他持不同意见者造成影响,后者可能会出于从众心理或受制于社会
舆论的压力而违心地改变自己的观点与立场,这种改变并不是出于内
心真诚的认同,而是由外部潜在的压力或隐性的强制所造成的。因此,
无论何种意见的表达,都逃脱不了一种自相矛盾的限制——宽容意图
使不同人的意见都可以得到公开发表的机会,但是,某些意见一经发表
就会产生潜在的影响,人们出于从众或求同的心理,可能会不自觉地修
改自己的意见,来取得大众的认同,甚或,某些观念的发表还会遭遇道
德绑架的困境。举个例子来说,一所大学通过公开的考试制度来招录
学生,它同时实行对某些地区或某些民族生源倾向性的补偿策略,这一
策略在往年作用效果明显,但在今年却意外地没有招录到某地区的学
生,此时,有人指责学校歧视某地区生源,有些人可能并不认同这种观
点,但却为了避免遭受地区歧视的批评而违心地应援对学校的指责。

　　考虑到在公共对话当中,存在着一类参与者,他们会出于求同或从
众的心理动机而修改内心真诚的信念,无法达到自由主义标榜的自律
要求,因此,威廉斯结论道:"宽容不能建立在一种诸如个人自律的价值
基础之上,同时又希望能够逃避关于善问题的实质性争论。这确实是
一个矛盾,因为只有诸如自律的实质性的善观点可以说明宽容的实践
所代表的价值。"[1]

　　(2) 宽容作为政治美德

　　托马斯·斯坎伦将宽容的价值放置于政治哲学的视域下讨论,宽

---

〔1〕　B. Williams, "Toleration: An Impossible Virtue," in David Heyd, *Toleration: An Elu-sive Virtue*, Princeton University Press 1996, p.25.

容的意义在于"人们的'伙伴公民'关系中,正是宽容使这种'伙伴公民'成为可能……宽容表达的是对比这些冲突更为深刻的公共成员关系的认识,是对那些同我们一样有资格为社会贡献力量的其他人的认识。缺乏这一点,我们就只不过是在这一相同的地域内相互倾轧的竞争团体而已。"[1]换言之,宽容实现了在同一地域内不同成员之间的和谐相处,它能最大限度避免冲突的产生。当然,冲突本身并不是一件坏事,但对于那些持有根本不同的生活意见的共同体或个人而言,这种冲突往往潜在着一种暴力加害的企图和危险。因此,我们需要培养和维持一种理性的伙伴公民关系,从而能够在维持合理的争辩性冲突的同时,规避极端暴力行为的发生。正是在实现区域和平的目标追求中,宽容作为一种美德的价值得以体现。诚如哈贝马斯所言,宽容实际上是一种政治美德,它为共同体成员所共享,其最重要的意义在下述情况中得以凸显,即在政治实践中,当人们所持有的基本信念发生了冲突,同时又缺乏一种建立在共同语言之上的政治文化可以引导人们取得共识,此时,表现出宽容的态度,不失为一种解决冲突的恰当方式。[2]

　　然而,为了和平相处之故而无限度的宽容,事实上却违背了政治实践的正义原则。在某些情况下,宽容与正义之间之所以相互龃龉,究其根源,还是由于对宽容对象没有进行筛选而造成的。无论是自由主义还是共同体主义,他们都必须承认一条原则——宽容是有限度的。无限度的宽容是对正义原则的侵犯,只有对宽容的对象加以考察筛选,宽容才是有意义的。在这一过程中,一种审慎的判断力发挥着极大的作用,它不仅构成了文明交往的规范,还使公民可以越来越熟练地分辨出哪些言论是不应该被宽容的。因此,与其说宽容是一种政治美德,不如说审慎才是一种政治美德,它维系着公民社会的和平共处,同时明辨宽

〔1〕　托马斯·斯坎伦:《宽容之难》,第 216—217 页。

〔2〕　尤尔根·哈贝马斯:《我们何时应该宽容——关于世界观、价值和理论的竞争》,章国锋译,载《马克思主义与现实》2003 年第 1 期。

容之限,保证正义原则不受侵犯。埃德蒙·伯克曾这样提到,审慎是政治领域当中的首要美德,它确保我们不会任由某种由抽象观念衍生出来的完美计划来指导政治实践,因为要实现这种计划,必然会对整个社会结构产生颠覆性的影响,审慎使我们更倾向于选择那种"有限的计划"。[1]

另一位当代哲学家科尼尔斯(A.J.Conyers)按照古希腊伦理学的标准来论证,宽容并不符合美德的要求。他提出,当我们将宽容与"爱"这一美德相比时就会发现,在古典语境中,没有人会拒斥"爱",但宽容则不同,我们必须为宽容设限,有选择性地筛选宽容对象,这一点对于"爱"来说是难以想象的。基督徒会将"爱"视作至上的美德,所有其他美德都将服务于"爱"这一首要的美德。但是宽容不同,在古典语境中,它无法起到美德的作用,它更像是一种实践,能够为诸美德的展现提供机遇,在宽容的实践中,会产生诸如忍耐、谦卑、温和和审慎等美德,但是,宽容本身却不能作为一种美德。[2]宽容提供了实现美德的情景与可能性,适度的宽容可以维持共同体稳定有序的发展,实现共同体对相关善的追求。

(3)麦金太尔驳斥宽容美德论

拒绝承认宽容是一种美德,不仅给予了合理的不宽容以正当性,同时也与麦金太尔对当前道德世界情感主义泛滥的诊断一脉相承,一定程度上有助于澄清麦金太尔美德伦理学与相对主义的区别,在其整体的思想体系当中具有独特的作用。

诚如卡森所批评的那样,宽容概念在当代的发展经历了一个细微的转变,"从'接纳不同观点的存在'到'接纳不同观点',从'认可他人持

---

〔1〕　埃德蒙·伯克:《自由与传统》,蒋庆等译,商务印书馆 2001 年版,第 304 页。
〔2〕　Conyers, *The Long Truce*: *How Toleration Made The World Safe For Power And Profit*, Spence Publishing Company, 2001, pp.3—7.

有不同信仰和做法的权利',到'接纳他人的有差异的观点'"[1],这种转变带来的后果是,人们从承认多元文化的存在滑向了接纳所有文化都是好的,从准许他人表达与自己不同的立场与信念,滑向了宣称所有的立场和信念都是对的。在"新宽容观"的熏陶下,一批对于在政治生活或道德生活领域内所发生的价值冲突完全冷漠的公民被培养起来了,宽容被追捧为一种美德,人们所追求的不再是对某种善观念的实现,而只是宽容本身。为了不冒犯别人,为了免于遭受不宽容的指责,人们训练自己冷漠的对待差异性,为了迎合宽容,我们却变得更不宽容了。

　　麦金太尔同样认识到宽容问题的症结所在。在《追寻美德》一书中,他断言近代论证道德合理性的启蒙筹划已然失败,而当前道德世界呈现出前所未有的复杂性、多样性:道德语言愈加碎片化,道德判断愈加的个人化、情感化,道德分歧、道德争论无休无止。其中,影响最为广泛的是名为"情感主义"的道德学说,它为道德世界发生的这种变化提供了理论上的辩护,声称这种颠覆式的变化是合理的:道德语言离开了它原始扎根的文化和社会环境,获得了虚假的独立性;道德判断被粗暴地归结为个人偏好、态度或情感的表达,模糊了真假之分;道德分歧无论在任何时代都不可能得到解决,因之无休止的道德论辩是合理的。情感主义的道德氛围直接造成了道德文化的随意性、相对性,我们只能生活在各种繁杂的情感意志的表达中,谁也不能提供说服其他人的充足而正当的理由,道德的冲突永远不能达成理性一致的结论。

　　正是受到这种混乱的、非理性的道德现象的冲击,麦金太尔对于搁置一切价值判断的宽容美德论提出强烈的驳斥。他主张,宽容不是一种善的论断,事实上是想要鼓励共同体成员能够重估宽容价值,承担起维护本共同体善观念的责任。宽容美德论的提法总是容易使人联想到放弃一切价值判断,无限追逐多样性的相对主义立场。

---

〔1〕　D.A.卡森:《宽容的不宽容》,第 3 页。

　　虽然在《追寻美德》一书发表之后,麦金太尔本人也遭受到"道德相对主义"的指控,如罗伯特·瓦西布罗就曾指责麦金太尔的美德理论隐含着某种形式的相对主义。[1]"或者用许多现代批评者常用的术语来说,美德伦理学只能是一种'道德特殊主义'、甚至是某种'地方性或区域性的道德知识'。"[2]但是,麦金太尔不接受这一责难,他积极区分了自身历史主义的传统探究立场与相对主义的宽容美德论的区别。传统探究立场与任何相对主义的立场不同,道德相对主义不仅承认世界上存在着多种多样的道德传统或彼此独立的道德共同体及具体主张,认为在这些相互竞争的道德传统或共同体之间没有任何一种中立的客观标准能对各种互竞冲突的道德主张进行裁决,进而认定各种各样冲突的道德话语同样都是相对合理的,它们之间无法相互比较和排序。换句话说,相对主义放弃了对各种冲突的价值进行权衡和比较,以一种无所谓好坏、真假的态度接纳了所有价值。相对主义为宽容一切提供了最坚实的形而上学基础,它将宽容视为对当前多元主义文化发展的唯一可取的态度,从而放任一切好的、坏的观念在思想市场上流行起来。

　　而历史主义的探寻立场并不排斥对不同的道德传统进行比较和排序,唯一与道德相对主义契合的一点是,历史主义的传统探寻立场同样质疑一种客观中立的道德标准的存在,但它寄希望于一种传统能够充分展现其合理性与优越性,理解自身不足并向其他传统学习,在此意义上击败其他传统,所以在历史主义的传统探寻中,全部道德传统并非具有相同的合理性,宽容者在面对不合理的善观念时,有权拒绝给予宽容。合理的不宽容是维护共同体善观念的必要手段,放弃这一权力也就意味着共同体放弃对公共善的探寻。

　　有批评意见认为,麦金太尔提出的小共同体主义宽容观很容易导

―――――――――

〔1〕　麦金太尔:《追寻美德》,宋继杰译,译林出版社 2003 年版,第 347 页。
〔2〕　万俊人:《关于美德伦理学研究的几个理论问题》,《道德与文明》2008 年第 3 期。

致一种"压制性社会"产生,出于维护本共同体善观念的目的,不宽容可能比宽容更为小共同体所青睐。为了避免将共同体刻画成一个狭隘封闭的善观念系统,麦金太尔一方面积极鼓励共同体成员参与本共同体内部或与其他共同体之间的对话,这是共同体走出善观念自我闭环的第一步。其次,在对话过程中,如果发生了一系列冲突或矛盾,麦金太尔所预设的"初始协议"与成员的"对话美德"首先发生作用,在具体的政治实践中,就对话选题、议程设置、成员筛选等方面提前拟定协议来规范对话流程,是麦金太尔过滤对话中可能出现的粗糙言论的方式之一。而另一方面,他也致力于培养共同体成员的对话美德,训练他们对宽容限度的掌控能力,灵活地根据具体语境来判断言论是否应该被发表,这是更为可靠的避免过度宽容或不宽容的保障。因此,宽容实践被交付予共同体成员的集体判断力,经由不同成员意见的博弈而确保实现。

五、结　　语

本文侧重梳理了麦金太尔宽容思想的整体运思方式,首先是从共同体不断发生的对话情景入手,追查争论与冲突产生的根源,指出冲突在一定程度上丰富了共同体的生活,但是某些冲突对共同体善观念容易造成破坏性的影响,因此是不应被宽容的。根据宽容的发生逻辑,麦金太尔提出了两个重要问题——宽容的限度是什么?由谁来划定并执行不宽容的标准?为了回答上述两个重要问题,麦金太尔考察了洛克和密尔的思想,他认为,我们应该同意洛克的部分结论,但无需承认洛克论证的前提,相反,对于密尔,我们应该肯定密尔思想的前提,但却推出和密尔完全不同的结论。麦金太尔与洛克在国家中立性问题上的分歧,激励他将不宽容的权力交付予区域共同体的自治,而他和密尔在善与权利何者优先问题的不同回答,则导致他将不宽容的限度划定在是否有利于区域共同体善观念的探寻目标上。麦金太尔最后得出结论，宽容并不是一种美德，过度的宽容反而是一种恶。本文结合亚里士多德对"适度"问题的研究，以及，麦金太尔对"实践"概念的发展，提出宽容实际上是一种实践，在特定情况下，也可以成为一种培养出美德的实践。为了说明麦金太尔的宽容观，本文还对当代政治哲学领域中沃特洛、斯坎伦、哈贝马斯等人坚持宽容是一种美德的观点进行了分析和反驳，指出麦金太尔坚持的宽容实践说可以更为有效地避免共同体成员对政治生活、道德生活渐趋冷漠和麻木的态度，激励共同体成员勇于承担维护和实现区域共同体善观念的责任，进而避免滑向相对主义的容忍一切的危险当中。

麦金太尔宽容思想面临的最严峻的挑战，在于他对本共同体善观念的维护可能会导致一种压制型社会的产生，很有可能面临"不宽容"的指责。根据麦金太尔对拟定"初始协议"和培养公民对话美德的谋划，本文认为，这种指责可以降低到安全的不触动理论根基的基准线以下。

诚然，麦金太尔的宽容思想仍然存在某些不足之处，在《宽容与冲突的善》一文中最后，麦金太尔自己也坦然承认，对于不宽容理论还需要再作进一步的扩展，尤其对于在当前由政治与商业文化主导的现代世俗化社会中，在维护区域共同体理性政治的前提下，如何重新反思言论自由与宽容的观念，重新认识它对共同体善观念的探寻所造成的冲击和威胁，仍然是一个亟待解决的难题。然而，我相信在麦金太尔已有的探索中，他对于当下情感主义、相对主义的批判，对于公民美德与责任的重申，以及，对宽容问题的独特探究，已经为日后有关宽容问题的深入研究提供了新的重要的思路，甚至可以说，开辟了一种新的研究进路，因而值得我们珍视和关注。

残忍之为首恶

——读施克莱的《平常的恶》

洪　涛*

一

但凡对当代美国政治科学有所了解的人，读到施克莱(Judith N. Shklar)的《平常的恶》(*Ordinary Vices*)，多少会有一点吃惊。[1]施克莱在美国政治学界应该不能说太边缘，她1928年生于拉脱维亚，和许多美国犹太裔学者一样，为躲避政治迫害，流亡美国。在美国哈佛大学获得博士学位后，长期在哈佛大学任政治学教授，也曾出任过美国政治科学协会的主席。但是，她的这部出版于1984年的著作却风格独特，迥异于主流的美国政治科学著作：作为一种思想史的研究，没有常见的政治概念的分类、比较、演绎；作为一种对实践或现实的分析，却不以概念作为中介。施克莱自己解释说，她想用一种更贴近人和事件的"更具实

＊　洪涛，复旦大学政治学系教授。

〔1〕　施克莱：《平常的恶》，钱一栋译，上海人民出版社2018年版。

质色彩的方式思考政治"。[1]那么,什么是她所谓的更具实质性的思考政治的方式呢?简单地说,就是:讲故事。

这是这本书引起我兴趣的主要原因之一。20世纪政治科学的一个引人瞩目的"成就",是通篇政治概念和政治术语,却毫不触及政治现实。专家们还往往以此技法傲视"民科"。政治研究在不断"学术化""科学化"的同时,也在"无思化",不再从事实质性的政治思考。一个人可以谈论政治、教授政治、研究政治、写作政治,只要无关乎政治。

施克莱在《平常的恶》一书中没有直接非议这种政治科学,她只是声明同时代人不是她想要追随的,她要追随的是蒙田。蒙田是16世纪法国随笔作家,所生活的年代略早于亨利四世,那是一个绝对主义王权诞生的时代。与晚于他的笛卡尔不同,蒙田不建构理性化的理论体系,只是写作长短不一的随笔,跟读者随意地、亲切地讲故事,聊他们生活所面临的种种问题。今天主流的政治思想史很少提到蒙田,一个重要原因是蒙田不属于近代以来的政治思想传统,而属于一种古代的哲学传统,这一传统源于希腊化时期的伊壁鸠鲁派和斯多亚派,它把哲学或学术,看作是对人的真实生活的救助。这就是施克莱所认为的使政治理论"更具实质性"的方式。在她看来,这种方式具备理性化的理论体系所不具备的优点:避免对现实经验和历史的非理性作理性化处理。

施克莱谨慎地表示,讲故事无法取代理性化的抽象分析,而只能是对后者的一种补充,但是,她也指出,对理解政治现象,讲故事或许能提供一种更为恰切的分析,因为,政治活动毋庸加工,就是一出戏。

我以为,施克莱试图延续为当代社会科学所忽视的一种古老传统:讲故事。古代史家,不论中国的司马迁,还是古希腊的修昔底德,以及政治哲学家,从柏拉图到孟德斯鸠,大多是讲故事的好手。在这一传统中,关于政治现象的实录、关于政治理念的探讨,与生动、形象的文学性

---

[1] 施克莱:《平常的恶》,钱一栋译,上海人民出版社2018年版,第345页。

描绘，是水乳交融的。这一特点，在很大程度上可以归因于古代政治的表演性——政治就是一台戏：统治者不仅不回避"展示"，甚至把这看作是他们的特权。古代社会就像一座剧场：政治人（统治者）在敞亮的舞台上行动，民众在漆黑的环形看台上围观。

只是到了现代，一切都颠倒了。与古代模式相反：光不是聚焦于舞台，而是打向看台，民众，虽然在某种程度上也只能是旁观者，却什么也看不到，而他们的一言一行，却巨细靡遗地落在统治者的眼里。这就是边沁用"全景监狱"一词来描述的情景。或许由于这一差别，到了现代，统治者的真实故事（历史），变得难以讲述了。于是，历史不再是对当下的实录，而是对既有历史的研究：古代史家可以写"今上本纪"，今天的历史研究者只能研究"历史"。统治者的当下言行，成了"新闻"："新闻"不是历史，而是宣传。当政治不再是一台可以被公众旁观的戏时，政治的性质也就随之发生了变化。统治者在敞亮的舞台中央，故事追随着历史；统治者隐身化之后，故事则追随于想象——后者既然不是对统治者言行的实录，是否还有可能成为触及真实的一种可能的方式呢？

施克莱的书没有涉及讲故事的古今之变，或许是因为她囿于自己的政治经验的缘故。不管如何，只要讲故事，就是以具体人物——尤其是人物品格——为核心，就与以抽象概念为核心的主流政治理论不同。后者的目的在于认知客体，前者的目的在于救助自我。认知是知识性的活动，救助是道德性的活动。因此，讲故事的"政治理论"，更适宜于对道德问题的探讨。但是，道德，还依然是现代政治科学的一个"合法"论题吗？

二

除了方法，《平常的恶》的主题也具有独特性。"恶"是一个道德概念。今天，政治科学的常识是，善恶问题，或道德问题，早已被正当地逐出了政治科学领地。非道德——说实话，就是不道德——被看作是政治的属性。马基雅维利在其著作——《君主论》和《李维史论》——中说，"作恶"属于统治者的"特权"，为维护权力，他们可以无恶不作；常人如果不愿作恶，可以不去搞政治。马基雅维利区分政治与非政治（道德）为两个不同的领域，政治无关乎道德。这一区分对现代政治学影响深远。

霍布斯不再把"作恶"视为统治者的特权，而是视作一切人的自然权利。但是，人们为了避免最大的恶——毁灭，彼此缔约，放弃自然自由，即作恶的自由，将之转让给国家。于是乎，唯有国家才保有自然自由，换言之，唯有国家享有"作恶"特权。用霍布斯的话来说，国家超然于善恶之上，善恶由国家定。但是，国家无非是一些以国家名义行事的人，因此，兜了一大圈，最后还是回到马基雅维利：那些以国家名义行事的统治者，享有做一切事的天赋自由。用我们老祖宗的话来说，是："窃钩者盗，窃国者侯，侯之门仁义存。"马基雅维利与霍布斯的差别在于：对前者，国家是人格化的君主；对后者，君主是非人格化的国家。

由马基雅维利、霍布斯等人开创的现代政治传统，被马克斯·韦伯作了如是总结："凡是将自己置身于政治的人，也就是说，将权力作为手段的人，都同恶魔的势力定了契约，对于他们的行为，真实的情况不是'善果者惟善者出之，恶果者惟恶者出之'，而是往往恰好相反。任何不能理解这一点的人，都是政治上的稚童。"[1]

依然是两分：一种是为自己和他人追求灵魂得救的道德人，另一种是以暴力为基本手段的政治人，即不道德人。这就是主流的现代政治传统。既然政治与道德被认为分离，不道德是政治的特点，那么，现代政治科学很少讨论道德，就不奇怪。讨论政治的道德多少将触碰被统治者或以国家为名义的统治者视作其天赋权利的"作恶"的自由——这

---

〔1〕 韦伯：《学术与政治》，冯克利译，三联书店 1998 年版，第 110 页。

被他们视作遂行统治的必要条件。在此背景之下,《平常的恶》以"恶"为主题,多少是令人吃惊的。

《平常的恶》讨论了五种"恶",从第1章到第5章,每章讨论一种,它们分别是:残忍、虚伪、势利、背叛和厌世。五种"恶",其实程度不一:有些是纯粹的恶,有些则不那么恶。这里先谈在我看来不那么纯粹的三种恶:虚伪、势利、背叛;然后再谈纯粹的恶——残忍,以及与之相关的恶:厌世。

虚伪很常见。现代社会崇尚"真诚",虚伪普遍受到鄙视,是政治上攻击政敌或非政敌的常用利器,但是,作者也指出,如果认真计较,只怕很少有人能逃避"虚伪"的指控,因为,"任何掩饰自己感情的尝试,任何社交礼节、角色或循规蹈矩的做法,乃至只是没能认清自己的品格和潜在倾向",都可以被认为是虚伪[1],于是乎,"可以在任何地方发现虚伪"[2],结果,现代人有一种对虚伪的恐慌。大概这就是在现代社会,低调处世,或者,自贬自损,如此流行的原因。

施克莱指出,虚伪并非一种纯粹的恶,其产生恰恰与对善的追求有关,只不过这种追求是一种对道德的强制化要求:"虚伪是一种强制的形式。"[3]的确,在以强制性权力推行道德的社会,人们很容易看到两种共生的现象:一方面是权力者运用权力的毫无道德感——只要据说是为了道德的目的,另一方面则是在权力之下的被统治者的虚伪。

"虚伪是严苛要求的必然伴生物"。[4]在政治的道德家的专制统治之下,臣民们只会陷入不成熟的状态。他们怯懦、势利、虚伪;行事躲躲闪闪——因为不知道什么应该被隐藏——,战战兢兢、如临深渊、如履薄冰。他们不可能拥有豁达的胸襟和气魄,但是,后者不正是统治者力

〔1〕 施克莱:《平常的恶》,钱一栋译,上海人民出版社2018年版,第72页。
〔2〕 同上书,第71页。
〔3〕 同上书,第75页。
〔4〕 同上书,第74页。

图在人民身上所要打消的精神吗？看着臣民们行动的抖抖索索、精神的委顿，统治者由衷地笑了，他们的胸挺得更直，也更自信了。以道德为名的"专制"是败坏人的最好办法——而且，绝妙的是，这是以改善为名的败坏啊！高压统治的后果，博闻多识的统治者怕不会不明白。但是，人民败坏了，统治者就更"贤能"了。

虚伪在很大程度上源于权力者的自爱。他们不过以道德的理由为其权力的无限制运用正名而已。那些处于无所不在的监视之下的臣民，动辄得伤害，却还不明其奥秘。这多高明啊！权力就有充分的理由毫无限制地渗透入社会生活——包括个人生活的———切领域。统治者是否真爱道德，只要看他们是否首先严于律己、宽以待人，还是：将最大的利益归于自己，将最严酷的权力行于他人。总之，如施克莱所指出，"政府的品格也许与虚伪的发生概率存在着密切关联"。[1]在一个不需要智慧、却能更随意地迫害人的政府下，虚伪是一种高发现象。

势利和虚伪一样，也很普遍，而且，在一定程度上与求善有关。虚伪和势利都相关于某种"上进心"，而这种"上进"一旦取决于权势，势利就产生了。年纪轻轻，就知道逢迎，就知道站在强势一边，不是因为要求"上进"吗？势利之徒是逢迎上位者，而上位者就是权力者。势利，权力者不喜欢吗？权力主导的社会，盛产势利之徒，并不奇怪。势利和虚伪一样，它的产生，都与对善的不恰当的追求有关。

作为一种恶，背叛也有模糊性。它不是一种纯粹的恶，因为背叛往往与忠诚相关：忠诚此方，故而背叛彼方。韩非说："父之孝子，君之背臣也。"故背叛之为恶的关键，不在于背叛本身，而在于背叛什么。这个"什么"，不同时代有不同看法。古代较难以容忍对亲友的背叛，而不那么介意对国家的背叛。因此，对于普萨尼亚斯、特米斯托克力和亚西比德背叛自己城邦的行为，修昔底德并未表现出格外的惊愕；伍子胥说服

---

[1] 施克莱：《平常的恶》，钱一栋译，上海人民出版社 2018 年版，第 77 页。

吴国攻打自己的母国——楚国，也未见司马迁有所微词。现代人不介意对亲友的背叛，但无法宽容对国家的背叛。而古今统治者都特别敏感于人们对他的背叛，最好把一切人都监视起来：从他们的行为，到头脑中的想法。

作为恶，虚伪、势利和背叛对人来说，在不同情境和场合下，性质不同：虚伪有时出于善意，势利未必都出于恶意，背叛则往往意味着冲突的选择；作为恶，它们都具有某种模糊性。残忍则不同：倘若是肉体残忍，则是存心施加肉体痛苦于受害者，引发其苦痛和恐惧，这是一种有意为之且形成后果的恶；倘若是道德残忍，则是有意识地破坏一个人的自身认同，或社会对他的认同。不管它是否被认为必需，但是，它在使受害者变"坏"或变"恶"这一点上，毫无疑问。厌世，在施克莱看来，在某种程度上与残忍有关。这两种恶，下节再谈。

三

人们能够容忍虚伪，甚至在某种程度上认为是必要的，这是因为虚伪至少表明了对善之为善的认同。人们能够容忍势利，是因为善常常取决于权势。今天的人都不大介意背叛，是因为在这个原子式的社会中，忠诚大体上已难以找寻。在任意两人的关系中，都有凌驾其上的"天"在看且能随时介入的情况下，两个人之间的纽带，还能强过这强大的"第三者"吗？一切忠诚都献给拿摩温吧！但是，残忍却绝对不能够接受，因为，残忍是对身体或精神的直接伤害。残忍是对自我保存的直接威胁。在现代社会，对孤独的自我的保存，是最后的底线，也是人所唯一能够执着的。因此，五恶之中，残忍被列为首恶。这不仅是排位的不同，而且，也是性质的不同。

《平常的恶》对残忍的讨论，在书的首章，很吸引我。或许是由于我对此颇有体会，或许是由于我是一个中国读者的缘故：在中国传统中，残忍很早就被明确看作一种最严重的恶,这是中西传统的一个不同之处。

在西方古典传统中,残忍很少受关注,柏拉图、亚里士多德几乎都没有讨论残忍。残忍也未列入基督教的七宗罪中,或许因为对神所犯的罪,才是最重要的,而残忍是人对人犯下的。施克莱指出,在西方,直到 18 世纪,欧洲人才普遍"把残忍当回事"。

中国人很早"把残忍当回事"——西风东渐之后,一些西化的中国人,很以为这是中国文化的一个固有弱点,应该为中国落后负责,尽管在这个"理由"之下,他们的残忍,至少迄今为止也还是施之于中国人自己。儒家传统提倡"仁政",或者,"不忍人之政","不忍"的对立面就是残忍。齐宣王见牛,"不忍其觳觫"而"舍之",孟子以为"仁术"。孔子主张"德礼",反对"政刑",就是反残忍,"刑"就是肉刑,是对受刑者身体的毁伤。因此,中国的人道观念产生很早。当然,这不意味着中国古代社会和政治就消灭了残忍:女人缠足是一种残忍,延续几千年的宦官制度也是一种残忍,更不用说花样百出的肉刑和死刑,以及在史籍上比比皆是的治世或乱世的汉人自己以及异族的屠城"壮举"。但是,中国的确没有西方古典社会的那种奴隶制,走出贵族等级制也比较早,社会的集团性又比较弱,这些或许都是中国的人道观念的产生早于欧洲的原因。

施克莱认为,在欧洲,残忍被视作诸恶之首的看法与蒙田有关。而蒙田之所以会提出这样的看法,又是对马基雅维利以残忍为政治所必需的思想的回应。上文已提及,马基雅维利以为,残忍为新君主巩固权力所必需。在《李维史论》的卷 1 章 26 中,马基雅维利写道:新君主

> 根基既不牢固,又不想以王国或共和国的方式恢复文明生活,他就更应如此行事:把城邦的政府、名衔、权力和人员通通予以更新;让富人变穷,穷人变富……如此一来,任何等级、制度、身份和财富,凡是能得到它们的人,都不会不承认那是来源于你。……这些手段极为残忍,与任何生活方式相悖,不但忤逆基督教,而且有违人

性,任何人都唯恐避之不及,宁肯做一介平民,也不愿做这种戕害世人的国君。但是,那些不想走良善之道的人,如果他想自保,就必须作恶。[1]

现代主流的政治思想史,是从残忍的发动者的一方的角度来写的,即从马基雅维利—霍布斯—韦伯的角度来写的:论证了政治领域与其他领域(如伦理领域)的不同,并证明政治领域有其自律原则——超越于道德,残忍,等等。这就使人往往视而不见这样一个显而易见的问题:马基雅维利主义者只是在为了证明政治人有不道德的特权时,才把政治与其他领域区分开来,但是,当他们在运用权力的时候,他们从来都无视这一区分的界线。政治人从来都没有只把残忍限于政治人自身,而是毫无差别地运用于——甚至更乐于运用于——根本不想残忍的非政治人身上。简言之,一个为避免行残忍之事的人,尽管按马基雅维利的说法,可以去做一介平民,却并不能因此而不成为残忍的对象。有人要行残忍,有人就得承受残忍。政治人有特权可以以残忍对抗残忍,非政治人呢?

这就是蒙田的视角。人为何要受残忍之害?何以受害人之受害是必需的?马基雅维利从君主的角度——即加害者的角度——看问题。那么,蒙田则"颠倒了马基雅维利的问题",从受害者的角度提问:在面对残忍行径时,是该诉求怜悯还是奋起反抗?[2]对此,蒙田并没有给出一个确切的答案。蒙田只是表明了对马基雅维利所认为的君主必需的残忍的态度,这就是:视残忍为"首恶"。施克莱说,这是蒙田对马基雅维利新政治科学的"一种及时反应"。[3]

如果说,马基雅维利的看法具有某种原创性——毕竟,在实践中行

---

〔1〕　马基雅维利:《论李维》,冯克利译,上海人民出版社2005年版,第116页。
〔2〕　施克莱:《平常的恶》,钱一栋译,上海人民出版社2018年版,第17页。
〔3〕　同上书,第18页。

残忍之事,与在理论上论证残忍之必需,是不同的两件事,那么,蒙田的回应,则具有另一种原创性,即在理论上将之视作首恶。"受害者"概念的产生,正与马基雅维利的视残忍为必要的思想有关。《平常的恶》的一个启示,在于指出蒙田在近代西方政治思想史上的重要地位,在于实现了一个视角转换:从加害人的角度,转向受害人的角度。只要有残忍,就得有受害者。残忍必要,难道受害也就随之必要吗?

中国传统思想很早就考虑了受害这一问题,并且,一方面把避免权力者的残忍视作政治的重要目标,即行所谓不忍人之政,另一方面指出救助受害者的道义性。然而,吁求统治者仁慈,呼吁体制外的救助力量,尽管有其实质性,但是,它们在现代官僚制的全能国家中,已大体无效。统治者总是要随心所欲地摆布小民,稍不如意,就要拿出各种手段来,至于理由,可以找,也可以造。有权力而不恣睢,岂不成了以天下为桎梏?岂不体现不出统治者的英明、智慧和高人一等吗?

对人何以会残忍的问题,马基雅维利的回答很简单:出于争权夺利之必然。而人——至少是统治者——总是要争权夺利的,这是他们的本性。马基雅维利用畜生来比喻他们:狮子和狐狸。而霍布斯修正说,不只是统治者,人都是畜生,都是狼。霍布斯的说法不如马基雅维利接近实际:更多的人不是狼,而是羊。信奉霍布斯的某某主义者,为了使霍布斯理论成为真实,就像《东京圣战》里的那个教师,布了各种各样的必然性的局,也未见得把所有人都逼成狼,怕只是白白牺牲了很多羊。

对此问题,施克莱借助孟德斯鸠的小说《波斯人信札》指出,人的残忍与过度自爱有关。《波斯人信札》中那个喜欢以专横方式控制、摆布他人的波斯贵族郁思贝克,就自以为后房中饱受折磨的女人都深爱着他。过度自爱者总觉得他人未让他如愿,是对他犯下的一种严重罪行:"你"为什么还不让"我"如愿?过度自爱者以为,任何人,只要他想,不必等他有任何欲望的表达,就应主动满足他的意欲。倘若未让他遂愿,那么,所有的人力、物力、资源、科技,总而言之,"举国体制",都要发动起来，以使其意欲得以实现，于是乎就要残忍了。

但是，过度自爱并不一定导致残忍。很多人都过度自爱，只有拥有施加强力于他人身上的权力的人，才能够残忍。残忍需要手段和工具。因此，残忍是权力者的特权。权力者手头满是现成的资源、财富、人力，为遂其所愿，能够随心所欲、轻而易举地残忍。

20 世纪可以被称作一个受害者的世纪。这个世纪，被残忍伤害、杀害的人数，超过有史以来的所有世纪之和。"专家们"很少认真思考这个显而易见的问题。受害者是失败者，是弱者，站在失败者、弱者一边之不利，"专家们"岂能不知。

专家们多站在统治者一边考虑问题。他们为统治者应具备强大的管控力量、应施行残忍提供理由，却很少考虑：何以人民必须被管控？何以统治者就应具有无条件加害于人的权力，何以他们就应具有随时随地加害于人的自由？简言之，何以统治者应害人，而小民百姓应被他们害？

受害这一现象，不仅指出了残忍，而且指出了冷漠和旁观。因为，只有外来的力量，即旁人，才能救助受害者。但是，很少有人会这样做。20 世纪政治的一个突出特点，是将所有人塑造成冷漠旁观的自私自利者——无论这些政治在意识形态层面上如何对立。

蒙田属于从受害者角度看问题的少数人，施克莱也属于这少数人。她问：谁真的知道，如何看待受害者才是最合适的呢？我们能为那些受害者做些什么呢，我们能对他们做些什么呢？虽然我们有如此多的机会、如此充裕的时间来考虑受害者。尽管她没有给出确切的回答，但是，她承认受害应该成为政治思想中一个无法回避的范畴，虽然这依然是一个难对付的概念。

在施克莱看来，只要是人，就不应被残忍地对待，"没有谁应该遭受骇人听闻的残忍处置"。[1]受害者之所以不应遭受残忍，不是因为他们

---

[1]　施克莱：《平常的恶》，钱一栋译，上海人民出版社 2018 年版，第 29 页。

具有某种特殊性,譬如,"得体的绅士",即便"纯粹的恶棍",也不应被残忍对待。受害者不应被理想化。"我们对当前受害者的过高评价不知不觉间就会助来日的施虐者一臂之力。"[1]施克莱的这种态度不失为明智,因为,施行残忍者总是有理由的。多少年来,在某些权力群体中,不是始终在塑造一种反怜悯、崇尚残忍的"强者"文化么!

以残忍为首恶的蒙田和以残忍为必需的马基雅维利,并不像表面上的那样对立。在某种程度上,他们都沾染了第五种恶,即厌世。他们都看到了政治中的"残忍",他们似乎都认为,这难以避免。对这一"事实",蒙田在价值上予以否定,并选择了逃避政治的方式;马基雅维利则几乎以一种恶作剧的方式在价值上予以肯定,主张以恶制恶。

马基雅维利和蒙田一样,是一个愤世嫉俗者。他目睹了残忍,亲身经历了残忍。当一个人认识到,或自以为认识到——人的经验总有其局限性,世人都只关注一己之私,毫无情义可言,而那些手握权柄之人,为满足自身的哪怕最微不足道的意欲,也会毫不犹豫地加害于人,他就很难不像雅典的泰门那样,以为"最凶恶的野兽也比人类善良"了,这样,他成了厌世者。[2]厌世往往源于残忍,却也可能成为残忍的一个新的源头。

厌世者不爱人,因为,在他们看来,人不值得爱。善良,或者,一切温情脉脉的东西,在厌世者看来不过是一些虚饰,掩盖了底子里的真正的残忍。"古来仁德专害人,道义从来无一真。"这种愤世情绪,这种对美善之全然不可能之绝望及其在根本上的弃绝,在混迹权力场的官僚和常与黑恶势力打交道的警察身上不少见;在那些见惯了不义、欺骗、杀戮的政治人脸上,也不难觉察到那种对人类的根本上的讥诮和不屑。

---

〔1〕 施克莱:《平常的恶》,钱一栋译,上海人民出版社 2018 年版,第 29 页。
〔2〕 同上书,第 305 页。

　　厌世者有不同的选择。有人离群索居；有人把对人的厌恶埋藏心底；也有人像马基雅维利那样，认为应该以残忍对待残忍。厌世者未必都是弱者，强者或自认为是强者的人，如《倚天屠龙记》中的谢逊，视生命如草芥，把残忍看作对待这个本质上邪恶的世界的恰如其分的方式。"世间从来强食弱，纵使有理也枉然。"尼采也属于这一类，他离群索居，却在书本中弘扬肉体的残忍。

　　也有弱者的残忍：滥杀无辜。滥杀无辜者中不少属于厌世者。当他们的世界被毁灭的同时，他们也不承认他人有生存的理由：所有人都不配活着。他们的残忍，与战争中彼此报复的残忍，性质并无不同——战争不也把平民乃至妇孺作为报复对象吗？人们之所以把那些以无辜妇孺为对象的滥杀看得更为残忍、更难以接受，仅仅因为这些行为看起来更怯懦、更不需要能力。人的一种势利，是跪伏在大杀戮者——如某某大帝——的脚下，而蔑视那些不杀他们的人。但是，正因为他们是怯懦的、无能的，才更容易成为高一级残忍的对象，从而导致了厌世。是谁锻造了残忍之链呢？不就是那个最强大的残忍者——也就是以国家为名的人——吗？而且，是谁让那些"懦夫"再也不敢"与汝偕亡"，而只能与妇孺"偕亡"呢？

　　施克莱认为，蒙田未能避免厌世之恶，他没有能发展出一种在政治中避免残忍的制度化方式，但是，他视残忍为首恶的看法，是近代政治的一个重要起点。蒙田思想的重要意义，在其继承者孟德斯鸠的思想得到了积极的体现。后者不仅如蒙田那样，视残忍为首恶，而且认为可以形成一种立宪政府理论，以建立一个真正的法治政府，从而使国家可以"保护无辜者的安全"，而不再是残忍或由残忍带来的恐惧的源头。正是在孟德斯鸠那里，以残忍为首恶的观点，导致了体制化政治理论的产生。

　　今天，在全能国家面前，即便厌世者也无法逃避政治了，至少，他们无法逃避成为残忍的对象。经历了20世纪，人能够有多少残忍，已经不再是一个问题。但是，如何从政治中消除残忍，则依然是一个难题。

四

对施克莱有关残忍的讨论，是可以提出一些意见来的。主要是，作者未谈及 20 世纪以来的残忍。20 世纪的残忍有何特殊之处？固然，它们都是实施者出于使受害者服从、甚至单纯施虐的意愿，在违背受害者本人的意志，或者，在其无知的情况下，公开或秘密对其肉体或精神所实施的、导致其肉体或精神痛苦的行为。其根源照例是权力者的唯我独尊及其权力的毫无限制，这些"贤能们"以为，所有人都应遂其所欲，成为满足其欲望的工具。在这些方面，古今残忍并无不同。

但是，到了 20 世纪，残忍在形式上的确发生了重要变化。古代，残忍离不开残酷。肉体上的残忍往往造成受害者身体的痛苦、残损、甚至死亡，具有酷刑的特征。残忍有痕迹。古代统治者甚至乐于展示他们的残忍。南京大屠杀，就是此种类型的残忍。

然而，随着人道观念的发展，残忍不断被掩盖起来，愈来愈不留痕迹，这得归功于科技手段的提高及其日益广泛的运用，刑罚或死亡变得不那么残酷了。残忍愈来愈丧失残酷的表象。

纳粹屠杀犹太人，主要方式是毒气室，没有日军在南京大屠杀中的那种野蛮表象——后者与几百或上千年前的屠城毫无二致，而是精致的、理性的、高效的。被毒杀的犹太人很快焚成了灰。如果不是堆积如山的假牙、头发和鞋子，人们甚至难以意识到曾经发生过惨绝人寰的屠杀。对犹太人的大屠杀，之所以史无前例，完全是因为新的科技手段和组织手段所致。这是一个标志：科技改变了残忍的方式。由于科技，残忍不仅继续着，而且规模在扩大，但是，残酷的外表在消失。

这意味着什么？残忍将成为一个更易选择的选项——它不再因残酷的感性表象而为人所厌恶、为施行者所犹豫。当恐惧与残忍寓于高科技的监视与操控之中时,当科学技术提供给毫无制约的权力者施行残忍以更便利、更隐秘的手段时,我们完全可以怀疑文明进步所带来的可能前景。

倘若人类依然是野兽——至少如马基雅维利所说的那些身经百战的统治者,而且,技术又提供给他们以更大的能力,而且,制度又全然无法遏制他们的任性,那么,厌世这一种恶似乎就成了人民唯一的选择。施克莱在书中引了布莱希特《三便士歌剧》中的一段合唱,她说,那是其中最好的一段,唱词是:

是什么让人类活着? 人类靠兽行活着。

其实,仅仅兽行,还不那么使人悲观。因为,野兽吃饱之后,便不再吃人。而"人"则不同,吃饱之后,更要吃人。

重估晚清思想：
书写中国现代思想史的另一种可能[*]
——"晚清思想中的中西新旧之争"学术研讨会总结发言

唐文明（清华大学哲学系）

我们的会议主题为何使用"中西新旧之争"，而非时下思想界习惯使用的"古今中西之争"？这是前面有人提出来的一个问题。首先，"中西新旧"的说法的确是晚清思想中原有的话语方式。其次，在我的理解中，"中西新旧"的说法表达了晚清思想本来的话语次序，即中西问题被置于首要地位，而新旧问题——也就是后来所说的古今问题——在很大程度上从属于中西问题。中西问题的首要性表明，在当时人们的心目中，"中"与"西"都意味着一个文明。很明显，若以国家相对，西方并非一个国家。进而言之，中西问题的提出意味着中西文明对话的有意识展开，"西"作为一个文明正在被逐渐认识中，与此相应的，则是"中"

---

* 2016 年 12 月 10—11 日，在北京清华大学召开了主题为"晚清思想中的中西新旧之争"研讨会，本文内容为研讨会的总结发言，文字由何青翰整理，经各位与谈人与主持人唐文明修订成稿。原载钱永祥主编：《思想》第 34 期，第 289—321 页，台湾联经出版事业公司2017 年版，这次重新收入，略有修订。

作为一个文明正在被重新估价，这种文明重估的过程自然包含着反思、质疑乃至批判。这反映了晚清智识阶层原初的问题意识。一旦讲成"古今中西"，就是说把"古今"放在前面，"中西"放在后面，我感觉基本上已经落入了新文化运动以来的思想框架，就是说，这时候，古今问题成为首要的问题，中西问题在很大程度上从属于古今问题。我曾写文章把这种转变刻画为"古今问题压倒中西问题"，恰恰是我们现在亟须反思的。我想，这是我们理解晚清思想与新文化运动以来的思想在问题架构方式上的一个重要差异。

这一点关系到我们组织这次会议的一个意图，即希望提出一个问题。在此请允许我重复一下我在邀请函里写过的话，以便引起大家的讨论：

> 中西新旧之争是中国近现代思想史上的重大问题，近年来更由于冷战后国际形势的急剧变化和中国的快速发展而备受中国思想界的关注。随着对新文化运动的深度反思，中国思想界对于中国近现代思想史的研究重心似乎出现了一个新的趋势，即从原来以新文化运动为中心正在转向以晚清为中心。晚清思想是否有可能取代新文化运动中的思想而成为理解和反思中国现代性历程的一个典范，还是像过去的主流叙事那样，仍只能作为一个过渡时期看待？

概而言之，我们希望提出的问题是，关于现代中国的叙事是不是应该以晚清思想为中心，而不是像过去那样以新文化运动为中心？换句话说，也许从思想史的角度看，晚清对于中国而言是一个更具典范意义的现代。如果这种看法成立，那么，新文化运动应当作为晚清思想的展开和延伸来看待才是恰当的，而不是像过去的各种叙事那样，把晚清思想作为到达新文化运动思想的一个过渡。虽然现在我们只能说是提出这个问题,但我发现这次会议中很多学者的发言都有助于进一步思考这个问题。比如汪晖教授强调晚清学者对西方的批判几乎与他们对西方的认同是同步的,这显示出晚清思想比新文化运动以来的思想更为复杂的面向。江湄教授则谈到,晚清时期是向西方求资源而不是向西方求真理,到了新文化运动就反过来了,主要是向西方求真理。虽然我们的会议离彻底改变原来的叙事框架还很远,但毕竟已经呈现出一个方向的改变,至少我们经过对晚清思想的新的探索,开始注意到与过去整个叙事框架很不一样的地方。接下来先请三位引言人发言,然后大家自由讨论。

许纪霖(华东师范大学历史系)

　　这次会议的主题是有深意的,因为过去我们做中国近现代思想史,都是以"五四"为中心,"五四"作为中国现代性的起点,晚清只是"五四"的前身而已。如果晚清有意义,那只是因为是通向"五四"的一个桥梁,王德威教授说:"没有晚清,何来'五四'?"唐文明教授所设置的这个会议主题,恐怕要颠覆这个看法。晚清不只是通向"五四"的一个过渡津梁,而是晚清和"五四"代表了两种不同的思想和路径。20世纪的路是"五四"之路,但这个路有问题,所以要反思,重新回到晚清,寻求另一种可能。

　　我不想对这一努力作评判,是对还是错,思想史没有对错之分,只有好与不好,甚至更好之分。如果晚清和"五四"是两种不同思想取向的话,究竟意味着什么?"五四"的主流思想比如《新青年》《新潮》是把古今和中西对立,但是晚清恰恰不一样;晚清将古今中西调和,甚至不仅是调和,连调和论都没有,是以中国文化为自身的主体来吸纳新来的西学。中西之间,古今之间,新旧之间,并没有一个鸿沟所在,它们之间是相通的。甚至你可以说,晚清知识分子对新学的理解是混沌一片的,各种都没有分化,但是恰恰这个混沌使它保持了一种开放。这是晚清思想和"五四"非常不一样的。也就是在这个意义上来说，上海的王元化先生生前讲过一句话，他说："我是十九世纪之子。"后来我将这句话作为我在《读书》杂志发表的纪念他那篇文章的题目。他这句话当然有多种含义。一种含义，他乃是继承了 19 世纪俄罗斯思想的传统；另外一种，他特别强调 19 世纪晚期的中国思想，是融合新旧中西的。王先生非常认同杜亚泉，虽然他是一个"五四"的思想人物，却是在晚清的延长线上。第三，王先生是清华弟子，从小在清华园长大，清华学派的主流不是疑古，而是释古，不把古今中西视为是对立的。我们理解晚清，也可以从这样的意义上来理解。

其次我们可以看到，五四思想是以西学为主体的，但是晚清还是以中学为主体来吸纳西学。从某种意义上来说，晚清的思想可以用"中体西用"来表达，但是"中体西用"还是大而化之。晚清实际上本身就是有多种路线的，即使是"中体西用"，也是有多种路线的竞争。刚才讨论到的张之洞、严复和康有为，显然是保国、保种和保教三种不同的取向。

另外，我这两年把思想史的研究和知识分子的研究结合起来，发现晚清谈改革，有两条不同的道路。一是我称为是官僚士大夫式的改革，这个是从洋务，从曾国藩，李鸿章，一直到后面的张之洞，这条脉络就是陈寅恪所说的"湘乡南皮""咸丰同治"，这条路是体制的自改革。这个自改革，某种意义上，是以保国为中心，但晚清的国，还不是现代的国家，指的是大清王朝。另外一条就是到了 1895 年之后，这个危机深入了，在体制的边缘出现了另外一种士大夫，不是官僚士大夫，而是文人士大夫，是在边远省份，比如广东、湖南，出现了维新士大夫康有为、梁启超、谭嗣同等，他们大都是在社会底层的文人士大夫。他们主导的改革，把教看成是核心、是体，而政治制度，都是用，都是可以改变的。

保国、保种、保教，那么，保种的思路呢？到了五四以后，自由主义是继承了严复的这个思路，认为最重要的是保种。所谓种，就是中华民族。这个 nation 最重要，只要能保住中华民族，用什么文化不重要，是中学还是西学都不重要。刘擎告诉我,他与唐文明讨论过一个问题,假如说自由主义能够救中国,你用不用,是否愿意接受自由主义？唐文明回答说:"即使自由主义能够救中国,还是要有中国自己的文明。"但是对于自由主义者来说,只要能够保民族,用什么教,无论是基督教,还是儒教,都不重要,因为教都是没有内在价值的,都是工具性的。所以20世纪的许多自由主义者,特别是胡适,都是把保民族作为最重要的,其他都是用,国是用,政也是用,教也是用。只有介于自由主义与新传统主义之间的张君劢,是一个例外。

自由主义重视的是"种",威权主义在意的是"国",这个国指的是小江山,小王朝,民族也好,教也好,都是为保我江山之用。但是对于文化民族主义来说,国也好,种也好,都不重要,重要的是国魂,灵魂保住了就什么都保住了,哪怕种不纯了,制度西化了也行,但那个魂必须是中国的。文化保守主义要的是"教"。

如此看来,即使回到晚清,也有一个问题,是回到哪一个晚清？保国、保种还是保教？因为从晚清这三条脉络发展下去,显然又构成了20世纪三种不同的脉络:威权主义、自由主义和文化保守主义。晚清的思想虽然是"中体西用",但何为体,何为用,则有不同的理解。汪晖说"五四"有"态度的同一性",晚清也有"态度的同一性":不以中西为对立。但"态度的同一性"里对体用的理解是有分歧的,这种分歧到了晚清最后十年也分化了。

何种体用、谁之体用,这个问题本身就是值得我们思考的,它同样构成20世纪的思想脉络。另一方面,将晚清和民国,用辛亥革命把它切割开来,是个断裂,本身也是一个假设。实际上,晚清与民国不可分,有很大的连续性。特别是民初,处于晚清的延长线上,构成了一个整体。

陈正国(台湾"中央研究院"史语所)

谢谢主持人。我并不是晚清的专家,在座的大部分是晚清的专家,比我更有资格在这边做引言。但我把这机会当作是一个特权，讲一下这两天来的心得，请大家批评指教。晚清和"五四"的差别，也就是刚刚许老师的话题，在于晚清知识分子有一个很显著的世界观的转变，就是从天下转到世界。相较之下，"五四"则以民族国家为主要的参考架构或者世界观，以"nation state"为关怀的核心，这是非常明显的改变。晚清的思想就是很现实、很具体地显示这个转变。我的理解是，当天下观逐渐崩解，他者或他国就成为了我不得不参照的对象。中国开始必须很功利地以现实政治的角度思考他国的存在，也必须找到新的世界意义来安排中国的位置。

　　第二点感想。刚刚提到了晚清有保种、保国、保教等等关怀。这是一种不同议程之间的竞争——究竟要先保什么，或者三者之间是否必然是共存关系？晚清思想界除了这些议程的竞争之外，还有另一种竞争，即意识形态的竞争。议程与意识形态这两种东西，又可能会组合成很多种不一样的方案出来，譬如说你要保种，用哪样的价值去保等等。保种本身就是一个价值，可是你用什么样的价值或者哪一种方案去达成保种，这可能又是一个问题。究竟是否要联合黄种人来保种，还是要结合俄国或欧美，用所谓的自由主义，还是用国族主义的方式去保种，这都是进一步思考的问题。因此，除了议程的竞争之外，还是各式各样的价值和意识形态的竞争。我刚在报告中提到，晚清思想有很强的世界主义色彩，也因为它面临一个大国的崩溃所带来的知识阶层的心理上的崩溃。于是，就会出现很多思想的隙缝亟待填补。这时候不只是在议程与知识上互汇而形成种种竞争，也让知识阶层中的很多人有了一种新鲜的虚无感或混沌的生存感。生存的感受是混沌的，而又面临各式各样的竞争性选择，或许这可以说明《天演论》为什么会引发这么多人的关注，因为它为天下观失序下的知识人画出了清晰的图像，甚至指明了清楚的方向。

　　晚清还有一个比较特别的地方，就是，尽管民族国家的想象或边界已经开始浮现在许多人的脑中,但在政治行动的议程里,晚清毕竟还是一个帝国。当时的知识阶层是最后一次在帝国的架构下,强力地进行自我动员。民国也有一些自我动员,可是背后的那个结构,最重要的基础是有个政治中心想象的国族政治经济学。这在晚清就不那么明显。晚清的中上层知识分子除了开始自我动员,也开始动员中下层知识分子。同样的,中下层知识分子也常常以全新的或更激进的方式自我动员,甚至动员同属中下层的其他人。中国历史上很少有此类的社会动员,泛言之可以说是中国的启蒙运动。自我启蒙和启蒙他者的这个运动,在晚清的时候是非常非常明显的。

可问题是,这个启蒙是在帝国架构下进行的。且更为严重的是,这个启蒙正是在清帝国架构逐渐崩解的过程中进行的。如果说五四时期的学生与社会动员的结果是民族国家意识的凝聚,那么,清帝国晚期的智识分子多层次的动员的结果,反而可能是加速帝国意识的崩解。刚刚许纪霖老师说,"五四"是以西学为主体,晚清可能至少不是以西学为主体,这个大致上我是同意的。但所谓的以西学为主体是什么意思呢?或者说,为什么会以西学为主体呢? 是不是表示说,历史地看,晚清的努力失败了?所以才有更剧烈的转变。如果是这样的话,原因又出在哪里呢? 如果今天提议接续晚清,那么另类的可能性在哪里,或者避免出错的主要地方在哪里? 这都是重要的问题。

我的浅见是,所谓的以西学为主体,应该和语言的转变有很大关系。简单说,就是进入了西方学科的语汇。举个例子。五四以来我们谈的"民主"是晚清的"民主"吗? 我认为应该不是。晚清也大谈民主,但这其实是传统民为贵脉络下的民主,今天讲民主的时候它已经有很清楚的语言上的断裂与概念上的转变。而我们今天讲的民主,当然是五四以后,以国家、公民为脉络的民主了。同样的,今天讲文明,或者保教的教,都可能是五四以后的脉络,其内容、意涵应该与晚清有相当的差异。所以即便历史有一种延续性,我们也要很敏感地知道,它里面有完全不一样的内涵。

五四以后，尤其是到了今天，我们所理解的文明可能跟后工业时代有关，至少跟工业革命有关，也就是工业革命以后的文明概念，跟传统的中国文明的概念其实有非常不一样的内涵。我认为晚清可能恰恰处于这两组文明概念转变之际。"西学为用"的表层意义是把西学当作学科，在大学里面、中学里面教授，这是一个技术上的问题。我认为更严肃的问题或更难解决的问题可能是，同样的名词背后所指涉的内容已经被偷天换日了。如果说历史是缓慢演化的过程，那么，这个偷天换日的过程就可能不会很明显，而且常常是在断裂和延续里面同时存在。这使得我们的追索工作更加要紧，却也更加困难。追查我们当代语言与晚清语言之间的差距，其实就是衡量两个世界的距离，以及形成此一距离的路径与风景。

晚清是旧世界结束的开始，以及新世界开始的结束，它与当代似乎隔离甚远，却又仿佛相似。这种似近还远的关系，可能是我们重新审视一整套旧语言是否仍有现代潜能的机会。例如说华夏这个概念是否还有鲜活的现代意义。又如今天我们使用华夏或中国文明时，如何嵌合或严格区别听众心中可能已经认定的工业化文明。这是研究晚清、我们自身以及听众三者间彼此的语言与价值认知时重要而又困难的课题。

陈明（首都师范大学哲学系）

刚才许纪霖教授提到了晚清与"五四"的关系问题，实际上牵扯到对整个晚清思想怎么理解的问题。左派和右派关于现代中国的叙事，实际上都以"五四"为起点，如今将问题意识拉回到晚清，表明这个会议从一开始就提出了不一样的思想抱负。王德威说"没有晚清，哪来'五四'？"实际上最重要的理解还有一个现实感受。台湾问题，香港问题，还有钓鱼岛问题，这都是近代史留下来的问题，都还没有解决，这就说明我们所谓的近代还没有过去。

假设我们理解晚清可以超越当时的对立，就是将曾湘乡、张南皮与同时的康有为、孙中山等串联成一个线索的话，那么，实际上主要是一个救国的问题。面对西方列强的殖民主义，中国这块土地上的政治实体陷入了危机。怎么来克服这个危机就是一个核心问题。实际上从曾湘乡、张南皮再到康有为，以及到晚年的孙中山，他们的问题意识都是一致的。说白了，就是如何在维持这个土地的族群完整的前提下，来建立一个足以应对外部挑战、满足内部需要的新国家。当然这里面有一点点差异是，曾国藩、张之洞、康有为，倾向于救亡的主体是政府、清政府，而孙中山，倾向于汉人来做这个事。孙中山晚年选择党国体制，说明他还是感觉到需要一个精英团体来做这个事，也就是我们所说的要做中华民族的先锋队。这是在当时无法回避。我认为，把"五四"的铅华洗掉，回到晚清，还是要凸显我说的国家建构与国族建构的问题，所谓"三保"，其实就是国家与国族的建构。

我认为，"五四"是对晚清的一种歧出，甚至说是背叛。为什么这么说？因为它生产了两套新的语言，用阶级和个体替代国家和民族，本来是保国、保种、保教，现在变成了阶级的解放和个人的解放。这至多也是别子为宗，所以说是歧出，如果不是背叛的话。这个歧出当然是有历史合理性的，比如说共产主义作为意识形态起到了很好的组织动员作用，只不过现在需要转身，需要从无产阶级先锋队调整为中华民族的先锋队。

唐文明（清华大学哲学系）

感谢三位引言人。许纪霖教授对问题的概括很宏观，而且我觉得他的发言将问题尖锐化了。其实"三保"的主题里面有很多张力甚至矛盾，每个方案里面都有很多问题。三种方案里面都有一个希望照顾全盘的思路，就是说，每个主题都不会被放弃，但是次序安排会不一样，后来的思路无不源自于此。比如，民族主义就来自保种的思路，民族的概念基于种族，然后再加上历史、文化、政治等因素，就形成了后来的民族概念。陈正国研究员的发言，要点在天下秩序到世界秩序的转变，前面很多老师的问题都跟这个主题有关。国际法就是我们现在面临的世界秩序的一部分，而古代的天下秩序则是另外一个思路。他也同时点出了在这样一个变化过程中启蒙主题的出现。我们知道，过去叙述现代思想史的一个主题就是李泽厚讲的"启蒙与救亡的双重变奏"，但那仍是以新文化运动为中心的观察。虽然在过去的叙事中也将启蒙的思路追溯到晚清，但在我前面说过的新的视角下再来看晚清的启蒙，意义是很不一样的。另外，陈正国研究员谈到文明的概念，关键的争议在于，到底什么是文明，或者说，是什么样的文明？这是我们重估晚清思想时值得认真对待的最重要的问题。更直白地说，弗格森《文明社会史论》里面的文明概念，或福泽谕吉的文明概念，在我们对于晚清思想中的文明概念的理解中，有何意义？有何不足？这都是有待讨论的。

　　陈明教授的发言可能有特别的针对性。其实中国台湾和日本的学者也都清楚，在中国大陆思想界，关于中国未来前途的学术话语聚焦于如何解释现代中国，这个问题又往往落实在中国现代思想史的叙事上，因为好多方向性的问题都集中在这个领域。这也从一个角度表明了为什么思想史在中国大陆学术界一直是一个跨学科的、非常热门的领域，人文学科与社会科学的各个专业的学者都会有兴趣讨论。关于现代中国的每一种不同的讲法自然都会涉及一些价值判断，从而也就涉及对中国未来的某种想象。因此，在大陆学术界，思想史是一个非常有意思的学科，和当下的问题结合得非常紧密。

　　既然关于现代中国的叙事，我们所能看到的都是新文化运动以来的产物，都是基于新的世界历史观念的叙事，而这个新的世界历史观念以及相应的文明意识具有很大的问题，需要进行根本性的检讨，那么，我们就有必要将思考的重心从新文化运动转移到晚清。如果要总结儒

教传统在遭遇这个重大变局时的应对策略与思想调适,那么,我们可以
很清楚地看到,基于中西问题而思考古今问题,与基于古今问题而思考
中西问题,无论从思想方向上还是从实践议程上都会有很大的不同。
我在思考这些问题的过程中,逐渐萌生了一个想法,就是应当从儒教文
明自我更新的角度来刻画、看待这些问题。到目前为止,我们还没有看
到此类思想史著作。如果从儒教文明的自我更新这个角度来构思,我
们关切的焦点就不可能仅仅是自由、平等等现代性问题,而是自由、平
等这些现代价值以何种方式、在何种分寸上嵌入儒教文明的问题,或者
说如陈正国研究员所理解的那样,人民与土地,教化与国家,心性与制
度,灵与肉,应当有一个全盘的考虑和全面的理解。

　　正是从这个思路,我们会发现,讨论晚清比讨论新文化运动更有意
义,因为晚清思想中的问题架构方式表明其思路还是立足于儒教文明
的,而新文化运动以来的问题架构方式则表明其思路已发生根本性的
颠覆,正如许纪霖老师前面说过的。所以,在结论上我的大胆假设是,
晚清思想绝不是新文化运动以来思想的一个过渡,也不应当将之归于
更为反动、落后的前现代而一笔勾销,恰恰相反,晚清思想可能意味着
中国现代思想的典范时期,对于我们重构关于现代中国的叙事意义重
大。至于新文化运动以来的问题架构和思想倾向的根本反思,其实主
要是要勘破启蒙的神话。当然,这里可能需要指出,启蒙的神话不光是
自由主义者深陷其中的一个迷障,左派也是如此,或者说左派更是如
此,因为他们只是把启蒙的思路激进化了,他们对启蒙的批判只是从启
蒙远远不够这个方向上展开的。因此,在我看来,重估晚清思想的重要
性在于,可能为书写中国现代思想史开启另一种可能。

江湄(首都师范大学历史系)

　　我一直在想一个问题,那就是为什么近十年来,中国思想界开始越
来越有一种回到晚清的趋势,或者面对"五四",重新关注晚清的价值。

就像陆胤所说的，像是倒吃甘蔗的现象。在场的几位老师，都已给出答案。我们可以把这一趋势的源头追溯到 20 世纪 80 年代反激进主义的思潮之中。反激进主义的出现，与当时的知识分子特别关注文明的连续性与主体性的问题有很大关系。我认为唐文明教授很关心这个文明的连续性的问题。他认为中国文明主体性与连续性的重新建立，最后应该落实到"教"的问题，即儒家思想、儒教如何重新成为中国文明的灵魂。陈明教授则认为救国为先，自由派和左翼都没有深切地意识到这个问题，或者说没有基于这个问题展开他们的思考。我对陈明教授的想法既有同情，也有反对。同情之处在于，说晚清思想的主题是救国，需要强人和贤人来领导中国走出困境，这似乎卑之无甚高论。比如说，今天的中国是不是还处在这样的困境之中呢？我觉得还是的。中国这条大船，在当下仍然处于历史的三峡之中，危机重重，还是有国将不国的危险。但问题在于，今天国将不国的原因与晚清不太一样，已经不是来自帝国主义与殖民主义，而是今天的统治方式不太适应今天中国社会发展的新问题。

假如带着这样的观察和问题意识呼吁重回晚清，我觉得引出来的东西可能是很复杂的。现在的一些所谓左派、激进主义者也在呼吁回到晚清，就跟唐文明教授的思路很不一样。比如说上海大学的王晓明教授，他肯定是左派，但是他现在也从"五四"回到晚清了。他回到晚清的方法也很有意思，他认为晚清是"早期现代"，他编了一本关于中国的早期现代的文集，写了一篇序言。他所说的回到晚清，是说晚清的思想人物，当然他是以康、章、梁为主，在他看来是真正的左派。什么样的左派呢？他认为这些人是真正站在第三世界的立场上，在众生平等的立场上，在弱势者的立场上，全盘性、根本性地思考问题，因而有着大格局的理想主义，比如康有为的《大同书》与章太炎的《齐物论释》。还有汪晖教授也是，他提出中国现代思想的一个线索是反现代性的现代性，他认为章太炎是最具有反现代性的现代性的特征的，他也认为 1900 年到

1911 年思想的复杂程度、反省程度超过了五四时代。晚清思想的可能性与复杂性,被五四运动给遮蔽了。

　　还有就是台湾地区的吕正惠教授,他肯定也是左派,他现在也有类似的思路,他也是尤其对章太炎感兴趣。他认为章太炎既是中国革命的源头,也是五四以后中国保守主义的源头。这样一个身兼五四以后革命派与保守派之源头的典范性人物,在其思想中呈现出一种将现代革命与古代文明有机结合起来的可能性。而他所说的这个思路,正是阪原弘子教授所熟悉的,是五六十年代日本学者在研究章太炎时已有的思路。所以说,重回晚清本身也是值得研究的一个思想史现象。

　　对于重回晚清这个思想史现象,我的主要理解是,五四以后形成的自由主义、激进主义与保守主义这样一种三分法,到 20 世纪 80 年代变成自由派、左派与保守主义,但到了当下,又出现了新左派和新保守主义,在有些方面已经完全打破了原有的思想界限,在很大程度上这意味着用原有的思想框架已经没法解释中国大陆思想界的动态了,所以大家都想去重新追溯一个更早的时代,追寻更早、更有意义的思想分叉,以便对当下的时代提出恰当的理解与刻画。思想史的研究与其他研究不太一样,在学院派看来不够实证,但思想史的研究往往能够引起各个方面的极大关注,就是因为思想史的研究有助于我们获得与当下的社会政治现实密切相关的新的历史叙事。唐文明教授提出“保国、保种、保教”的议题,在我看来就是在寻找这样一种新的历史叙事。但这个叙事框架还不能说服我,所以我还在期待一个能够切中肯綮地解说和划分晚清思想格局的叙事框架。

陈壁生(中国人民大学国学院)

　　我接着江湄教授谈谈我的看法。如果说中国大陆的学术界最近几年有一个非常明显的热点的话,那就是对晚清思想、学术的重新重视。为什么现在会特别重视晚清呢? 我的看法跟江湄教授一样,就是因为晚清的复杂性被"五四"的启蒙话语遮蔽了。五四启蒙话语，指的是理解现代中国的种种观念预设，像科学、民主等等。新文化运动之后，这套话语和思维，成为中国学术的主流，也就是说，后来中国现代学术的建立与发展，基本上是在"五四"的脉络中展开，最终形成我们今天所见的中国现代学术格局。而我们今天也是在这个格局中认识、理解中华文明的。一百年来的学术史、思想史，基本上就是活跃在这一脉络中的人物与思想。但是还有许多人物和思想都在这一主流脉络之外，没有被充分重视。

随着对中国文明的理解的深化，越来越多人认识到，在五四以来的这一脉络中理解中国的模式有其不足之处。甚至可以说，要更加深入地理解中国文明，"五四"成为一个瓶颈。在过去的十几年中，如何认识中国，始终是一个最基本的问题。许多学术论著都或隐或现地围绕着或响应着这一问题，而民间的"国学热"现象，同样也是对这一问题的响应。认识中国文明，既包括历史中国，也包括现实中国。而这种认识，背后是百余年来"中国要往哪里去"的老问题。但是强调中国自身并不是否定西方，也不是否认人类具有普遍价值，而是说，如果我们对中国传统文明的认识，一直都停留在拿西方的某一派思想，某一种学科来解释中国的话，那就不可能真正理解中国。对于中国文明的态度，不管是极端保守的原教旨主义，还是完全抛弃的全盘西化，都首先必须对于中国文明本身有一种深切的理解。但是在真正理解中国文明这一问题上，五四以来的思路没办法满足我们的需求。比如我们读胡适的半部《中国哲学史》《白话文学史》等，只要有一个稍微长时段的视野，就不难看到，其理解实在是太现代、太意识形态化了。看看当时的"整理国故"运动，简直就是一场意识形态运动。可以说，建立在五四以后的"整理国故"运动基础上的文学、历史、哲学或思想史，没办法深刻理解旧的传统中国到底是什么样子。

因此，要认识中国，必须对中国文明有新的理解。对晚清的重视，正是在这样的背景下展开的。关于"晚清"这一概念,我认为政治上与学术上有一定的差别。政治意义上的晚清,大致上开始于甲午,终结于辛亥,而学术意义上的"晚清",则开始于甲午之前,而终结于"五四"。辛亥至于"五四",在学术上仍然可以看成晚清的继续。这个时代,是新旧交接的时代,是廖平、康有为、皮锡瑞、章太炎他们这一拨"不新不旧"的人的时代。这个群体的学问中,有对传统中国和未来中国两方面的理解,而且更为重要的是,在他们眼里,未来中国是传统中国的延续,也就是说,"中国"本身自有延续性。此外,相比于今天而言,他们的学问还有一个特点,就是尚无明确对于文学、历史、哲学这样的西式学科划分,因而可以比较整全地思考中国问题本身。正是在这样的意义上,今人可以看到许多可以用于思考我们今天现实问题的学术资源,而且这种资源,正是经过"五四"的涤荡与现代学术分科之后的学术所无法提供的。

所以,我始终觉得所谓的回到晚清,准确来说,是认为我们的思想资源除了"五四"之外,要连被五四之后所遮蔽的晚清的资源也考虑在内:晚清作为学术资源要真正被认识、被重视,而不是其他意义的回到晚清。儒学研究也一样,认同儒学是在现代人的意义上认同传统,而不是回到传统、回到古代,否则一旦堕入现在流行话语意义上的"原教旨主义",就会变成自说自话。

在强调晚清的重要性的时候,我认为还必须强调晚清的艰难。晚清的艰难在其多面性与复杂性。事实上,也正是因为它的多面性与复杂性,才更加显示出它的重要性。我们今天根本就没有一个理论或眼光可以极其清晰地对晚清进行描述与定义,这才是晚清的魅力所在。晚清的复杂性表现在许多思想观念,在我们今天,可以进行多样化的解读。康有为也好,章太炎也好,包括我所重视的曹元弼等人,他们的努力,有的进入哲学史、思想史或学术史的主流,有的则被彻底遗忘。但是当我们真正进入这批学者的内心世界,会发现,在他们的思想中,存在着许多模糊不清的东西。比如康有为对孔教的理解，我觉得就是特别模糊、可以有各种解读的；章太炎对于民族主义的理解也是如此。但是这些看似模糊的东西，恰恰包含着穿透时空的洞见，可以成为我们新的理论生长点。对晚清许多人物及其思想，我们之前的认识实在太少，包括像康有为和章太炎这样的大人物，许多认识基本上都是来自常识的理解，直到这几年才有一些认识的突破。这种突破就表现为把他们拉到我们的时代中，参与我们时代问题的讨论。正是有了这样的突破，我们可以说，晚清思想的生命力现在才真正开始表现出来。

但我认为，晚清的重要性现在已经开始被认识，而晚清的艰难仍然没有被充分重视。像康有为、章太炎这些人物，他们的思想有很多问题，但是其中的艰难却没有为我们充分认识。艰难在哪里呢？这批学者基本上都是站在传统中国、传统文明的内部看西方，他们对西方的态度，是反思性地接受，虽然有反思程度与接受程度上的差别。而我们则是在一个已经过两次大革命之后的更加现代的立场上看古代。如果不体察我们与晚清之间的这种时空错位，可能无法真正深刻地认识晚清。现在有许多人还认为，晚清学习西方，学得太肤浅，跟我们今天相比几乎不值一提。但事实上，即便像康有为、章太炎这些比较激进的人物，他们所接受的"粗糙"的西方思想，一旦与中国传统思想相结合，就会发展出一套惊人的有力的理论。而这套理论的背后是中国的文明传统，其核心正是在被现代学科体制所瓦解了的经学之中。可以说，晚清那些重要的学术人物，他们在说话的时候，每一个人的身后都屹立着中国两千多年的古典文明。但是我们在准备消化晚清的时候，有没有准备去消化这两千多年的文明呢？我觉得我们还没有做好充分的准备。

陆胤（北京大学高等人文研究院）

我刚刚听了陈壁生教授讲的话，很有感触。所谓晚清的艰难，的确如此，张之洞当时用四个字来形容晚清时代的处境，叫作"荆天棘地"——天地之间都是荆棘,好像没有地方去了。很多晚清人物的状态是漂浮的,所以我们现在很难确定其在晚清的思想光谱中处于什么位置:是激进还是保守。庚子之后,张之洞就有一段时间特别激进,他给鹿传霖写信,说:"故欲救中国残局,惟有变西法一策。精华谈何容易,正当先从皮毛学起。"这简直就是"全盘西化"的论调。激进或者保守,这种划分不是那么有说服力。特别是庚子之后,荆棘铜驼,亡国迹象已经显现。把握这些漂浮的对象,对于既有的学术方法,是一种挑战。

然后我讲第二点。我会特别强调处理晚清的研究应该有其自己的文献学。这次会议上很多学者提交的论文都讲到西学与中学的交涉问题。研究晚清,需要处理大量的外文文献,这和研究古代思想史有很大不同。特别戊戌以后,许多晚清学者的著述受到日文著作的启发,考证他们的材源,需要对幕末到明治时期日本的语文工具(与今天的日语有很大不同)、舆论环境、学术脉络有深入的了解。又比如报章杂志的出现,新印刷技术和出版网络的形成,几乎带来了一场阅读的革命。文献及其传播的路径和此前的时代相比,发生了质的转变。还有电报、电话等新通讯媒介出现,以及图像的繁衍,都是研究晚清思想史要面临的新问题。所以,处理晚清人物及其思想,不能再采用研究宋明理学、魏晋玄学或先秦学术一样的方法,必须在一个全新的文献学基础上进行,这是一方面。但另一方面,相对于目前许多史学进路的思想史研究过分强调"晚清"的特殊性,也有必要重视晚清在中国思想史上的连续性,看到晚清的创造,实际上还是在跟包括先秦、魏晋、宋明和清代考据学、佛学传统在内的整个中国思想传统进行对话。没有对整个中国思想史整体的把握,贸然进入晚清,势必会流于孤陋。

我想谈的第三点是,唐文明教授选择"晚清"这个词,我非常认同。以前我们比较多用"近代"这个词,其实很麻烦,有近代性、近代化的问题,和近代其实不是一回事,除了"近代"还有"现代",很复杂。而"晚清"这个词则从中国本身的语境中来讲:初、盛、中、晚,有晚唐、晚宋、晚明,于是亦有晚清。"晚清"这个概念,首先含有一种末世感,于是就是被这种末世感逼出来的很多人惊人的创造力如何在这种荆天棘地的境况下开辟新的道路的问题。还有更加重要的一点,其实我觉得,晚清应该和民初分开。二者的差别,首先在于承认不承认王朝的意义、皇权的意义。这是我们看待晚清时很重要的一个抓手。为什么张之洞讲中体西用很重要,最后的底线就是皇权。在他那里,脱离了皇权,很多东西就根本坚持不下去了。这样一种皇权意识,都可以包含在晚清这个概念内。"晚清"有一个"清"字在内,也提示了晚清研究应该看作是清史、清代思想史研究的一个延续。

陕庆(宁波大学中文系)

我第一次接触晚清的文本,那已经是 11 年前王晓明老师讲《中华民国解》。他是从龚自珍、魏源开始讲起。所以王老师关心晚清问题是很早的,但他一直没有形成系统的著作。我是觉得王老师对于晚清的理解,很像赵园老师对于明代士大夫的感觉:光明俊伟的人格。他很佩服那些人的志气与心力,就如岛田虔次所说,在康有为身上有着那种文明的逞强之心。从而也有像陈壁生教授所说的那种艰难程度,于是我们往往看到那种特别凄怆的表述,比如鲁迅在《摩罗诗力说》里面所说:"寂寞为政,天地闭矣。"就好像一个文明的枢纽全部关闭了。

但当我真正读他们的时候,又感到他们也有着自我辉煌的一面。他们身上实际上有着惊人的创造力。晚清的变革速度非常快,不仅是第二次鸦片战争到甲午战争,其实每隔两三年,风气的变化就特别大。他们作为文明的担当者与反思者,需要不断地应变时事。我想这正是文明更新的真实过程。另外,我想说的是,今天我们讨论晚清,自然会关联于我们当下的时事。我们可能会发现,出于各种理由,晚清思想家每个人都有着不同的立场,但如果我们现在只是抱定其中某一个人的立场,就不合时宜了。我们恰恰要从他们的争辩中把重要的问题呈现出来,至于可能给出的答案,则必须基于当下新的处境。

坂元弘子(日本一桥大学历史系)

我昨天提及杜亚泉,他读了日本人中西牛郎于 1896 年所著的《支那文明史论》,其中从宗教问题的角度提示了汉族文化的优点。杜亚泉此后对汉族文化持有了更多的自信,开始离开宗教问题讨论东方文明问题。而且杜亚泉比中西牛郎拥有更多的化学知识,他想以 20 世纪的科学补足东洋文明的不足之处,使东西文明化合反应,变为有一"绝新"特色的东洋文明。他不久就主张"我黄色人种建设社会于亚细亚",这是"东洋文明";"白色人种建设社会于欧罗巴",这是"西洋文明"。可以说,他的东西文明论已经跟黄白人种观结合起来了。当时日本的思潮也是如此,日本人认为自己代表黄色人,这当然跟所谓社会进化论是有关的。

汪晖教授昨天说起"20 世纪"这个时代概念,这当然跟霍布斯鲍姆所总结的"极端的年代"有关。我想对于中国而言,"20 世纪"这个概念在近代实际上是在从甲午战争、之后经过变法运动、再到 1897 年严复翻译《天演论》这一过程中开始出现的。而从 19 世纪中体西用论者一直到康有为,他们认知中的进化论,都是乐观的而不是非常残酷的、优胜劣败的进化论。简单来说,《天演论》之后的进化论发生了变化,成为"优胜劣败"式的,这才产生了后来"20 世纪"的问题。在杜亚泉的思想中,也看得见对于这一变化的深刻响应。

为了思考"20 世纪"的问题,我想讲一小段日本的历史。在甲午战争后的 1903 年,日本资本主义已经发展起来,使日本走向了富国强兵,在下一年日本与俄国开战后,更是发展成为暴力性力量。在这一背景下,日本于 1903 年举办了第五届日本内国劝业博览会,也就在此时发生了所谓"人类馆事件"。这届博览会在大阪召开,选定的会场原本是贫民区,政府动员黑社会力量驱除了全部贫民,强制将他们迁移到更南的地区。这个博览会规模相当大，并且仿效了之前的世博会。1889 年巴黎世博会后，流行将殖民地的原住民及其集落展示给宗主国臣民看的做法，为的是使其产生优越感，以此来将殖民主义与帝国主义正当化。日本正也是学习了这种方式，计划在"人类馆"中陈列所谓的"近邻异民族"，如中国人、日本原住民、琉球人、印度人、印度尼西亚人等等，让他们在馆中过"野蛮"生活给日本国民看，以便让日本人认同自己为"文明"民族。当时中国已经决定废止科举，因此很多中国人开始到日本留学，留学生听到这个消息后，当然表示强烈抗议，但是其抗议方式有问题。他们说日本不应该把文明的中国人同"未开野蛮"的其他原住民一样看待。不只中国人，琉球人也对此抗议说，不应该把文明的琉球人跟"未开野蛮"的日本北方原住民一样看待。这就造成被歧视的人又歧视更弱小的人，这种"文明与野蛮"的对立概念与社会进化论结合，很容易形成人种歧视观念。

"人类馆事件"意味着，随着资本主义的发展，殖民主义和帝国主义的暴力性增强，东亚也出现了阶级性、种族性的歧视关系。我想，中国历史学家在讨论"20 世纪"这一时代概念时，似乎并未充分注意到这个问题。甚至连所谓的"满洲国"也可以说是个更大规模的"人类馆"企图，因为日本一方面宣传所谓的"五族协和"，一方面却在压迫中国人。当时比如在日本国内遭遇歧视的琉球人，听信在"满洲国"是个完全平等国家之类的好话，大量到满洲成为"开拓民"，结果在那里还是被从其他地方来的日本人歧视，而且琉球人本身也被逼迫歧视中国人。"五族协和"完全成为了幻想。

我想杜亚泉对东西文明之路向的讨论，能够对我们思考中国的"20世纪"问题有所启示。

黄克武（台湾"中央研究院"近代史所）

大约三十年前我开始研究梁启超、严复，没想到三十年后，晚清变得这么热门。首先要响应陆胤先生所讲的晚清文献的复杂性。这是一个很大的挑战。现在有互联网和电子文库，其实为历史研究提供了很好的机会。晚清正是新旧交杂的时代。所有这些文本基本上都牵涉到中西新旧，《时务报》等晚清报刊里面的很多文章牵涉到翻译的循环，有些报道起源于欧洲，或俄国，译介到日本，再到中国，而之后也可能被译介到东亚其他地区，整个循环是一个非常漫长的知识交换。晚清还真是一个值得开发的宝库。

　　第二点呢，我自己的感想是，反激进主义实际上在台湾是一直存在的。像我们所生长的那种环境，一出生所面对的文化环境就是"五四"与反"五四"的辩论，像李敖所代表的"五四"激进主义，与唐君毅、牟宗三、钱穆的新儒家在我们心中反复交战。所以这样的思考在台湾其实已经进行了很久。我也很感念，五六十年代，唐君毅、牟宗三在那样花果飘零的时代坚持对儒家理想的反省。也就是讲，港台新儒家进行的这个工作是有意义的。那么反思之一呢，就是刚刚大家谈"五四"的狭窄化。的确如此，王德威所谈的"没有晚清，何来'五四'？"基本点就落在他要铺陈的是一个特别复杂的现象，也就是说，晚清的各种新的小说、文体、思想的产生，其实已经展现了一个很广袤的世界，而那个世界里面的潜藏能量对我们而言有着很重要的启示性。这个启示就是，当我们第一次面对西方挑战的时候，我们实际上是有着很多的应对方式。而到了五四之后，狭窄化了，也就失去了主体性。这实际上是我们需要深刻反思的。我们实际上应该就是像江湄、陈壁生刚刚所说的，对于晚清来说，应该是找资源，而不是找真理。"五四"的狭窄化，其实就是向西方找真理。我们要回到晚清，那也应该视为是思想的资源，理解复杂的历史情境，而不是找真理。

　　另外，晚清的资源性，也不是抓来就可以用的，而是帮我们去理解一个复杂的、开拓的思想冲撞。这就牵涉到我近年来在大陆开会，感觉现实感是太强了，这个可能是需要反思的。对于学术研究来说，现实感当然是需要的，比如我也知道我的出发点是一种现实感，我研究严复，其根本关怀当然是思考中国向何处去。如果说现在有康党，那我至少是严党或梁党。我从严复或梁启超出发的学术脉络是很明显的。像我的书也受到左派的批评，说是全球化主旋律的一个注脚。可是我觉得应当把晚清当作一个思想交流对话的场域，所有思想其实都有很强的针对性。你看，其实章太炎对于康有为、严复都有回应，相互间的对话性是很强的。所以我觉得我们如果能够更清楚去掌握一种对话的复杂性，并从对话之中感受到一些新的时代观念来应对挑战，这对于我们来说是有启示性的。事实上，我跟大家一样，都是在问何为中国这一问题。这个问题实际上是有一个非常宽广的纵深，像晚清的革命党大多数从清朝本身出发思考，而出怪招的章太炎一下子上溯到汉代，这就是说晚清其实积累了很深厚的历史脉络，而了解中国历史的确应该跨越某一时代，返回整个中国历史。我们先不问中国往何处去，而是先问何为中国。说得更清楚一些就是再造文明。

旧文重读

论王霸劄子 [*]

程　颐

臣伏谓:得天理之正,极人伦之至者,尧、舜之道也;用其私心,依仁义之偏者,霸者之事也。王道如砥,本乎人情,出乎礼义,若履大路而行,无复回曲。霸者崎岖反侧于曲径之中,而卒不可与入尧、舜之道。故诚心而王则王矣,假之而霸则霸矣,二者其道不同,在审其初而已。《易》所谓"差若毫厘,谬以千里"者,其初不可不审也。故治天下者,必先立其志,正志先立,则邪说不能移,异端不能惑,故力进于道而莫之御也。苟以霸者之心而求王道之成,是衒石以为玉也。故仲尼之徒无道桓、文之事,而曾西耻比管仲者,义所不由也,况下于霸者哉?

陛下躬尧、舜之资,处尧、舜之位,必以尧、舜之心自任,然后为能充其道。汉、唐之君,有可称者,论其人则非先王之学,考其时则皆驳杂之政,乃以一曲之见,幸致小康,其创法垂统,非可继于后世者,皆不足为也。然欲行仁政而不素讲其具,使其道大明而后行,则或出或入,终莫有所至也。

* 此文作于 1069 年,见《二程集》(上),王孝鱼点校,中华书局 2004 年版,第 450—452 页。

　　夫事有大小,有先后。察其小,忽其大,先其所后,后其所先,皆不可以适治。且志不可慢,时不可失。惟陛下稽先圣之言,察人事之理,知尧、舜之道备于己,反身而诚之,推之以及四海,择同心一德之臣,与之共成天下之务,《书》所谓"尹躬暨汤,咸有一德",又曰"一哉王心",言致一而后可以有为也。古者三公不必备,惟其人,诚以谓不得其人而居之,则不若阙之之愈也。盖小人之事,君子所不能同;岂圣贤之事,而庸人可参之哉? 欲为圣贤之事,而使庸人参之,则其命乱矣。既任君子之谋,而又入小人之议,则聪明不专而志意惑矣。今将救千古深锢之弊,为生民长久之计,非夫极听览之明,尽正邪之辨,致一而不二,其能胜之乎?

　　或谓:人君举动,不可不慎,易于更张,则为害大矣。臣独以为不然。所谓更张者,顾理所当耳。其动皆稽古质义而行,则为慎莫大焉,岂若因循苟简,卒致败乱者哉? 自古以来,何尝有师圣人之言,法先王之治,将大有为而返成祸患者乎? 愿陛下奋天锡之勇智,体乾刚而独断,需然不疑,则万世幸甚!

倡设女学堂启[*]

梁启超

　　上可相夫，下可教子，近可宜家，远可善种，妇道既昌，千室良善，岂不然哉！岂不然哉！是以三百五篇之训，勤勤于母仪；七十后学之记，眷眷于胎教。宫中宗室，古经厘其规纲；德言容工，昏义程其课目；必待傅姆，阳秋之贤伯姬；言告师氏，周南之歌淑女。圣人之教，男女平等，施教劝学，匪有歧矣。

　　去圣弥远，古义浸坠，勿道学问，惟议酒食。等此同类之体，智男而愚妇；犹是天伦之爱，戚子而膜女。悠悠千年，芸芸亿室，曾不一事生人之业，一被古圣之教？！宁惟不业不教而已，且又戕其支体，蔀其耳目，黜其聪慧，绝其学业，闺阃禁锢，例俗束缚，惰为游民，顽若土番。乌乎！

　　聚二万万之游民、土番，国几何而不弊也。泰西女学，骈阗都鄙，业医课蒙，专于女师。虽在绝域之俗，邈若先王之遗，女学之功，盛于时矣。彼士来游，悯吾窘溺，倡建义学，求我童蒙，教会所至，女塾接轨。夫他人方拯我之窘溺，而吾人乃自加其桎压。譬犹有子弗鞠，乃仰哺于邻室，有田弗芸，乃假手于比耦，匪惟先民之恫，抑亦中国之羞也！

　　甲午受创，渐知兴学，学校之议，腾于朝庞，学堂之址，踵于都会。

　　* 此文作于 1897 年，见《饮冰室合集》第一册，文集之二，第 19—20 页。

然中朝大议,弗及庶媛;衿缨良规,靡逮巾帼。非曰力有不逮,未遑暇此琐屑之事邪? 无亦守扶阳抑阴之旧习,昧育才善种之远图耶? 同志之士,悼心斯弊,纠众程课,共襄美举,建堂海上,为天下倡。区区一学,万不禅一,独掌堙河,吾亦知其难矣。然振二千年之颓风,拯二兆人之吁命,力虽孤微,乌可以已!

夫男女平权,美国斯盛;女学布濩,日本以强。兴国智民,靡不始此。三代女学之盛,宁必逊于美日哉? 遗制绵绵,流风未沫,复前代之遗规,采泰西之美制,仪先圣之明训,急保种之远谋。海内魁杰,岂无恫游民、土番之害者欤? 傀傀窨溺,宁忍张目坐视而不一援手欤? 仁而种族,私而孙子,其亦仁人之所乐为有事者也。天下兴亡,匹夫有责,昌而明之,推而广之。乌乎! 是在吾党也矣!

附录

清华大学道德与宗教研究院成立弁言[*]

唐文明

　　道德与宗教,是人类精神生活的重要内容,是人类文明的内核与骨架。道德重视人文的力量,往往从人的理性、情感处立意,给人以规范与秩序;宗教崇尚信仰的力量,往往从人的心灵、性灵处发念,给人以安慰与激励。征诸世界各大文明,道德往往寓于宗教之中,而良风美俗有赖焉。这种道德为里、宗教为表的生活架构在近代以来技术理性持续不断的狂飙突进运动中并未被彻底颠覆。一方面,道德自觉在很大程度上导源于对宗教的理性反思,另一方面,思想深邃的哲人们始终清醒地意识到宗教对于人类生活——无论是个人的精神生活还是团体的公共生活——的重要价值。如果说康德的"理性宗教"概念难免于浪漫主义思潮的有力抨击还不能代表启蒙运动以来西方宗教演变的整个主流趋势的话,那么,更为宽泛的"人文宗教"概念则庶几可以概括启蒙主义的主流宗教观念。至于后启蒙时代的西方哲学与宗教不得不又一次回

---

　　* 2015 年 12 月,清华大学道德与宗教研究院正式成立。遵万俊人院长嘱,我作此短文,以表同仁心志。

返其源头——雅典与耶路撒冷——寻求力量,从而表现出与现代彻底决裂的姿态,则犹当值得我们深思。

回到中国的历史脉络里来。我们能够看到,中国文明的基本形态是在孔子那里确定的,之后,影响中国人生活的一个重大文化事件是佛教的传入。正如"是雅典还是耶路撒冷"的问题是理解西方文化演变的一个基本线索,理解中国文化的演变则需要不断地面对"是曲阜还是菩提伽耶"的问题。如果说现代西方文明意味着两希之争在西方结出了灿烂的果实——虽然其间异常激烈的斗争过程会让我们生出太多的感慨与惊惧,那么,儒佛之争在中国这片土地上所取得的成就作为人类文明史上文化发展的光辉典范也绝不逊色。以此视野来规划、刻画中国文明的现代更新方案大概会得到大多数人的支持:此处核心的问题是雅典—耶路撒冷与中国的问题,而这个中国,又是作为曲阜—菩提伽耶的中国,是被曲阜与菩提伽耶共同规定了的中国。因此,这个核心问题的更为具体的表述就是:作为曲阜与菩提伽耶之和解的中国,与作为雅典与耶路撒冷之和解的西方,如何在全方位的本真相遇中成就自身,也成就对方?近代以来中国思想界所提出的中西问题,其真正含义正在于此。提出轴心文明说的雅斯贝斯特别推崇苏格拉底、耶稣、孔子与释迦牟尼,其确解也当在于此。无疑,这是中国历史的崭新时刻,也是世界历史的崭新时刻。

以此刻画中西问题并不意味着中国与西方已有的形态是无需反思的。相反,在这样一个全新的世界历史时刻,既有必要重提"是雅典还是耶路撒冷"的问题,也有必要重提"是曲阜还是菩提伽耶"的问题。实际上,正如我们已经看到的,无论在西方思想界,还是在中国思想界,上述问题都已经被提出来了。只有将这些在中西不同历史中形成的特定文化组合重新拆解,一方面立足经典,重新理解经典及其历史,另一方面着眼时代,积极响应时代提出的问题,方能期待新的文明形态的出现。

1931 年 5 月,陈寅恪在《国立清华大学二十周年纪念刊》上发表《吾国学术之现状及清华之职责》一文,文中对中国学术的现状有清醒的认识,对中国学术的方向有明确的提示,针对当时清华所存在的问题,忧心于国史之正统,汲汲于中国文化之通解,而盛谈清华之责任。八十多年之后的今天,我们成立清华大学道德与宗教研究院,重提文明更新之大问题与世界历史之大因缘,重思清华学统之所由来,懔然有任重道远之感。

图书在版编目(CIP)数据

王道理想与批判精神/唐文明主编.—上海:上
海人民出版社,2019
（公共儒学.第1辑）
ISBN 978－7－208－16027－9

Ⅰ.①王…　Ⅱ.①唐…　Ⅲ.①儒家-哲学思想-文集
Ⅳ.①B222.05－53

中国版本图书馆 CIP 数据核字(2019)第 171338 号

责任编辑　赵荔红
封面设计　人马艺术设计·储平

公共儒学　第1辑
王道理想与批判精神
唐文明　主编

出　　版	上海人民出版社	
	（200001　上海福建中路 193 号）	
发　　行	上海人民出版社发行中心	
印　　刷	常熟市新骅印刷有限公司	
开　　本	635×965　1/16	
印　　张	21	
插　　页	2	
字　　数	267,000	
版　　次	2019 年 10 月第 1 版	
印　　次	2019 年 10 月第 1 次印刷	

ISBN 978－7－208－16027－9/B·1418
定　　价　88.00 元